2판

통합교육 지원 프로그램

| 서로 다른 아이들이 함께 만드는 우정 |

서울 경인 특수학급 교사연구회 편

학지사

통합교육은 성장한다

'장애학생의 통합교육' 이야기를 교사들의 커피타임이나 교사 연수교육에서 본격적으로 한 지가 이제 20여 년이 된다. 1990년대 초반에 회자되던 통합교육은 주로 장애학생이 일반학교 특수학급에 있으면서 미술, 음악, 체육 시간에 일반학급 학생들과 함께 수업을 하게 되는 '특혜' 같은 것이었다. 그로부터 이제 20여 년이 지나서, 적어도 초등교육 시기의 많은 장애학생의 경우, '기본 교실' 이 일반학급이 되었고 특수학급에 간간이 가는 것으로 학교 내 교실의 '주' 와 '부' 가 바뀌는 큰 변화가 있어 왔다. 또한 최근에는 우리나라 통합교육에도 장애학생만이 아닌 또 다른 다양한 학생들의 이야기가 섞이기 시작하였다. 새터민 출신의 아동을 포함하여 '다문화 가정' 출신의 아동이 많아져서 우리나라 학교들은 '다문화 교육' 이라는 화두를 거절할 수 없게 되었다.

공립학교에 '새로운 손님' 같았던 장애학생들의 유입 후에 또 다른 손님 같은 학생으로 최근에 등장한 것이 바로 다문화 가정 출신의 학생이다. 최근에는 통합교육 이야기 안에 장애학생뿐 아니라 다양한 '개별적 지원' 이 필요한 또 다른 많은 학생들의 교육 이야기가 포함될 상황에 이르렀다. 물론 아직 통합교육의 고전적 논의에서는 장애학생과 비장애학생의 통합이 주요 관심사다. 그러나 통합교육이 확대되고 진전되는 가운데 자연스럽게 통합교육은 개인 학생이 가진 모든 배경적 요소, 즉 문화적, 언어적, 사회계층적, 가정구조적 및 개인적 특성 면에서의 모든 다양성과 차이에 대한 민감성과 존중을 나타내면서 개인 학생의 다양성을 환영하고 긍정적으로 배려하고 반응하는 최선의 교육을 의미하기에 이르렀다.

이번에 출판되는 "서로 다른 아이들이 함께 만드는 우정(2판)" 은 바로 이렇게 '통합교육의 품이 좀 더 커져 감' 을 잘 반영하는 책이다. 현장 통합교육 전문가들이 함께 저자로서 참여하여 공동으로 저술한 이 책은 이번에 우리나라에서 '성장하고 있는' 통합교육 실제에 가장 적합한 내용을 담아서 일반교사를 위한 통합교육 지원 지침서의 역할을 할 것이다. 많은 교사들이 통합교육을 실행하는 데 꼭 필요한 이론과 교육 실제 내용을 담았고, 이 책의 초판 내용에 대한 현장의 피드백까지 담아낸 최신의 통합교육 지침서를 발간하는 것을 진심으로 반갑고 기쁘게 생각한다. 이 책의 초판 출간 이후 학교 환경은 여러 면에서 더욱 복잡하고 때로는 황폐하다는 생각이 들 정도로 어려워지고 있다. 학생 가족배경의 다양성 급증, 학교폭력 문제, 집단 따돌림, 공교육의 교육력 저하, 교사에 대한 신뢰 저하, 학부모와 교사와의 갈등, 과도한 사교육 문제, 학생인권과 교사권위 간의 긴장 등 모두 다 열거하기도 어려울 정도다. 그러한 어려움 가운데에도 이 책의 저자들같이 장애학생을 포함한 모든 학생을 존중하고 옹호하는 교육철학과 헌신에 기초한 연구 활동과 이러한 책의 발간과 교육에서의 실천은 우리나라 학교교육의 미래에 대해 희망을 갖게 하며 깊은 감사를 표하게 한다.

통합교육을 정말 잘해 보겠다는 것이 무엇인가? 한 명 한 명의 학생의 인권을 존중하고 개성을 인정하며 각 학생의 교육적 요구를 파악하여 최선의 질 높은 교육을 잘하겠다는 노력일 것이다. 또한 특수교육과 일반교육 전문가들 사이의 긴밀한 소통과 공유된 책무성과 전문성 및 협력의 증진과 더불어 학교관리자나 교육청의 지원을 의미한다. 상대적으로 학교나 사회에서 '소수자' 위치에 있는 별도의 도움이 필요할 수 있는 장애학생과 그 외 또 다른 학생들이 소외감을 느끼지 않고 모든 학생들과 동일한 소속감과 연대감을 느끼며 질 높은 교육을 제공받고 행복한 학교생활을 하도록 최선의 노력을 하는 것이다. 최선의 통합교육은 장애학생만, 혹은 특별한 도움이 필요한 학생에게만 필요한 것이 아니다. 모든 학생에게 '최선의 교육'을 제공하기 위해 우리 모두가 노력하는 과정에서 자연스럽게 만나게 되는 것이 바로 '통합교육' 이다.

이 책의 초판 추천사의 제목은 "통합교육은 말한다" 였다. 이번 2판 추천사의 제목은 "통합교육은 성장한다" 로 하는 것이 좋겠다. 왜냐하면, 이 책의 초판 이후 실제로 우리나라 통합교육은 나름대로 성장을 했는데 그것을 기념하고 싶고, 앞으로도 계속 쉼 없이 성장해 가길 바라는 우리 모두의 바람을 담고 싶기 때문이다. 우리나라 통합교육이 쑥쑥 잘 자라 가는 데 이 책이 꼭 필요한 '햇볕' 이 되고 '거름' 이 될 것을 확신한다. 통합교육이 좀 더 내실 있게 확산되어 우리나라 학교교육이 장애학생을 포함한 모든 학생들에게 최선의 교육을 제공하는 것을 바라는 교사, 학교 관리자, 그 외 관련 전문가 및 학부모들이 이 책의 '선한 유익' 을 확실히, 충분히, 오래 누리길 기대하고 또 기대하며 응원한다.

박승희
이화여자대학교 특수교육과 교수

추천사 서로 다른 아이들이 함께 만드는 우정

'달라도 괜찮아'에서 '달라서 멋져'를 향하여!

첫 번째 '서다우'가 세상에 나온 지 벌써 7년이 흘렀다. 7년 전만 해도 다양성이라는 용어는 우리 사회에서 그리 많이 쓰이지 않았다. 또한 장애학생의 사회적 통합을 위한 접근으로 일반학생을 대상으로 한, 다소 일방적인 장애이해교육이 익숙하게 이루어지던 때였다. 그런 맥락에서 '서로 다른 아이들이 함께 만드는 우정' 프로그램은 다양성의 범위가 넓은 모든 학생들의 상호 호혜적인 사회적 관계를 지원해 주기 위한 것으로, 실로 낯선 시도였다.

이제 대한민국은 다양성의 수용을 넘어서 다양성을 적극 환영하고 즐겨야 하는 상황에 놓여 있다고 해도 과언이 아니다. 그런데 다양성의 범주에서 장애는 오히려 첫 번째로 꼽히지 않는다. 다문화가정, 새터민, 외국인 노동자 등을 지칭할 때에는 "이 세상 사람들은 모두 소중한 인권을 가지고 있는 고유한 존재입니다. 우리는 모두 각자 다른 개성을 가졌습니다. 이제 우리는 사회 구성원들의 다양성을 인정해야 합니다."라고 말하면서 장애인에 대해서는 "장애인도 우리와 다르지 않습니다."라고 한다. 물론 좋게 해석하자면, 장애의 여부와 상관없이 인권의 측면에서 다르지 않다는 의미일 수도 있다. 그러나 유독 '장애'로 인한 능력의 차이에 대해서는 다르다는 것이 틀린 말인 것처럼 쉬쉬하는 이유는 무엇일까. 그것은 이 세상 사람들을 오로지 장애의 여부에 따라 장애인과 비장애인으로 구분하여 전혀 다른 각자의 세상에서 살고 있는 사람으로 보는 것이 일상적이기 때문일 것이다. 또한 장애를 개인이 갖게 된 절대 불변의 속성으로 보는 의학적 관점이 아직도 사회 주류의 인식이기 때문이다. 물론 신체적 손상 때문에 사랑하는 사람의 얼굴을 보지 못하고, 심장이 뜨거워질 때까지 두 다리로 뛰는 경험을 못하는 것이 소수 집단에 속한 사람으로서 받는 차별과 동등한 무게는 아닐 것이다. 그러나 이제 좀 편하게 장애라는 것을 보아도 된다. 장애는 그 사람이 속한 사회에서 장애로 인해 발생하는 독특한 요구에 얼마나 잘 반응해 줄 수 있는지에 따라 달라지는 상대적인 개념이다. 이제는 장애이해교육 시간에 장애를 어떻게 설명해야 할지, 지적장애라는 명칭을 알려 주어야 하나 말아야 하나 고민하기보다, 우리 반 민수는 단짝 친구가 없는데 어떻게 하면 반 친구들과 즐거운 활동을 공유하게 할 수 있을까, 지연이는 교실에서 자주 화를 내고 또래들과 다투는데 어떻게 하면 평화로운 교실이 되게 할 수 있을까 등의 문제를 해결하기 위한 방법을 모색하는 것이 훨씬 효율적임을 제안한다. 물론 민수와 지연이는 장애가 있을 수도 있고 없을 수도 있다. 그저 서로 다른 아이들 중의 하나다.

무소식이 희소식이라고 교대를 졸업한 신임교사들이 행복하게 교직생활을 할 때에는 전혀 연락이 없다가도, 학급운영에 있어 어려움이 생기면 메일이나 전화가 온다. 쓰기를 가르치는 것이 어렵다, 곱셈을 못 가르치겠다고 하는 경우는 그다지 많지 않다. 선생님을 좌절하게 하는 것은 따돌림당하는 아이, 위축된 아이, 다른 아이를 왕따시키는 아이 등 교사로서 학생들의 긍정적인 사회적 관계를 지원하는 것에 실패한 경우다. 그럴 때마다 긴급 처방책으로 제시하였던 것이 바로 첫 번째 "서로 다른 아이들이 함께 만드는 우정"이었다. 학교폭력 문제의 가장 좋은 해결 방법은 예방이다. 학급의 모든 구성원이 서로 이해하고 배려하며 상호 의존적인 관계망 속에 있다면, 우리 반이, 모든 아이들이 행복한 공동체 학급이라면, 다른 사람을 놀리고 따돌리고 비난하고 폭력을 행사하는 일은 일어나지 않는다. 교사는 아이들의 긍정적인 사회적 관계를 충분히 지원할 수 있으며, 책무성 또한 있다. 첫 번째 "서다우"보다 한층 더 임상적으로 그 효과가 입증된 내용으로 풍부해지고, 철학적으로도 깊어진 두 번째 "서다우"를 정말 자신 있게 권해드린다.

김수연
경인교육대학교 특수(통합)교육학과 교수

추천사 서로 다른 아이들이 함께 만드는 우정

모두가 기다린 '서다우'

초등학교 교사 생활을 하면서 매년 새로운 아이들과 만난다. 얼굴이 하얀 아이, 수줍음이 많은 아이, 노래를 좋아하는 아이, 규칙을 잘 지키는 아이, 친구와 손잡고 달리는 걸 좋아하는 아이. 모두 다른 아이들일 수도 있지만 어떤 한 아이가 이런 특성을 모두 가지고 있을 수도 있다. 바로 지수(가명)가 이런 아이였다.

지수를 만난 건 3년 전, 지수가 2학년 때다. 다른 아이들보다 유난히 작고, 팔다리도 가늘어서 힘을 주면 부러져 버릴 것만 같아 손을 잡을 때 힘도 꽉 주지 못했던 아이였다. 아픈 몸 때문에 여러 가지 상처가 많아 사람들에게 쉽게 다가가거나 자신을 표현하는 데에도 주저함이 많았다. 지수와 잘 생활할 수 있을까? 지수가 아이들과 잘 어울려 2학년 생활을 즐겁게 할 수 있을까? 여러 가지 걱정이 들었다.

그때, 특수학급을 담당하셨던 이종필 선생님께서 토요일마다 격주로 '서다우' 프로그램을 해 보자고 제안을 하셨다. '서다우' 프로그램은 단순히 '장애가 있는 아이들을 돕자'는 교육 활동이 아니었다. 장애가 있든 없든 우리는 모두 다르고, 한 명 한 명이 매우 소중한 존재라고 느끼도록 하는 활동이었다. 그 속에서 지수는 '장애가 있는 아이'가 아니라 그냥 나와 다른 많은 친구들 중의 한 명으로 아이들과 어울릴 수 있었다. 그리고 '특수반 아이'가 아니라 친해지면 누구보다 말도 많고, 손잡는 걸 좋아하는 지수로 관계 맺기를 할 수 있었다.

'서다우' 프로그램은 참 다양하고 재미있었다. 가면을 쓴 친구가 누구인지 맞히는 활동, 모둠 친구들과 함께 만들고 싶은 동물원 꾸며 보기, 서로 좋아하는 것과 싫어하는 것을 통해 다름을 알아보는 활동 등 통합학급에서뿐만 아니라 일반 교실에서 해도 좋을 프로그램이 많아 지수뿐만이 아니라 다른 친구들도 그 시간을 기다렸던 기억이 난다.

그런 프로그램을 좀 더 추가해 통합학급에서 함께 할 수 있는 활동을 담은 2판을 출간한다는 소식을 듣고 참 반가웠다. 통합학급 담임선생님들께 많은 도움이 되리라 믿는다. 이 책에 소개된 다양한 프로그램을 통해 여유 있는 마음으로 통합학급을 운영할 수 있기를 바란다.

우지영

서울유현초등학교 교사

'서다우' 2판을 펴내며

"서로 다른 아이들이 함께 만드는 우정"을 한 권의 책으로 출판한 지 7년이 지났습니다. 연구회 사업으로 회원들이 함께 새로운 장애이해교육에 대해 논의하며 주제 하나, 활동 하나를 고민하던 것이 10년쯤 되었나 싶습니다.

그동안 학교에서 이렇게 저렇게 서다우 프로그램을 적용해 보며 교사로서 장애학생과 비장애학생을 조금이나마 더 깊이 이해하고 공감하게 되었습니다. 모든 지도안을 개발하고 적용, 수정하는 단계를 거쳐 책으로 정리하였지만 또 다양한 아이들과 만나면서 시행착오를 겪으며 그 과정에서 더 나은 아이디어와 값진 충고도 얻게 되었습니다. 시간이 지나면서 처음에 제시한 웹자료가 사라지기도 하고 참신했던 아이디어가 시의성을 잃기도 하여 개정이 필요하다는 얘기들이 슬슬 나온 지도 한참되었습니다.

학교 현장에서 통합교육을 위한 많은 노력이 이어진 덕분에 인식과 여건이 나아진 것도 사실이지만 급격한 사회 변화와 아이들의 내적 발달 및 정서적 발달 간 불균형이 심해진 요즘입니다. 우리 사회는 10년 전에 비해 훨씬 더 다양해졌고 학교 환경도 많이 바뀌었습니다. 다양한 아이들이 서로를 알아 가고 함께 어울려 살아가는 방법을 배우는 것은 여전히 중요합니다. 아니, 더 중요해진 것 같습니다.

초판을 내던 그때, 바람 한 자락, 풀 한 포기, 벌레 한 마리가 함께 어우러져 아름다운 세상이 되듯, 저마다 다른 색을 품고 있는 아이들도 그 모습 그대로 함께 어울려 행복한 학교가 되기를 바랐던 마음은 지금도, 앞으로도 유효합니다. 장애학생을 포함하여 모든 학생이 잘 지낼 수 있기를 바라고 누구나 존중받고 자기 자리에서 그 자체로 충분히 아름다울 수 있다고 믿으며 공동체적인 학급, 학교 분위기를 만들기 위해 서다우를 활용해 보신 많은 선생님의 소중한 의견을 모아 2판을 내게 되

었습니다. 개정의 주요 내용은 다음과 같습니다.

1. 지도안을 적용할 학년 구분을 조정하였습니다.

1학년 학생은 발달 단계상 아직 자기중심적인 시각과 사고를 보입니다. 그래서 서다우 수업을 적용하기가 어렵고 일상생활이나 놀이를 통해 자연스럽게 장애가 있는 친구와 함께하는 편이 더 적절하다는 의견이 많아 대상 학년에서 제외하였습니다. 2판에서는 2, 3, 4학년을 위한 저학년 지도안, 5, 6학년을 위한 고학년 지도안으로 재편하였습니다.

2. 저/고학년 별도의 지도안을 제시하였습니다.

기존에 저/고학년 모두를 위한 공통 차시를 없애고 각 생활연령에 적합한 지도안을 별도로 개발하였습니다. 해를 이어서 서다우 프로그램을 적용하는 선생님은 다른 지도안을 선택할 수 있습니다.

3. 독후활동을 삭제하였습니다.

주제와 관련된 책을 읽고 사후활동으로 접근하는 독후활동이 매력적이기는 하나 일 년 프로그램으로 적용할 만큼 다양하고 한 시간 수업에 딱 맞는 책을 선정하기에는 다소 무리가 있어 이번 개정에서는 빼게 되었습니다. 기회가 된다면 차후에 독후활동을 통한 프로그램을 개발하여 소개할 수 있기를 기대합니다.

4. 서다우 오리엔테이션 차시를 추가하였습니다.

서다우가 무엇인지, 앞으로 어떤 시간이 될 것인지, 무엇을 함께 생각해 볼 것인지 학생들에게 서다우 프로그램을 소개하는 차시를 추가하였습니다. 아이들이 서다우 수업에 대해 이해하고 학급 친구들과 공동체 의식을 가지며 이 시간을 특별하게 인식하도록 안내합니다.

5. 서다우 마무리 차시를 추가로 개발하였습니다.

초판에서는 서다우를 일 년 과정으로 예상하여 마무리 차시를 학년 말, 연말에 어울리는 활동으로 구성하였는데 학교 사정에 따라 필요한 부분만 짧게 적용하는 경우도 있어 시기에 상관없이 적용할 수 있는 마무리 차시를 추가하였습니다.

6. 여섯 가지 주제별 내용을 개정하였습니다.

이번 개정 작업을 통해 전체적으로 거의 모든 지도안을 크고 작게 수정하였습니다. 서다우 초판을 가진 분은 2판과 함께 보시면 지금 우리 반에 적절한 활동을 찾는 데 도움이 될 것입니다. 2판에서 주제별로 바뀐 내용은 크게 다음과 같습니다.

• **나와 친구**(나와 타인 인식)

다른 사람을 이해하기 위해서는 자신에 대한 이해가 선행되어야 하므로 '나'를 들여다보며 자신의 감정, 정서를 이해하는 활동에 더 무게를 실었습니다.

• **마음으로 이야기해요**(의사소통)

전체적으로 큰 변화는 없으며 '공감하기'에 대한 내용은 갈등해결 단계에서 다루기로 하였습니다.

• **다르고도 같은 우리**(차이와 차별)

초판에서는 성, 인종, 장애 등 반편견이 중심이 되어 다양성 측면에 큰 초점을 맞추었습니다. 그러나 막상 수업을 진행하여 보니 다양성보다는 성, 인종, 외국인 노동자, 장애인에 대해 두드러지게 인식하여 낙인효과와 같은 역기능이 나타나기도 하였습니다. 또한 초등학생이 이런 사회문제를 실감하기 어려워하여 2판에서는 공평의 개념과 차별을 없애기 위한 방법을 생각해 보는 방향으로 수정이 이루어졌습니다. 장애체험 활동은 이벤트적인 활동으로 치우치기 쉬워 제외하고 보편적 설계(Universal Design)를 소개하여 장애인을 위한 문제해결이 아니라 처음부터 모든 사람을 위한 접근이 가능함을 전하고자 합니다.

• **함께하는 즐거움**(협동)

협동에서 소주제는 큰 변화가 없으나 5학년 도덕과 내용이 겹치는 부분이 많아 지도안 내 교육활동을 많이 바꾸었습니다.

• **서로를 이해하는 우리**(갈등해결)

초등학생의 눈높이에 맞추어 고학년 지도안에 있던 사회적 갈등(전쟁)은 삭제하였습니다. 대신 내적 갈등, 학교 내 갈등을 중심으로 현실적인 문제를 고민하는 시간을 갖도록 하였습니다. 또한 아이들이 갈등을 해결하기 위한 연습의 기회를 더 많이 갖도록 지도안을 수정하였습니다.

• **감싸는 마음 나누는 기쁨**(옹호와 나눔)

초등학생이 옹호의 개념을 충분히 이해하기에는 아직 이르고 어렵기 때문에 '나눔'에 대해 더 많이 생각하고 일상적으로 실천해 볼 수 있도록 하였습니다.

이렇듯 다각적인 수정과 새로운 활동의 개발로 『통합교육 지원 프로그램-서로 다른 아이들이 함께 만드는 우정』이 개정을 넘어 새 책으로 다시 태어날 수 있게 되었습니다. 전보다 더 세련되고 따뜻한 프로그램이 되도록 도와주신 우리 연구회의 모든 선생님들, 특히 2판의 집필에 자신의 시간과 노력을 아낌없이 쏟아 주신 권다미, 박혜성, 신소니아, 오선영, 이종필, 최원아, 홍정아 선생님께 고맙습니다.

그리고 이 책의 가치를 처음부터 알아봐 주시고 계속 응원해 주신 박승희 교수님, 김수연 교수님과 학교 현장에서 프로그램의 가치를 실천해 주신 우지영 선생님 세 분이 헌정해 주신 추천사에 깊이 감사합니다.

기후가 변해 봄이 짧아지고 이상 기온이 잦더라도, 학교 업무가 날로 비대해져 시간에 쫓기더라도, 세상의 온갖 변화 속에도 항상 아이들을 그 세상의 중심에 두고 묵묵히 교육을 책임지시는 모든 선생님께 조금이라도 힘이 되는 책이었으면 좋겠습니다.

2013년 7월

서울 경인 특수학급 교사연구회

1판 머리말

살갗에 닿는 햇살, 바람이 좋습니다. 어느새 싱그러운 풀냄새에 끌려 숲 사이로 난 산길을 따라 올라갑니다. 소나무, 아카시아 나무…들이 산길을 따라 서 있고 길가에는 작고 수줍은 풀꽃들이 고개를 내밉니다. 나뭇가지 사이로 보이는 하늘이 높고 시원합니다. 새소리, 벌레소리, 물소리가 귀를 즐겁게 합니다. 바람, 햇살, 나무, 풀꽃, 새소리, 벌레소리, 하늘, 구름, 물, 산… 함께 어우러져 있어 아름다운 세상입니다.

뛰어놀기를 좋아하는 활달한 아이, 수줍음이 많은 아이, 욕심이 많은 아이, 인사를 잘하는 아이… 각기 다른 모습을 가진 여러 아이들이 학교라는 한 울타리 안에 모입니다. 각기 다른 모습이 모여 만들어 내는 학교는 색동저고리처럼 아름답습니다. 그렇지만 안타깝게도 어른들은 서로 다른 모습이 만들어 내는 아름다움보다는 통일되고 정리된 모습을 좋아하고 아이들이 이와 같은 모습이 되기를 기대하곤 합니다. 바람, 햇살, 나무, 풀꽃, 새소리, 벌레소리, 하늘, 구름, 물 등이 어우러져 아름다운 세상을 만들 듯이 알록달록한 색깔을 가진 각각의 아이들이 어울려 조화를 이루어 모든 아이들이 행복한 학교가 되었으면 합니다.

요새 학교는 전보다도 훨씬 다양한 아이들로 이루어집니다. 아이들은 자기 주장이 강하고, 개성도 넘칩니다. 많은 외국인들이 우리나라에서 일을 하게 되면서 전혀 다른 문화권에서 생활하던 외국인 아이들이 우리 학교에 옵니다. 또한 장애학생들도 많아졌습니다. 전혀 다른 다양한 아이들이 만나 한 반을 이루고 한 학교에서 생활을 하게 됩니다. 그 안에서 아이들은 정도 쌓이고 갈등도 생기며, 나름대로 문제를 해결하기도 하고 의리도 다집니다. 그러면서 친구가 되어 갑니다.

학교에서 친구관계를 만들어 간다는 것은 아이들이 앞으로 성인이 되어서 다양

한 사람들과 어울리는 삶을 살아가기 위한 밑거름이 됩니다. 아이들은 친구관계를 형성해 나가면서 그 관계에서 자신의 가치를 확인하고 소속감을 가지며, 건전한 사회구성원으로 성장하게 되는 것입니다. 친구는 서로를 정서적으로 지지해 주고, 도움을 주고받습니다. 친구가 있다는 것은 아이들의 삶의 질을 높여 줍니다.

안타깝게도 장애학생들을 포함해서 친구관계를 만들어 가는 데 어려움을 겪는 아이들이 있습니다. 이런 아이들은 체계적이고 계획적인 프로그램을 통하여서 사회성 기술을 배우고 친구들을 만들어 나갈 수 있습니다. 그러나 기존의 프로그램은 장애학생들에게 초점을 두어 개발되었기 때문에 오히려 장애와 문제성을 부각시키게 되었습니다. 비단 친구관계를 형성하고 견고하게 유지해 나가는 것은 장애학생의 문제뿐만 아니라 모든 아이들에게 매우 중요한 일입니다. 지금 친구들과 관계를 잘 형성하고 있다고 하더라도 좀 더 다양한 아이들을 수용하여 친구가 될 수 있어야 합니다. 친구관계를 맺지 못하고 소외되고 있는 아이들이 친구를 만들고 지원받는 것 또한 매우 중요합니다. 그러므로 소수의 장애학생이나 친구관계에 어려움을 겪고 있는 학생에게만 초점을 두어 접근하기보다는 반 전체 아이들이 함께 서로를 이해할 수 있는 기회를 가지고 친구관계를 돈독하게 하는 것이 필요합니다.

『일반교사를 위한 통합교육 지원 프로그램–서로 다른 아이들이 함께 만드는 우정』은 그동안 장애학생에게만 초점을 두었던 통합교육 프로그램에서 한 발 더 나아가 일반학생들의 친구관계 형성과 긍정적인 학급 공동체 형성에 도움을 주고자 만들어졌습니다. 프로그램을 개발한 서울 경인 특수학급 교사연구회는 특수학급에 대한 부정적인 인식과 부족한 지원에 갈증을 내던 몇몇 특수학급 교사들이 모여 더 나은 질의 통합교육을 위해 1992년부터 모임을 시작하였습니다. 그동안 서울 경인 특수학급 교사연구회는 장애학생들이 학교생활에 좀 더 잘 적응하고 수용될 수 있는 방법을 고민하고 이를 위해 부단히 노력하였습니다. 그러나 특수학급 교사들만이 오로지 장애학생의 사회적 수용만을 위해 노력하는 것에 한계를 느끼게 되었습니다. 학급 내에서 장애학생이 수용되기 위해서는 일반교사의 주도적인 접근이 필요함을 인식하게 되었으며, 장애학생뿐만 아니라 학급 전체 학생들이 서로 좋은 친구관계를 형성할 때 장애학생 또한 그 학급의 한 구성원으로 수용되고 정서적인 지지를 받을 수 있을 것이라는 생각을 하게 되었습니다. 그리하여 장애학생을

포함한 모든 학생들이 좋은 친구관계를 형성하고 유지할 수 있도록 촉진하는 프로그램을 구성하게 되었습니다. 이 프로그램이 장애학생을 포함한 다양한 모든 학생들이 서로를 수용하고 친구가 되어 즐겁게 생활할 수 있는 학급공동체를 형성하는 데 조금이나마 도움이 되기를 바라는 마음입니다.

서로 다른 아이들이 함께 만드는 우정이라는 이름으로 프로그램을 시작하시고 만들어주신 선생님들과 2년 반 동안 현장에서 이 프로그램을 실행하고 더 나은 프로그램으로 거듭나게 해 주신 선생님들, 특히 서로 다른 아이들이 함께 만드는 우정에 새 옷을 입혀 한 권의 책으로 나오게 해 주신 오선영, 이종필, 박혜성, 신소니아, 최원아, 김미정 선생님께도 감사의 마음을 전합니다.

『일반교사를 위한 통합교육 지원 프로그램–서로 다른 아이들이 함께 만드는 우정』을 만들 수 있도록 도와주신 학지사 사장님과 흔쾌히 추천의 글을 써 주시겠다고 하신 박승희 교수님, 김수연 교수님께 감사드립니다.

2006년 1월

서울 경인 특수학급 교사연구회

Contents

P•a•r•t 01 이론편

P·a·r·t 02 실제편

P·a·r·t 03 활동편

Part 01

이론편

1. 통합교육-모든 학생을 위한 첫걸음

우리나라 학령기 특수교육 대상 학생의 70% 이상이 통합교육을 받고 있다는 통계(교육과학기술부, 2011)는 통합교육의 양적인 확대를 보여 준다. 이러한 통합교육의 양적 성장은 장애학생과 일반학생 모두가 통합교육을 통해 사회적 · 교육적 발달과 성취를 이룰 수 있도록 지원하는 학교의 역할을 강조하게 되었다. 특히, 최근 우리나라의 사회구조적 변화로 인해 학교 안에 장애학생뿐 아니라 다양한 문화, 언어, 경제적 배경을 가진 이질적 특성의 학생이 많아졌고 학교가 이들의 요구에 적합한 교육적 경험을 제공하고 사회적 통합을 촉진하는 역할을 수행해야 한다는 인식이 높아지고 있다. 학생 간의 다양성과 이질성의 증가로 기존 학교 교육의 형태와 방법에 많은 변화가 필요하게 되었고, 특히 통합교육의 기본 원칙들은 이러한 요구에 민감하게 반응할 수 있는 교육 접근이 될 수 있다.

서로 다른 아이들이 한 교실 안에서 함께 적응하며 생활해 나가기 위해서는 학급을 구성하는 학생 한 명 한 명을 가치롭게 인식해야 하고 구성원 모두가 존중받는 교실을 만드는 것이 하나의 해결 방법이 될 수 있다. 모두가 존중받는 교실이란, 학급구성원 모두가 자기 자신과 서로를 소중히 여기며 서로의 개성과 특징, 즉 다양성을 인정하고 존중하며 함께 어울려 학습하고 생활하는 학급 공동체를 의미한다. 모두가 존중받는 교실은 장애 유무, 능력의 차이, 가정환경의 차이, 외모의 차이 등에 관계없이 학급 공동체 안에 포함된 학생들 모두에게 바람직한 교육 환경일 것이다. '모든 학생을 위한 교육'에 대한 신념은 장애학생을 위한 교육이라는 미시적 관점의 통합교육에서 출발하였지만 최근 통합교육의 가치 확대와 다양한 요구를 가진 학생들에게 적합한 교육에 대한 요구 측면에서 학교 교육 전반의 변화와 개혁을 요구하는 거시적 관점의 통합교육으로 발전해 가고 있다.

개별화된 교육적 지원, 행동 문제 관리, 사회적 관계 형성 지원 등과 같은 요구를 가진 장애학생이 교실에서 함께 생활하고 적응해 나가도록 하는 것은 일반교사와 통합학급의 일반학생, 장애학생 모두에게 힘든 과정이다. 장애학생이 학급 구성원이 되었을 때 담임교사는 장애에 대한 이해에서부터 장애학생의 교육 방법에 이르기까지 모든 것이 막막해지기 쉽다. 한 반 친구인 일반학생들이 장애학생을 바르게 인식하고 함께 어울려 지내도록 하는 것 또한 어려운 일일 것이다. 그러나 장애학생의 일반학급 참여가 확대되고 교사 및 학생을 대상으로 한 장애이해교육이나 통합교육 연수의 기회가 증가하면서 장애학생 및 통합교육에 대한 이해가 높아지고 있다. 학교를 구성하는 다양한 학생을 위한 통합교육이라는 인식의 확대는 장애학생을 위한 교육이라는 제한적 의미가 아닌, 모든 학생을 위한 교육의 질 향상이라는 관점의 변화를 이끌어 왔다. 모든 학생을 위한 학교 교육이 이루어지기 위해서는 다양성을 인정하는 학교 공동체 문화와 따뜻하고 수용적인 학급 풍토의 조성이 필요하다.

1) 통합교육의 개념

2007년 제정, 공포된 「장애인 등에 대한 특수교육법」에서 규정하고 있는 통합교육의 개념은 다음과 같다.

> 통합교육이란 특수교육대상자가 일반학교에서 장애 유형, 장애 정도에 따라 차별을 받지 아니하고 또래와 함께 개개인의 교육적 요구에 적합한 교육을 받는 것을 말한다.

「장애인 등에 대한 특수교육법」이 제정되기 이전에는 단순히 일반학교에서 교육을 받는 물리적 통합 측면을 강조하였고 학생들의 여러 발달 측면 중 사회적응능력의 발달 측면에만 관심을 두고 있었다. 하지만 「장애인 등에 대한 특수교육법」에서 통합교육은 학생의 사회적 측면의 발달뿐 아니라 학생의 요구에 적합한 교육을 제공하는 것을 강조하며 일반학생과 동등한 참여 및 차별받지 않을 권리를 분명하게 명시하고 있다.

통합교육을 실행하는 과정에서 다양한 개념적 정의가 이루어져 왔다. 이러한 정의들에서 공통적으로 강조되는 개념은 "모든 학생들이 가지고 있는 요구를 가장 적합하게 충족시켜야 한다."는 점과 장애학생이 일반학생과 동등하게 일반학급의

한 구성원으로 소속되는 "일반학급의 구성원 자격을 중요한 요소로 여긴다."는 점이다(박승희, 2003).

〈표 1-1〉 **통합교육의 개념 정의**

정의	저자
통합교육이란 다양한 교육적 필요와 능력을 가진 아동들이 함께 교육받는 것으로서 그 특징은 장애아동과 비장애아동이 사회적 활동이나 교수적 활동에서 의미 있는 상호작용을 하는 것이다.	이소현, 박은혜 (1998)
통합교육은 장애학생이 일반학급과 일반학교에 완전히 통합되어야 하고 그들의 교수는 그들의 장애가 아니라 그들의 능력에 기초하여야 한다는 신념과 철학을 의미한다.	Friend & Bursuk (2002)
통합교육은 누구나 소속되고 수용되고 학생들의 교육적 요구가 충족되게 하기 위한 지원이 학교 공동체의 또래들과 다른 구성원에 의해 제공되는 것이다.	Stainback & Stainback (1990)
통합교육은 모든 학습자를 그들의 지역사회에 있는 연령에 적합한 일반학급 교실에서 함께 교육함으로써 모든 학습자를 환영해 주고 인정하고 긍정하는 것이다.	Salend (1994)
통합교육이란 장애를 가진 학생들이 모든 면에서 학교 공동체 안에서 가치롭고 필요한 구성원이라는 관점을 확실히 하는 원칙들의 집합이다.	Uditsky (1994)

출처: 박승희(2003).

최근의 통합교육은 기존에 널리 퍼져 있던 개념인 '장애학생이 일반학급 내에서 함께 교육받는 것'을 넘어서 '모든 학생을 위한 학교 교육'으로 이끌기 위한 개념을 포함하고 있다. 이는 통합교육이 이전처럼 특수교사나 장애학생만의 문제가 아니라, 모든 학생이 자신의 가치를 인정받고 서로의 다양성을 존중하는 분위기 속에서 자신의 목표를 이루어 가는 교육, 즉 모든 학생에게 성공적인 교육을 지향하는 것을 의미한다. 다시 말해 일반학급에서 장애학생과 일반학생 모두에게 효과적인 교육을 이루는 것이 바로 통합교육의 궁극적인 도달점이라고 볼 수 있을 것이다.

2) 통합교육의 진전

1960년대 장애인들이 가능한 정상적인 사회에서 함께 생활해야 한다는 정상화

의 원칙은 장애인의 지역사회 통합 및 통합교육 철학 실행의 신호탄이 되었다. 이와 함께 미국의 「장애인교육법」에서 장애아동이 비장애 또래, 가정, 지역사회로부터 가능한 한 최소한으로 분리되어야 한다는 '최소 제한 환경' 이라는 개념이 등장하였다. '최소 제한 환경' 은 장애아동의 교육 환경을 결정할 때 우선적으로 통합된 교육환경에서 그 아동의 요구나 상황에 맞는 특수교육서비스를 제공하는 것을 고려해야 한다는 것을 의미한다. 이러한 교육적 동향을 거쳐 최근에는 '완전통합' 론이 대두되고 있다. '완전통합' 론이란, 장애 정도에 관계없이 일반아동과 함께하는 교육환경에서 모든 아동이 자신에게 적절한 교육 목표를 가지고 그 목표에 도달할 수 있는 교육환경에서 학습하고 생활해야 한다는 것을 의미한다(이소현, 박은혜, 1998).

우리나라 통합교육 역사의 시초는 1971년 대구 칠성초등학교 내에 설치된 전일제 특수학급이었다. 초기 특수학급의 성격은 통합교육을 위한 목적보다는 장애학생의 교육 기회 확대를 목적으로 특수학급이 설치되었다. 그러나 1980년대를 기점으로 특수학급의 수는 급격히 증가하였고 특수교육을 전공한 교사들이 특수학급을 담당하게 되면서 장애학생에게 적합한 교육의 제공과 함께 통합교육을 위한 다양한 지원 활동이 활발히 이루어지게 되었다.

학령기 특수교육 대상 학생의 70% 이상이 일반학교에서 통합교육을 받고 있으며 완전통합교육을 받고 있는 학생의 비율도 전체 특수교육 대상 학생의 17%에 달한다. 통합교육을 받는 학생의 증가는 일반학교가 장애학생을 위한 편의시설의

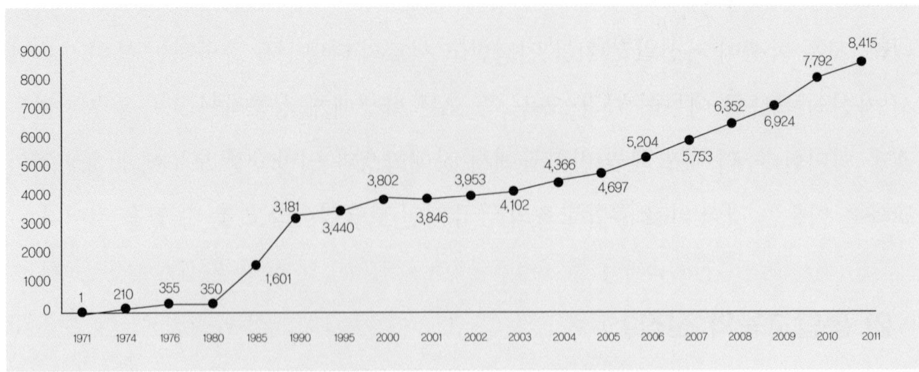

[그림 1-1] 특수학급 수의 변화

출처: 교육인적자원부(2011). 2011 특수교육통계.

확충을 포함한 학교의 사회 · 문화적 변화 및 교육적 접근의 변화를 요구하게 되었다. 실질적으로 통합교육에 대한 다양한 연수 기회의 확대를 통해 통합교육의 가치에 대한 이해가 증진되고 장애학생에 대한 수용적 태도에 있어서도 많은 발전이 이루어졌다. 그러나 여전히 통합교육에 대한 제도적 · 인식적 측면에서 지속적인 지원이 요구되고 있으며, 통합교육의 질적인 측면에 대한 점검과 개선이 여전히 필요하다.

3) 통합교육의 효과

통합교육이 장애학생만을 위한 교육이 아닌 모든 학생을 위한 교육으로서 그 가치가 재정립될 수 있는 것은, 통합교육이 장애학생과 일반학생 모두에게 긍정적 효과가 있기 때문이다. 우선 통합교육은 장애학생에게 사회성 발달과 함께 학습, 태도, 일상생활 측면에서의 발달을 이룰 수 있도록 한다. 장애학생의 경우 일반학급이나 지역사회 등에서 원활한 상호작용을 통하여 바람직한 사회적 관계를 형성하기가 매우 어렵다. 하지만 통합교육 상황에서는 장애학생이 또래와 함께 교육을 받게 되므로, 자연스럽게 생활 연령에 적합한 행동을 관찰하고 모방할 수 있으며 또래들과 적절한 상호작용을 할 수 있게 된다(Odom & McEvoy, 1990). 또한 통합교육을 통해 교과 및 학업 능력과 일상생활 능력의 향상을 보였다는 연구 결과에서 알 수 있듯이 통합교육은 장애학생의 전인적인 발달에 긍정적인 영향을 미친다(국립특수교육원, 2003).

통합교육을 경험하는 일반학생은 장애인을 자신이 살아가는 사회의 한 구성원으로 인정하는 계기를 갖게 됨으로써 인간의 다양성을 이해하게 된다. 통합교육 환경에서 장애학생과의 상호작용을 통해 장애인 역시 나와 비슷한 점을 가지고 있는 한 개인이라는 것을 수용하게 되고, 학교라는 지역사회가 장애인을 비롯한 다양한 능력의 사람들을 포함하고 수용해야 한다는 사회적인 책임감을 학습하게 된다(이소현, 박은혜, 1998). 나아가 장애인뿐 아니라 민족, 인종, 신체적 특징, 경제적 배경이 다르거나 혹은 사회 · 문화적으로 소외된 사람들도 사회의 한 구성원으로서 함께 어울려 생활해야 한다는 것을 자연스럽게 체득하게 된다. 이런 사회 · 윤리적 가치

를 습득하게 된다면 아이들이 성장한 후에는 서로의 인격과 차이를 인정하고 다양성을 수용하는 한층 더 성숙된 민주사회 시민으로 자리매김하게 될 것이다.

또한 통합교육이 추구하는 기본적 가치인 모든 학생의 교육적 요구를 충족시키기 위한 교육이 이루어진다면 우리나라 교육의 질은 한층 더 향상될 수 있다. 이러한 교육적 질 향상이 이루어지기 위해서는 우선적으로 학교 교육과 관련된 모든 사람들이 교육에 대한 가치를 공유해야 한다. 이를 바탕으로 법적 · 행정적 측면의 문제에서부터 구체적인 교수-학습 방법에 이르기까지 다양한 측면에서 개선이 이루어져야 할 것이다.

4) 통합교육의 세 가지 측면

통합교육의 개념과 목표를 실현하기 위한 측면들은 크게 물리적 통합, 교육과정적 통합, 사회적 통합의 세 가지로 구분할 수 있다(Kauffman, 1975). 이 세 가지는 통합교육의 시행에 있어서 필수적인 요소들로서 세 가지 모두가 충족되고 유기적으로 작용할 때 진정한 통합교육이 이루어진다.

물리적 통합은 장애학생과 일반학생이 같은 물리적 환경에서 함께 교육을 받는 것을 의미한다. 쉽게 말해 같은 교실에서 함께 교육을 받는 것을 의미한다. 실질적으로 특수교육 대상 학생의 70% 이상이 일반학급에서 교육을 받고 있고 이들 학생의 대부분이 완전통합 혹은 시간제 형태로 특수학급에 배치되어 있음을 감안한다면 물리적 통합 여건은 급속한 발전을 보여 왔다고 할 수 있다.

교육과정적 통합이란 일반학교에서 함께 교육을 받는 장애학생과 일반학생의 교육과정이 서로 관련 없는 별개의 교육내용으로 나뉘는 것이 아니라 '공동의 교육과정적 틀' 속에서 이 두 개의 교육과정을 하나의 광범위한 연속체로 조화시키는 것을 의미한다(박승희, 2002). 일반학급에 통합된 장애학생이 일반학생과 함께 수업을 받으면서 그 수업을 통해 자신의 교육적인 성취를 이루도록 하는 것이 교육과정적 통합의 목표라고 말할 수 있다(박승희, 2003). 장애학생이 일반학급에서 공부할 때 교수방법이나 교육내용의 수정 없이 얻을 수 있는 교육적 효과가 한정되어 있기 때문에 장애학생이 참여할 수 있는 교육과정과 교수적 측면의 수정이

절대적으로 필요한 상황이다. 교육과정 수정과 교수적 수정을 통해 장애학생은 단순히 일반학생과 같은 공간에 머무는 것에 그치지 않고 일반학급에서 자신에게 필요하고 자신의 능력에 맞는 교육목표를 달성할 수 있는 교육을 받게 될 것이다. 통합교육이 지향하는 바가 모든 학생을 위한 교육이니만큼, 모든 학생의 요구나 흥미, 능력에 맞게 포괄적이고 통합된 교육과정으로 국가교육과정을 수립해야 하고 이를 실행하는 학급 수준의 교육과정적 통합에 대한 지원을 제공해야 하는 과제가 여전히 남아 있다.

사회적 통합은 장애학생이 일반학급 내에서 일반학생들과 의미 있는 상호작용을 함으로써 장애학생과 일반학생 모두가 서로를 진정한 학급 구성원으로 받아들이는 것이다. 대부분의 장애학생이 일반학급 내에서 사회적 상호작용을 하는 데 어려움을 겪고 있는 것으로 나타났다(이소현, 1996). 장애학생과 일반학생 간의 사회적인 관계가 잘 형성되었을 때 장애학생의 사회적 수용도가 높아지고 학업 성취 수준도 높아진다(Cartledge & Milbum, 1986; Gresham, 1984; Zirpoli & Melloy, 1993). 이와 같이 성공적인 사회적 통합은 학업적인 측면에서도 긍정적인 효과를 가져올 수 있고, 일반학생에게도 자연스럽게 개인의 다양성과 차이를 인정하는 계기가 될 수 있는 것이다.

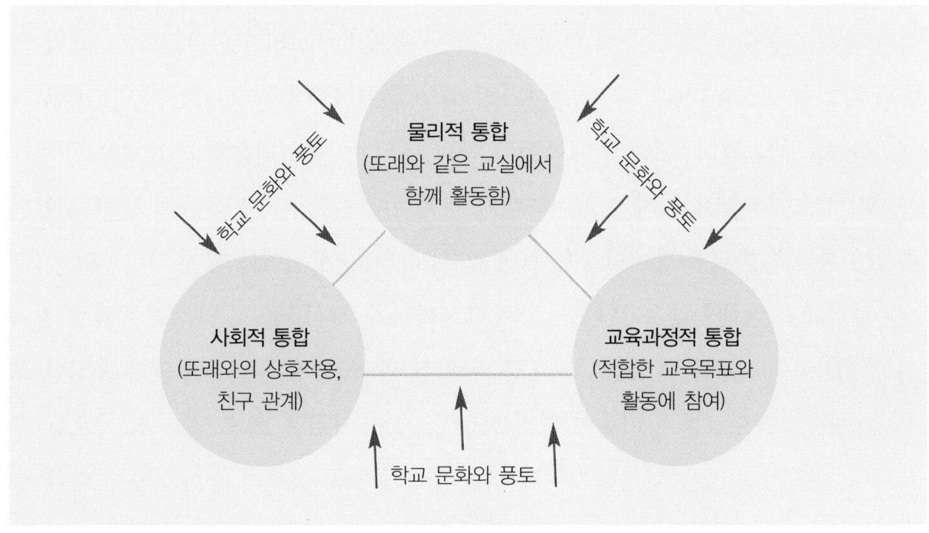

[그림 1-2] 통합교육의 세 가지 측면과 학교 문화와 풍토

통합교육의 세 가지 측면은 상호 유기적인 관계를 형성하고 있다. 통합교육의 가장 기본적인 조건은 물리적 통합이지만 모든 학생이 통합교육을 통해 교육적 성과를 얻기 위해서는 사회적 통합과 교육과정적 통합이 효과적으로 이루어져야 한다. 이렇게 통합교육의 세 가지 측면이 모든 학생의 사회적, 교육적 발달에 기여하기 위한 환경적 요소로서 학교의 문화와 학급의 풍토가 중요한 역할을 한다. [그림 1-2]에서 제시된 것과 같이 모든 학생을 위한 학교 교육으로서 통합교육의 가치 실현을 하기 위해서는 수용적이고 지원적이며 협력적인 학교와 학급 문화가 기본 바탕이 되는 중요한 요소다. 학교 문화는 그 학교를 구성하는 모든 인적 · 물적 자원들에 의해 형성되는 것으로 통합교육의 가치를 실현하고 최대한의 효과를 얻을 수 있도록 하는 근간이 된다. 그러므로 통합교육을 실행하는 학교에서는 전반적인 학교 문화를 증진하기 위한 체계적이고 지속적인 프로그램들을 실시해야 할 것이다.

2. 사회적 통합을 위한 교육적 접근

장애학생 통합교육 기회의 확대는 단순히 장애학생을 일반학교에 배치하는 물리적 통합의 수준을 넘어 교육의 질적 향상을 위한 일반학교의 역할 제고와 교육적 역량의 강화를 요구한다. 특히, 우리나라의 경우 장애학생의 70% 이상이 일반학교에서 교육을 받고 있다. 이는 장애학생이 학교 내의 한 구성원으로 수용되고 다양한 사회적 상호작용에 적절하게 참여하여 장애학생에게 요구되는 교육적 성취를 이룰 수 있도록 통합학교가 장애학생을 위한 교육의 장(場)이 되어야 함을 의미한다.

통합학교가 장애학생을 포함한 모든 학생들에게 정서적으로 안정적이며 긍정적인 상호작용을 경험할 수 있도록 하기 위해서는 장애학생과 일반학생이 동일한 교실에 있는 것만으로는 어려움이 있다(박승희, 2003; 이소현, 1998). 충분히 서로를 수용하며 사회적 관계를 형성하기 위해서는 학교 · 학급 전체의 통합교육에 대한 긍정적인 분위기 및 체계 마련, 장애학생에 대한 교사, 부모, 일반학생들의 인식 및 태도의 변화, 구조화된 상호작용 촉진 프로그램 마련 등의 다양하고 체계적이며 지

속적인 노력이 필요하다.

지금까지 장애학생의 성공적인 사회적 통합을 위해 다음과 같은 다양한 노력이 이루어져 왔다.

1) 장애 이해 중심의 사회적 통합 노력

효과적인 통합을 위한 여러 가지 요건 중에서도 장애아동에 대한 비장애 아동의 긍정적인 태도는 장애아동에 대한 사회적 수용을 증진한다는 점에서 특히 중요하다(김수연, 1996; 방명애, 1999; 이숙향, 1999; 최하영, 2000). 학교 현장에서도 이 점을 중요하게 인식하고 장애학생의 사회적 통합을 신장하기 위해 일반학생의 태도를 변화시키기 위한 노력으로 장애 인식 개선교육 또는 장애이해교육이라는 이름으로 다양한 형태의 프로그램을 개발하고 실시해 왔다.

통합된 장애학생을 바르게 이해하고 긍정적으로 수용하는 것을 돕기 위해 특수교사가 통합학급 지원 수업을 실시한다거나 전교생 또는 학년 전체를 대상으로 여러 가지 교육 활동—장애 관련 도서 감상문 대회, 장애인의 날 관련 훈화방송, 장애 관련 영상물 감상, 모의 장애체험, 퀴즈 대회, 초청강연 등—을 시행하기도 한다. 이는 주로 학년과 학급이 새로 구성되는 3월이나 장애인의 날에 즈음하여 계기교육의 일환으로서 대개 특수교사 주도로 이루어져 왔다. 최근에는 장애이해교육을 위한 동영상 콘텐츠를 개발, 보급하여 학교 현장에서 손쉽게 실시할 수 있도록 하고 있다.

장애학생에 대한 태도 개선을 위한 노력은 이해 중심의 태도 개선 방법과 활동 중심의 태도 개선 방법으로 나눌 수 있다(조민경, 2007). 이해 중심의 태도 개선 방법은 일반학생을 대상으로 하는 대부분의 장애이해교육, 가정과의 연계를 위한 학급 신문 및 가정통신문 발송 등이 이에 해당된다. 활동 중심의 태도 개선 방법은 장애학생과의 직접 또는 간접 접촉이나 모의 장애체험, 협동학습 등이 해당된다.

다음에서는 장애학생에 대한 태도 개선을 위한 다양한 전략과 효과적인 방법을 제시한다.

(1) 이해 중심의 태도 개선 방법

1 장애에 대한 정보 제공

일반학생에게 장애와 관련된 정확한 정보를 제공하는 것은 장애학생에 대한 일반학생의 편견을 줄이고 태도를 변화시킬 수 있는 유용한 방법 중 하나다(박승희, 2003). 특히, 일반학생들은 통합된 장애학생이 지니고 있는 능력과 문제에 대해서 더 많이 알수록 더 잘 수용하는 것으로 나타났다(Fiedler & Simpson, 1987). 그러므로 장애학생에 대한 태도를 변화시키기 위해서는 장애에 관한 다양한 자료, 영상, 수업이나 강의 등을 통하여 장애에 대한 정보를 제공하고 장애학생들의 어려움이나 도움이 필요한 부분에 대하여 정확하게 인식하도록 하는 것이 필요하다.

장애 및 장애학생에 대한 정보를 제공하기 위한 활동에서 유의해야 할 점으로 첫째는 장애학생과 일반학생의 유사점에 대한 정보를 제공하는 데 초점을 두어야 한다는 것이다. 일반아동의 친구 선택 이론들에 의하면 친구관계 형성 요인 중 하나로 물리적 근접성, 지위성, 상호성과 함께 유사성을 지적하고 있으며(김성원, 1993) Snell과 Janney(1999)는 학년 혹은 학교 전체의 장애 인식 프로그램의 일반적인 목표 중 하나로 장애인과 비장애인 간의 유사점과 능력을 강조하는 것을 꼽았다.

둘째는 장애학생들의 문제나 약점뿐 아니라 그들이 지니고 있는 능력과 강점들에 초점을 두어야 한다는 것이다(이소현, 1996). 유명한 사람들이나 성공한 사람들 중에도 여러 가지 장애를 가진 사람들이 있다. 이러한 사람들의 능력이나 그들이 어떻게 장애를 극복했는지 소개하는 것은 일반학생들이 장애인에 대해 긍정적인 시각을 갖게 하는 데 도움을 줄 수 있다(Safran, 2000). 예를 들어, 월트 디즈니, 헬렌 켈러, 루즈벨트, 윈스턴 처칠, 톰 크루즈 등 장애를 가지고 있으나 장애로 인한 어려움을 극복한 사람들의 이야기를 통해 장애인의 가능성과 능력에 대해 긍정적인 태도를 갖도록 할 수 있다.

최근에는 장애와 관련된 정보 및 방법의 다양화뿐 아니라 정보를 제공하는 대상을 부모 혹은 가정으로까지 확대하여 실시하는 노력도 이루어지고 있다. 장애와 관련된 정보의 경우, 단순히 장애에 대한 정보나 장애인에 대한 태도에 대한 교육에서 벗어나 장애인 편의시설 이해 교육(신연임, 2011), 유니버설 디자인 개념(정창현,

2010), 수화를 활용한 교육(박영빈, 2009), 장애인을 위한 발명품 활용 수업(양윤선, 2008) 등으로 다양화되어 가는 경향을 보이고 있다. 또한 강의 중심의 장애이해교육에서 벗어나 프로젝트 학습(김성환, 2006; 이나영, 2010), 토의학습(박미정, 2010) 등 교육 방법에서도 다양한 교수법이 활용되고 있다. 뿐만 아니라 장애학생과 일반학생의 긍정적 관계 형성을 위한 장애이해교육을 학생들에게만 국한하던 것에서 벗어나 가정통신문이나 학교 신문을 통해 통합교육과 장애학생에 대한 이해 내용을 지속적으로 알림으로써 장애학생에 대한 긍정적 태도 형성을 지원하고 있으며(강홍녀, 2010; 민은주, 2011; 임복희, 2008), 통합학급교사를 대상으로 장애이해 및 통합교육의 이해를 위한 교사 연수를 지속적으로 실시하고 있다.

2 매체 활용

학교 현장에서 직접적으로 장애인과의 접촉 활동을 제공하는 것이 용이하지 않으므로 매체를 통한 교육활동이 효과적인 수단으로 활용되고 있다. 매체는 쉽게 활용할 수 있다는 점에서 많은 교사들이 이용한다.

■ 장애 관련 도서 활용

장애인, 장애를 극복하고 꿈을 이룬 사람들, 장애인을 도와주는 사람들의 이야기 등 장애와 관련한 내용을 다룬 책은 장애인에 대한 긍정적인 태도를 촉진하기 위한 자료로 활용하기 쉬우며 특히 학교에서 다양한 방법으로 활용할 수 있다. 또한 장애 관련 도서는 일반학생뿐 아니라 장애학생에게도 자신이 가지고 있는 장애와 다른 사람들과의 관계에 대한 분명한 이해를 도울 수 있다(Robinson, 1999). 특히, 도서를 활용하는 것은 유아기부터 청소년기까지 다양한 연령의 학생들에게 적용하기 쉽다는 장점이 있다.

장애를 가지고 꿈을 이룬 사람들의 이야기를 다룬 위인전, 장애인이 등장하는 동화, 장애인들을 도와주는 사람들의 이야기를 포함한 책을 단순히 읽는 것만으로는 충분하지 않다. 도서를 활용한 장애이해교육이 효과적으로 이루어지기 위해서는 책을 읽은 후 내용과 관련된 토의나 조사하기 등의 다양한 사후활동을 연계하여 실시하는 것이 필요하다.

■ 영상물 활용

영화, TV 프로그램, 사진, 신문 등을 이용하여 일반아동의 태도를 효과적으로 변화시킨 연구들이 많이 이루어져 왔다(이장순, 1992). 최근의 인터넷이나 IT 기술의 발달로 UCC, 이메일을 활용한 장애이해교육 활동이 이루어지기도 한다.

〈표 1-2〉 **다양한 영상물을 이용한 장애이해교육 프로그램 예시**

연구자 (연구 연도)	논문 제목
박혜주 (2008)	대한민국 1교시 장애이해 수업 자료 활용이 비장애아동의 장애 수용 태도에 미치는 영향
채희숙 (2007)	ICT 활용 장애이해교육 프로그램이 일반아동의 수용성 태도에 미치는 영향
김영민 (2011)	UCC 제작 장애이해 프로그램이 전문계 고등학생의 장애학생에 대한 태도에 미치는 영향
박애신 (2006)	장애 관련 영화를 통한 장애이해교육이 중학생의 장애이해 태도에 미치는 영향
송남희 (2005)	장애이해 e-mail 학습이 일반학생의 장애 인식 및 수용 태도 변화에 미치는 영향

장애인의 삶을 다루거나 장애인을 돕는 사람들에 대한 영화나 동영상은 일반학생이 장애학생을 수용하는 태도를 개선하는 데 효과적인 방법이다(Kelly, 1997; Safran, 2000). 특히, 영상 자료의 경우는 학생의 성별, 학년, 장애학생과의 생활 경험 유무와 관계없이 일반학생의 장애학생에 대한 태도 변화에 효과적으로 활용될 수 있다. 또한 장애에 대한 정보를 얻는 기능뿐 아니라 장애학생의 어려움이나 정서적인 부분에 대한 감정이입도 가능하게 한다. 그러나 영화나 동영상과 같은 매체를 통한 태도의 변화는 장기간 지속되지 않기 때문에 집단 토의, 감상문 쓰기 등의 사후활동을 실시하는 것이 좋다. 또한 영상 자료를 선택할 때 장애인에 대해 바르게 인식할 수 있는 자료인지 주의깊게 살펴볼 필요가 있다.

대한민국 1교시를 활용한 장애 인식 개선 활동 결과물 1

대한민국 1교시를 활용한 장애 인식 개선 활동 결과물 2

■인형극의 활용

교육 연극 활동의 한 영역으로 장애이해교육 내용을 포함할 수 있다. 대표적인 예로 「파라다이스복지재단」과 「극단 올리브와 찐콩」이 공동 제작한 〈버디 & 키디〉는 초등학교 2~5학년 학급을 대상으로 인형극을 통해 자연스럽게 장애를 이해하고 장애에 대한 긍정적인 인식을 심어 주기 위해 마련한 장애 인식 개선 프로그램이다. 지체장애, 지적장애, 자폐성 장애, ADHD의 4개 장애 영역으로 구성되어 있고 인형극을 통하여 장애와 관련하여 비롯된 문제 상황을 제시한 후 학생들이 스스로

〈버디 & 키디〉 프로그램

문제를 해결해 보는 사후활동까지 연계하여 이루어지는 활동이다. 다양한 장애학생의 사례와 효과적인 사후활동을 담아 보급하기 위해 현재 계속 개발 중이다.

3 교육과정의 활용

장애이해교육을 실시하기 위해 기존의 교육과정 이외에 추가적인 프로그램으로 실시하는 경우, 아침 독서 시간 혹은 재량활동을 이용하여 실시할 수 있다. 그러나 이러한 프로그램을 교육과정 내에 삽입하여 운영할 수도 있다. Noonan과 Hemphill(1988)은 장애이해교육을 위해 현재 학교에서 일어나고 있는 교수활동을 수정 또는 확장하는 것을 '통합적인 절차'로, 별도의 프로그램을 실시하는 것을 '추가적인 절차'라고 구분하면서 통합적인 절차가 추가적인 절차보다 바람직한 것으로 지적하였다(박승희, 2003에서 재인용). 통합적인 절차는 시간적으로 용이하며 지속적인 교수가 이루어질 수 있어서 효과적이다. 다른 사람들에 대한 존중, 인정 및 협동과 같은 긍정적인 가치는 일반교육과정 안에서 충분히 지도할 수 있다(박승희, 2003). 교육과정에 삽입하여 가르칠 수 있는 내용은 개인의 차이와 다양성의 존중이나(Salend, 1999; Snell & Janney, 1999; 박승희, 2003) 우정과 친구의 의미(Salend, 1999; Salend, 2001) 등이 있는데 사회, 도덕, 체육, 보건 등의 교과에 포함하여 가르칠 수 있다(이소현, 1998).

교육과정 수정을 통한 접근 중 외국의 예로는 중도장애학생의 이해와 통합을 위한 수정된 사회과 교육과정을 들 수 있다. 하와이 통합 프로젝트(Hawaii Integration Project)의 일환으로 개발되었으며(박승희, 2003에서 재인용) 자신과 타인에 대한 책임감 개발, 긍정적 자아개념 개발, 의사결정기술, 문제해결기술 개발, 효과적인 의사소통기술 개발을 목표로 한다. 우리나라에서는 이은정(1996)이 특수학급이 설치된 공립 초등학교 1개교의 3학년 2개 학급을 대상으로 장애학생에 대한 일반아동의 수용적인 태도를 증진하기 위해 초등학교 3학년 도덕과 교육과정을 수정하여 가르침으로써 긍정적인 결과를 보였음을 보고하였다.

장애이해교육과 관련된 내용을 통합하거나 수정하여 교수하는 예로, 사회와 도덕 교과의 경우 다양성의 가치와 수용, 상호 배려와 나눔의 가치를 가르칠 수 있고 과학, 보건 교과에서는 신체의 기능과 역할에 대한 주제를 다루면서 장애와 관련된

내용을 함께 다룰 수 있다(김희규, 2002). 이렇게 교육과정 내에 장애를 비롯한 개인의 차이와 다양성에 관련된 주제를 삽입하여 교수하는 것은 부가적인 프로그램을 별도의 시간에 적용하는 것에 비해 실행이 용이하며 일회적인 활동으로 그치지 않고 지속적인 교수가 이루어질 수 있어 효과적이다(박승희, 2003).

〈표 1-3〉 **교육과정을 활용한 장애이해교육 예시**

연구자 (연구 연도)	논문 제목
문정옥 (2005)	학급 적응활동 시간을 이용한 장애이해 프로그램이 일반 고등학생의 장애학생에 대한 태도에 미치는 영향
정지숙 (2006)	초등학교 재량활동 장애이해 프로그램이 일반아동의 태도 변화에 미치는 영향
손복주 (2007)	초등학교 교과교육을 통한 장애이해교육이 일반아동의 자아개념과 장애에 대한 태도에 미치는 영향
박동환 (2008)	교과교육과 연계한 통합적 장애이해교육 프로그램이 일반아동의 장애 인식 및 수용태도에 미치는 영향
임복희 (2008)	가정과 연계한 장애이해 프로그램이 초등학생의 태도 변화에 미치는 효과
전정란 (2008)	정규 교육과정을 활용한 장애이해교육이 장애아동에 대한 일반아동의 수용 태도에 미치는 영향
안수민 (2012)	국어교과 관련 장애이해교육 프로그램이 초등학생의 장애수용태도에 미치는 효과

최근 개발된 수업용 장애 인식 개선 프로그램(A Disability Awareness Package for Teaching: A-DAPT)은 기존 장애이해교육의 한계에 대한 대안으로 나온 새로운 프로그램 중 하나다. A-DAPT는 '초·중·고등학교 교과용 도서 장애 인식 교육 관련 내용 분석 및 보완자료 개발 연구'(광주광역시교육청, 2011)를 통해 개발되었다. 교육과정 중에 자연스럽게, 장기적으로 모든 학생을 대상으로 하는 프로그램으로 교과서 내용과 학습목표를 기반으로 하기 때문에 특수교사가 아닌 일반교사가 교과 수업을 하면서 손쉽게 실시할 수 있다.

(2) 활동 중심의 태도 개선 방법

[1] 장애체험

장애체험 활동은 장애 및 장애인에 대한 정보와 함께 직접 체험을 통해 이해하는 교육활동이다. 일반학생들이 장애를 간접적으로 체험하는 활동을 통해 장애학생들의 어려움을 이해하고 적절하게 도움을 주고 상호작용할 수 있는 방법에 대하여 생각해 보도록 함으로써 장애학생에 대한 일반학생들의 태도를 변화시키는 방법으로, 일반학생들이 특별한 장비를 사용하거나 장애인과 유사한 조건을 만들어 장애를 경험하게 하여 장애인의 입장이 되어 보게 하는 활동이다(박승희, 2003).

Snell과 Janney(1999)는 장애체험 활동 시 유의할 점을 제시하였는데 우선 장애학생의 학부모가 자녀의 장애와 관련한 장애체험을 거부할 때는 그 의견을 존중해야 한다. 동정 또는 연민의 정서로 활동을 진행해서는 안 되며 좌절감보다는 장애로 겪는 불편함에 대한 대처전략에 초점을 맞추어야 한다. 장애체험을 시작하기 전에는 이러한 활동을 왜 하는지에 대한 설명이 필요하고, 장애체험 후에는 토의가 이루어져야 한다. 장애체험을 재미있는 활동에 장난스럽게 참여하는 것으로 진행하거나, 반대로 장애를 갖는 것에 대한 공포로 끝내서는 안 된다. 장애체험 활동은 개인의 독특한 개성을 강조하여 차이점을 설명하거나 유사점을 설명하는 데 목표를 두어야 한다고 밝혔다.

시각장애를 체험하고 있는 초등학생

2 구조화된 상호작용 활동

장애아동과 일반아동이 함께 즐길 수 있는 놀이 및 여가 활동 프로그램이나 우정 관계 형성에 기초를 둔 프로그램을 통해 장애아동과 비장애아동의 직접적인 상호작용을 유도하고 나아가 비장애학생들의 태도를 긍정적으로 변화시킬 수 있다(Cooper & McEvoy, 1996; Heyne et al., 1994). 우리나라의 경우 일반학생의 전반적인 태도 개선을 위한 교육적 노력은 많았던 반면 직접적인 상호작용 촉진을 위한 중재는 실시상의 어려움 등으로 인해 상대적으로 미흡하다.

장애학생과의 직접적인 접촉 및 노출이 장애아동에 대한 일반아동의 태도에 미치는 효과에 대한 연구들을 바탕으로 분석해 보면 장애학생과의 접촉이 구조화되었을 때 긍정적인 태도 변화를 가져온다는 결과를 제시하고 있다(Donaldson, 1980; Esposito & Reed, 1986). 장애아동과의 단순한 접촉 경험만으로는 일반학생에게 긍정적인 태도 변화를 가져오지 못하고 이미 가지고 있던 편견이나 고정관념을 강화할 수 있다.

구체적으로 또래와의 상호작용을 촉진하는 프로그램의 예로는 특별한 친구 프로그램(Special Friend Program), Dowling 우정 프로그램, 통합 놀이 프로그램 등이 있는데 우리나라에서도 다양한 연구에서 이러한 프로그램을 적용하여 교육적 효과를 검증하였으나 기존 교육 과정 이외에 장기적으로 부가적인 노력이 필요하기 때문에 실제 학교 현장에서 적용하는 데는 많은 어려움이 있다. 현재 교육과정 내에서는 창의적 체험 활동 중 동아리 활동으로 장애학생과 일반학생의 통합 동아리를 구성하여 직접적인 상호작용을 촉진하거나 일반학생의 장애학생에 대한 긍정적인 이해를 위한 노력의 사례가 있다(예: 놀이부, 그림책읽기부). 혹은 일반학생을 대상으로 장애 및 장애인에 대한 긍정적인 이해와 태도를 신장하는 동아리를 조직하여 운영하는 경우도 있다(예: 수화부, 인권교육부, 도서감상부).

학교 밖에서 실시되는 프로그램으로 복지관의 방과후 프로그램과 연계하여 장애학생과 일반학생의 소집단 활동을 통해 상호작용을 촉진하거나 방학을 이용하여 장애학생과 일반학생이 함께 참여하는 통합 캠프 프로그램들이 진행되어 왔다(예: 도깨비 캠프).

이러한 프로그램들은 전문가의 지도하에 구조화된 프로그램을 실시하여 장애학

동아리 활동–놀이탐구부

2012년 제19회 도깨비캠프

〈표 1-4〉 **사회적 상호작용을 촉진하기 위한 구조화된 프로그램 예시**

Special Friends Program (Voeltz et al., 1983)	비장애학생을 위한 프로그램, 중도장애학생을 위한 사회적 기술 지원, 장애학생과 일반학생의 통합 활동으로 구성
Circle of Friends (Snow & Forest, 1987)	지원망(supportive network) 모임을 통해 사회적 관계를 형성하고 유지하도록 돕는 프로그램
Dowling 우정 프로그램 (Heyne et al., 1994)	학교와 방과후에 집, 지역사회 레크리에이션 센터에서 다양한 놀이 활동을 통해 친구관계를 촉진
통합 놀이 프로그램 (김수연, 1996)	통합 놀이 활동을 통한 비장애아동과 장애아동의 상호작용 촉진 연구
특별한 친구 프로그램 (권원영, 1998)	Special Friends Program을 우리나라에 적용한 연구
통합 연극놀이 프로그램 (이현정, 1999)	방과후 연극놀이 프로그램을 통한 통합 활동의 효과 연구
또래 지원망 프로그램 (오선영, 2000)	또래 친구들로 구성된 지원망 활동을 통해 상호작용을 촉진
친구만들기 프로그램 (최하영, 2000)	Heyne의 Making Friends 프로그램을 교회 프로그램에 적용하여 장애학생과 비장애학생 간 상호작용 촉진
구조화된 통합 놀이 프로그램 (이종희, 2001)	구조화된 통합 놀이 프로그램을 실시하여 장애유아와 일반유아의 친구관계 증진
통합 자연놀이 프로그램 (이창우, 2011)	통합 자연놀이 프로그램을 통해 장애학생에 대한 일반학생의 태도 변화

생과 일반학생이 상호작용을 할 수 있도록 촉진하고 장애학생에 대한 긍정적인 태도 변화를 이끌고 친구관계 형성에 도움이 될 수 있다. 그러나 실질적으로 학교 현장에서 널리 지속적으로 시행하기에는 한계와 어려움이 있다.

2) 보편적 교육 접근을 통한 사회적 통합 노력

최근의 통합교육은 장애아동이 일반학생이 다니는 학교에 통합된다는 의미에서 한 걸음 나아가 '모든 학생이 자신의 능력과 특성에 맞게 배우는 교육' 으로 확대되고 있다. 가장 바람직한 통합교육은 장애학생만을 위한 배려가 아니라 다양한 능력을 가진 모든 아이들이 어울려 생활하면서 각자의 능력과 특성에 맞게 배울 수 있는 교육환경을 조성하는 것이다. 이는 영국의 총체적 학교 접근이나 미국 교육 개혁운동인 제3의 물결과 같이, 한국의 통합교육도 교육체제의 전반적인 맥락 안에서 재정립될 필요성이 있음을 시사한다. 일반학생은 장애학생과의 통합교육을 통해 많은 것을 배울 수 있다. 무엇보다 인간의 다양성을 받아들이고 다른 사람을 배려하는 긍정적인 태도를 익힐 소중한 기회를 갖는다. 또한 긍정적인 자아개념과 사회적 인식이 성숙하는 효과를 가질 수 있다. 다양한 학생이 이질집단으로 섞여 있는 교육환경은 학생들로 하여금 서로의 차이를 수용하고 이해하는 것을 실제로 배우고 습득할 수 있게 해 주기 때문이다.

일반학생이 통합교육을 통해 다른 사람을 존중하는 것을 배우기 위해서는 사회적 통합을 위한 의도적이고 지속적이며 다각도의 노력이 필요하다. 단순히 장애에 대한 정보를 제공하고 이해하게 하는 장애 인식 개선 활동보다는 폭넓은 인간의 다양성을 이해하고 서로 존중하는 태도를 내면화하는 교육적 접근이 필요하다. 또한 아이들 간에 직접적인 상호작용을 유도하고 긍정적인 관계를 맺도록 지원하는 것이 중요하다. 함께 놀고 지내면서 생기는 여러 정서적 문제를 스스로 해결할 수 있도록 배려하는 것은 일반학생의 정서적 능력 향상은 물론 장애인을 포함한 사회적 약자에 대한 긍정적 인식과 수용적 태도를 키워 줄 것이다.

특히 최근의 우리나라 사회구조의 변화와 학교 관련 문제들은 장애학생 중심의 통합교육에 초점을 두는 것이 아니라 교육 및 학교 문화와 질의 전반적인 변화와

발전을 요구하고 있다(박승희, 홍정아, 최선실, 2012). 실질적으로 다양한 사회, 문화, 언어적 배경을 가진 다문화가정의 학생, 다양한 매체 및 인터넷 게임과 같은 자극적 영상물로 인한 사회정서 문제를 가진 학생, 학교 폭력에 가담하거나 피해를 당하는 학생이 늘어나고 있다. 다양한 학생들이 갖는 다양한 요구에 대해 적절하고 민감하게 반응할 수 있는 교육, 즉 모든 학생을 위한 긍정적 학교 문화 형성을 위한 보편적 교육 접근이 필요하다.

보편적 교육 접근의 장점은 장애학생을 포함한 특정 집단의 학생들에 대한 낙인 효과를 감소시킨다는 점이다. 또한 모든 학생들의 사회성 기술 및 정서 능력을 향상시킬 수 있으며 배려와 존중의 학교 및 학급의 문화를 형성할 수 있다. 특히, 학생 간, 학생–교사 간의 긍정적인 사회적 관계 형성을 촉진하고 학업성취에도 긍정적인 영향을 준다.

모든 학생을 위한 긍정적 학교 문화 형성을 위한 보편적 교육 접근의 예로는 인성교육, 집단상담 프로그램, 감성교육, 정서능력 향상 프로그램, 사회성 발달 프로그램, 사회정서 학습 프로그램 등의 다양한 명칭으로 개발되고 실행되어 왔으며 학급 공동체를 강조하는 학급 운영 전략들이 다양하게 개발되고 있다. 이러한 보편적 교육 접근은 자신에 대한 긍정적 이해를 바탕으로 타인을 존중하고 바른 관계를 형성하는 것을 목표로 하기 때문에 다양한 학생들이 모두 안전하고, 존중받고, 수용되는 교육환경을 위한 기본 토대를 마련하게 된다. 교실 내에서 사회적 지위가 상대적으로 낮은 학생, 예를 들어 경제적 지위가 낮거나 학습능력이 떨어지거나 장애를 가진 학생들이 학급공동체의 구성원으로서 동등하게 존중받을 수 있는 학급 문화를 형성한다. 보편적 교육 접근을 위한 대부분의 프로그램은 다른 사람을 수용하고 이해하는 것에 초점을 두고 있고 학교 구성원 간의 수용적이며 상호 지원적인 학습 과정을 강조하기 때문이다.

통합교육 실행에서 모든 학생을 위한 긍정적 학교 문화 형성을 위한 보편적 교육 접근은 개인의 능력이나 특성에 관계없이 다양한 모든 학생들을 환영한다. 또한 서로 존중하고 돕는 협력적, 개방적, 안전한 교육 환경과 교육과정을 마련하고자 하는 측면에서 출발점은 다르지만 같은 목표를 지향한다. 따라서 모든 학생을 위한 긍정적 학교 문화 형성을 위한 보편적 교육 접근은 통합교육이 지향하는 모든 학생

을 위한 교육체제 수립이라는 거시적 목표와 일치한다고 할 수 있다.

(1) 학급 공동체를 세우는 학급 경영

교육목표를 공식적인 교육과정이나 프로그램에서만 성취할 수 있는 것은 아니다. 교사의 태도나 학급의 규칙, 학생 간의 관계 등을 포함하는 잠재적 교육과정은 매우 중요한 요소가 된다. 교사의 학급 경영에 대한 생각과 태도는 때로 공식적인 교육과정보다 더 큰 영향을 미치기도 한다. 최근의 학급 문화와 풍토와 관련된 연구들에서 학생들이 지각한 학급 문화는 교사의 지도력에 따라 상이하다는 연구 결과가 제시되고 있다. 서로의 다양성을 인정해 주고 서로 존중하며 비폭력적이고 안전한 학급 분위기를 만드는 것은 매우 중요하다. 교사가 학생들에게 얼마나 많은 상호작용 기회를 제공하는가, 협력적인 교실 분위기를 조성하는가에 따라 학생 간의 긍정적 친구 관계의 발달과 유지에 영향을 주기 때문이다(Hunt, Staub, Alwell, & Goetz, 1994).

협력적인 학급 분위기를 잘 조성하는 교사들은 학생 간에 사회적 관계를 맺도록 조성하기 위한 여러 가지 의도적인 전략을 사용한다. 예를 들어, 학생들이 공동체 의식을 갖도록 지도하고 교사 스스로 수용적인 태도를 시범 보이며 능동적인 상호작용을 하도록 협력적인 문제 해결, 협동학습, 또래교수, 상호작용의 기회와 시간을 마련하고 교사 스스로 학생들을 존중하는 언어를 사용한다(Salisbury, Gallucci, Palombaro, & Peck, 1995). 교사들은 수용적인 분위기를 조성하기 위해 학생들 사이의 비슷한 점과 각 성원의 독특한 역할을 알게 하고 서로에 대해 알도록 하는 등의 활동을 통해 친근한 환경을 조성해 주기도 한다(Salend, 1999; Searcy, 1996).

우리나라에서도 교사들 사이에서 '학급공동체 문화를 만들기 위한 학급경영'의 움직임이 있다. 학급 규칙을 학생 간의 긍정적인 관계 형성에 초점을 두고 정하는 것, 다양한 능력을 가진 학생이 섞이도록 모둠을 구성하고 협동에 초점을 둔 다양한 모둠 보상체계를 마련하는 것, 다양한 협동놀이를 활용하는 것 등을 예로 들 수 있다. 또는 학급 경영의 한 방법으로 서로 친해지기, 신뢰 형성하기, 의사소통 기술 배우기 등의 심성 계발 프로그램이나 집단상담 프로그램을 활용한다. 공동체 문화를 만들기 위한 다양한 학급행사(생일파티, 학급 문집 등)를 계획하는 것 역시 협력

적인 학급 문화를 만드는 방법이 될 수 있다(초등 참사랑, chocham.com에서 인용).

(2) 협동학습

협동학습은 다양한 강점과 약점을 가진 학생들이 함께 수업 활동이나 과제를 공동으로 수행하게 하는 방법으로 경쟁적인 교실 상황에서 특정 학생이 고립되는 것을 막아 주고 수용적인 분위기를 만들어 주며 학생들 간의 상호작용과 공동 목표를 향한 협동작업을 증진하는 데 목적이 있다(이소현, 1996). 협동학습 중심으로 학급을 운영하고 수업이 진행한다면 학생들 간의 상호작용을 증진하고 학생들의 성취, 또래와의 우정에 긍정적인 영향을 미칠 수 있다(박수경, 2006).

특히, 능력의 차이가 다양한 학생들을 위한 협동학습이 효과적으로 이루어지기 위해서는 효과적인 강화 전략을 사용해야 한다. 계획적이고 구체적인 강화 전략을 적절히 사용하지 않거나 결과에 초점을 두고 강화를 하는 경우 협동학습 형태에서는 오히려 장애학생, 소극적인 학생, 학습능력이 부족한 학생이 모둠이 되는 것을 거부하거나 이들 학생들이 모둠 활동에서 소외될 수 있다. 그러므로 협동학습에서는 활동의 결과보다는 활동에 참여하는 과정, 모둠원 모두의 참여 여부, 모둠원들의 협력에 초점을 두고 강화를 제공하는 것이 필요하다.

협동학습은 학생들이 지식을 습득하는 것뿐 아니라 사회관계 형성에 필요한 새로운 기술을 배울 수 있는 기회를 제공한다. 학생들은 협동학습을 통해 자신의 의견을 표현하고 타인의 의견을 수용하며 서로 다른 의견을 조절하는 과정에서 협력, 지원, 소통, 배려 등 사회적으로 가치 있는 행동들을 배우게 된다. 협동학습을 통해 구조화된 학급은 학급 구성원 간의 공동체 의식이 강해지고 소속감, 안정감 등을 자연스럽게 공유할 수 있는 학급 문화가 형성된다.

(3) 사회정서학습 프로그램

사회정서학습(Social-Emotional Learning)이라는 용어의 공식적 사용은 최근의 일이지만 실질적으로 사회정서학습은 인성교육, 정서교육, 사회성 발달 프로그램, 친구관계 증진 프로그램, 집단상담 등과 유사성을 지닌다. 각 프로그램들이 강조하는 내용이나 방법상에서 다소 차이가 있다 하더라도 학생들의 사회정서적 능력의

증진을 목표로 하는 심리적 접근 방법이라는 점에서 공통점을 지닌다. 이러한 프로그램이 갖는 공통된 목표는 ① 개별 학생들의 사회정서적 능력 함양, ② 긍정적인 사회적 관계 형성, ③ 또래 간 갈등 해결 및 괴롭힘의 예방, ④ 안전하고 지원적인 학교 문화 형성 등이다.

이러한 프로그램은 주로 특별한 프로그램으로 구성하여 실시되는 경우가 많은데 가장 대표적인 사회정서학습 프로그램의 예로, PATHS(promoting alternative thinking strategies)는 유치원 시기부터 12학년에 해당하는 일반학생과 장애학생을 대상으로 아동의 정서 이해, 정서 표현, 정서 조절, 대인관계 문제 해결을 위한 프로그램으로 구성되어 있다(신현숙, 2011). 또한 Strong Kids/Strong Teens(Merrell et al., 2007a, 2007b, 2007c)는 자신의 정서 이해, 분노 관리, 타인의 정서 이해, 긍정적 사고, 대인 간 문제 해결, 스트레스 관리, 목표 설정 및 행동 유지 등을 주제로 구성되어 있다. 이 밖에도 Second Step(Committee for Children, 2002)은 유치원 시기부터 9학년까지의 아동 및 청소년을 대상으로 사회성 기술 훈련과 비행 예방 프로그램을 포함하고 있다. SCS(Safe & Caring School)(Petersen, 2008)는 유치원 시기부터 8학년 시기의 학생들에게 학교에서 이루어지는 일상 속에서 사회적 기술을 교수함으로써 학생 상호 간의 지원적이고 수용적인 문화를 형성하는 데 초점을 두고 개발된 프로그램이다. 특히, Responsive Classroom(Charney, 1993)과 Caring School Community(Solomon et al., 2000)는 학생들이 학교에 대한 소속감을 가지며 또래나 교사와 원만한 관계를 맺는 데 도움이 되는 풍토를 조성하기 위해 개발된 프로그램이다(신현숙, 2011).

우리나라에서 개발된 사회정서학습 프로그램으로는 한나무 인성교육 프로그램: 꽃을 피우는 나무(한마음과학원, 2010), 아동을 위한 감성지능 촉진 프로그램(강문희, 정옥환, 김승경, 2007), 학교상담 프로그램(강진령, 유형근, 2004) 등이 있다. 또한 현장 교사들이 집단상담을 이용하여 학급 단위로 진행하는 프로그램으로 학급활동으로 이어 가는 집단상담(배경숙, 2001), 우리반 집단상담(강태심, 2004) 등이 있다. 긍정적인 자아개념 형성에 초점을 맞추어 구성된 프로그램으로는 마음의 힘 키우기(김기현, 1999)가 있으며, 사이좋은 친구/함께 하는 우리(조복희, 1999)는 유아를 대상으로 친구관계 형성을 주로 다루고 있는 프로그램이다.

이러한 프로그램들의 공통적인 교육 내용은 ① 긍정적 자아인식, ② 대인관계,

③ 진로지도 등을 들 수 있다. 긍정적 자아인식에는 자기에 대한 탐색, 자기감정 이해하기, 감정 표현하기, 자기 존중, 자신감, 나를 실현하기(동기), 책임감, 스트레스 극복, 가족 문제 등의 내용이 포함된다. 대인관계 부분은 타인의 정서 인식, 타인의 감정 공감, 긍정적인 관계 맺기, 적절한 방법으로 의사소통하기, 다양성 수용, 갈등 해결, 평화 유지하기 등의 내용으로 구성된다. 이 외에 학습기술, 진로 설계, 시민의식, 집단 활동 부분이 포함된다.

사회정서학습 프로그램의 효과는 개인적 차원과 학급 차원의 두 가지 측면에서 찾을 수 있다. 개인적 차원에서는 각 학생들은 바람직한 인성 및 사회성 발달의 과정을 경험한다는 것이다. 학생들은 자신에 대한 이해와 존중을 통해 긍정적인 자아 존중감을 가지며 타인과의 긍정적인 관계 형성 및 효과적인 문제 해결을 통해 바람직한 사회적 관계를 형성할 수 있다. 학급 차원에서 다양성을 가진 개인들이 존중받고 수용되는 환경을 조성하여 상호 협력적이고 지원적인 학급 문화를 형성할 수 있게 된다.

(4) 서로 다른 아이들이 함께 만드는 우정 프로그램

서로 다른 아이들이 함께 만드는 우정 프로그램(서다우)은 서울 경인 특수학급 교사연구회(2006)에서 개발하여 보급한 사회정서학습 프로그램이다. 이 프로그램은 장애학생의 통합을 촉진하기 위해 실시되었던 장애이해 중심 프로그램의 한계를 인식한 특수교사들이 통합학급 내에서 장애학생의 실질적인 친구 관계 형성을 증진하는 데 초점을 두고 개발한 프로그램이다. 초등학교 학생 연령에 맞게 개발되었고 학급 전체를 대상으로 한 학기 혹은 일 년을 단위로 지속적인 프로그램이 진행될 수 있도록 구성하였다. 통합교육 지원 활동을 하는 특수학급교사뿐 아니라 통합학급교사가 쉽게 프로그램을 실행할 수 있도록 구성하였다.

서다우 프로그램은 학급 내 모든 학생들이 자신과 타인에 대한 인식, 의사소통하기, 차이와 차별에 대한 이해, 협력, 갈등해결, 옹호와 나눔의 내용을 다루고 있다. 실질적으로 장애학생이 없는 일반학급에서도 학생들의 사회정서 발달을 촉진하기 위한 프로그램으로 개발되었다(자세한 내용은 2부 실제편과 3부 활동편 참조).

3. 사회적 통합을 위한 제언

앞서 언급한 대로 지금까지 사회적 통합을 위한 교육적 노력들—특히 장애이해교육 혹은 장애 인식 개선교육이라는 이름으로 시행되어 온 여러 가지 교육활동—은 여러 가지 긍정적인 효과에도 불구하고 한계를 보이기도 한다. 그러므로 사회적 통합을 위한 여러 가지 교육적 접근을 계획하기에 앞서 다음의 내용을 점검할 필요가 있다.

1) 장기적이고 지속적인 교육활동의 필요성

주로 장애이해교육의 이름으로 실시해 오던 기존의 교육활동은 말 그대로 장애와 장애인에 대한 올바른 지식과 태도를 갖도록 하는 데 많은 기여를 한 것이 사실이다. 그러나 일회적이고 비지속적인 프로그램은 실질적인 친구관계를 형성하는 데에는 어려움이 있을 수 있다. 일반아동의 태도 개선 및 장애아동과의 상호작용 증진을 위해서는 장기적이고 지속적인 노력이 계속되어야 한다. 일회적이고 행사 위주의 프로그램보다는 일상적으로 반복되는 활동이 중요하며(김수연, 송정미, 이숙향, 1998), 특정 학생만을 대상으로 할 때 그 효과 면에서 한계와 부작용이 있을 수 있다(박승희, 1996; 박승희, 2002). Salend(1999)는 학급 내에서 혹은 여러 학급을 대상으로 하는 행사 위주의 장애이해교육을 하루에 몰아서 하기보다는 1~2주 기간을 정해 두고 매일 다른 활동을 하는 것이 더 학습에 효과적이라고 제안한다.

일반학생의 태도 변화뿐 아니라 장애학생과의 직접적인 상호작용을 촉진하기 위한 프로그램 역시 장기적이고 지속적으로 이루어져야 한다. 장애아동과 일반아동의 상호작용을 촉진하기 위해서는 지속적인 지원이 중요하여 시행기간이 짧고 참여가 제한적인 프로그램은 장애인에 대한 태도 변화에 미치는 영향력이 적다고 할 수 있다. 장애이해교육에서 사용하는 교육방법으로는 장애체험, 집단토론, 장애에 대한 정보 제공, 교육과정 수정, 통합된 놀이나 연극 활동의 제공, 장애아동에 대한 직간접 접촉 및 노출 등이 있다(Donaldson, 1980). 이런 방법들을 결합한 프로그램

을 실시하여 일반학생의 긍정적인 태도 변화를 이끌어 낸 연구들의 교육 실시 기간이 대개 6주나 10주 정도였는데 좀 더 장기적으로 프로그램을 진행할 것을 연구의 제한점에서 밝히고 있다(권원영, 1998; 노은미, 1996; 오선영, 2000; 이현정, 1999).

2) 다양성 차원에서 장애를 이해하는 내용의 강화

'장애' 학생에 대한 이해를 증진하기 위해 주로 '장애'에 초점을 두어 정보를 제공함으로써 일반학생들이 장애나 장애인에 대해 정확한 정보를 습득하는 긍정적인 측면이 있었으나 한편으로 오히려 '장애'가 부각되는 역효과를 가져오기도 하였다. 이는 정보를 제공할 때 장애학생과 비장애학생의 유사점이나 장애학생의 강점에 초점을 맞추지 않았기 때문이 아니다. 특수교사가 교육활동의 전면에 나서는 것 또는 장애인의 날에 일회적인 행사를 실시하는 것, 교육내용이 장애 및 장애인에 대한 것으로만 이루어져 있는 등 정보를 제공하는 방식 자체가 '장애'를 두드러지게 보이는 기대하지 않았던 결과를 가져오기 때문이다.

'모든' 학생을 위한 교육으로서 통합교육의 가치를 점검해 볼 때 모든 사람은 차이점을 가지고 있다는 관점에서 개인의 다양한 측면 중 하나로서 장애를 이해하도록 가르치는 것이 중요하다(이소현, 1996). 개인의 다양성을 존중하고 수용하기 위해서는 성, 문화, 사회경제적 배경, 인종, 장애 등 다양한 차이점을 가르칠 필요가 있다(박승희, 2003; Salend, 1999; Snell & Janney, 1999).

Salend(2001)는 성 평등성, 가족 구성, 노숙자와 이민자, AIDS, 고정관념, 차별 등을 통해 개인의 다양성을 이해시킬 수 있다고 보고 교실에서 인종, 문화, 가족 차이, 성(gender), 종교, 능력, 고정관념과 차별 등에 대한 개인 간 차이를 다루어야 한다고 하였다. 이렇게 개인의 차이점이나 다양성에서 다루어야 할 영역을 유아교육에서 많이 시도되고 있는 반편견 교육과정(Anti-bias curriculum)에서 더 자세하게 알아볼 수 있다. 반편견 교육은 타인의 삶에 대한 이해, 존중하기, 타인에 대한 관심과 개방성, 협력하기, 성, 인종, 계층, 문화, 개인의 정체성에 대한 긍정적 발달 등을 목적으로 하며, Derman-Sparks와 The ABC Task Force(1989)가 제시한 교육 내용은 다음과 같다.

〈표 1-5〉 **반편견 교육과정의 교육 내용**

반편견 주제	하위 범주	범주 설명
민족의 차이점과 공통점	인종/긍정적 자아 (민족적 정체성)	민족의 차이점/공통점 인식과 피부색, 머리카락 색, 얼굴 및 눈 색 등과 같이 유전적인 신체적 특징, 자아정체성과 관련된 것을 포함
능력	재능, 장애, 편견에 대응하기, 다른 사람 이해, 의사 전달 방법(수화)	재능, 무능력, 장애를 포함한 포괄적인 개념인 능력으로서 편견에 대응하는 것과 타인에 대한 존중 및 가치를 포함
성 정체성	성 역할, 성 행동, 양성성	정형화되지 않은 성 역할과 행동, 양성성의 개념도 포함
문화적 유사점과 차이점	다문화, 문화 간 유사점과 차이점	다양한 문화의 독특성과 유사성 · 차이점, 삶의 방식으로서 특별한 날들, 기념일, 습관, 언어 등을 포함
고정관념과 차별적 행동	가족, 계층, 신념, 지역, 편견, 연령, 외모	다양한 가족구조와 역할, 사회적 · 경제적 계층, 연령 및 세대 간의 차이, 외모에 대해 고정관념과 차별적 행동
기타	갈등, 협동	문제해결, 협동

출처: 문은희(2001)에서 재인용

3) 교육과정을 통한 접근의 필요성

다양성이해교육이나 장애이해교육을 교육과정 내에서 가르치는 것이 여러 장점이 있음에도 불구하고 학교현장에서 특정 교과목을 수정하여 실제로 적용하는 경우는 매우 드물다. 현재 교과, 재량활동, 특별활동으로 편성된 초등교육과정에서는 앞서 언급한 대로 특별활동 중 계발활동을 통한 접근이나 창의적 재량활동을 통한 접근이 일부 교사에 의해 실시되기도 한다. 이것 역시 교사 차원의 노력이기 때문에 계획과 시행에 있어 본래의 특수학급 운영 또는 통합학급 운영 외에 부가적인 노력이 많이 필요하다는 부담감이 있다. 그러므로 장기적으로는 교육과정 속에 사회적 통합을 촉진할 수 있는 교육활동 시간을 확보하는 방안을 고려할 필요가 있다. 예를 들어, 현재 보건교사가 연중 일정 시간 성교육 수업을 실시하는 것처럼 장애이해 관련 교육 시수를 확보하여 모든 초등학생들이 공통적으로 기본적인 이해를 가지고 졸업하도록 편성할 수 있다. 또는 현재 교과별 교육과정 내용 중에 장애 및 개인의 다양성과 관련된 내용을 확대 혹은 삽입하되 계열성을 고려하여 학년에

따라 체계적인 교육이 이루어지도록 접근하는 방법을 연구할 수 있다.

4) 특수교사와 일반교사와의 긴밀한 협력의 필요성

현재 장애이해교육은 주로 특수교사의 주도로 이루어지고 있다. 박승희(1996)는 일반교사가 장애이해교육 프로그램을 개발하기에는 역량이 미흡한 1990년대 중반의 상황에서 특수교사에게 '선도적 개시자'와 '촉진자 및 지원자'로서의 역할을 주도적으로 기대한 바 있으며 여섯 가지 역할을 제시하였다. 그중 전체 학생을 대상으로 이해교육을 실시하고 교육과정 내 삽입 가능한 내용 정보 제공을 포함하는 통합교육 개시의 기초를 정립하는 역할과 정보제공, 장애체험, 집단토의, 사회성 기술 교수 등 다양한 활동을 통해 일반학생과 장애학생에게 구체적 상호작용 방법을 교수하는 역할은 최근 학교현장에서 특수교사 주도로 이루어지는 다양한 장애이해교육 활동을 예견한 것이다.

비록 특수교사 주도로 장애이해교육을 실시하더라도 일반교사와의 협력은 매우 중요하다. 국립특수교육원(2003)의 조사에서 장애이해교육을 위한 효율적인 활동시간으로 응답자의 32.3%가 교과활동 시간을, 23.1%가 재량활동 시간, 22.2%가 특별활동 시간을 선택한 결과에서도 알 수 있듯이 대개의 경우 일반학급의 수업시간을 활용하게 되므로 일반교사의 이해와 협조가 필요하다. 뿐만 아니라 교육계획, 실행, 평가 등 각 단계마다 특수교사와 일반교사의 협력이 필수적이다. 학교마다 장애 및 장애인에 대한 학생들의 기본적인 태도가 다르므로 우리 학교 학생들의 태도를 파악하고 연령 및 성별을 고려하여 교육활동을 계획하기 위해서는 일반교사의 자문을 받아야 한다.

5) 통합학급교사 주도의 교육 프로그램 개발의 필요성

통합학급교사는 장애학생을 포함한 학급 전체의 상호작용의 기회를 제공하고 협력적인 교실 분위기를 조성하여 친구관계의 발달과 유지에 결정적 영향을 주는 위치에 있다(Hunt, Staub, Alwell, & Goetz, 1994). 모든 학생들을 위한 통합교육을 실행

하기 위해 통합학급교사는 장애아동이 일반학급의 구성원이 되도록 결정적인 역할을 해야 하며, 또한 일반아동에게 개인의 다양성을 존중하고 적절히 반응할 수 있도록 교수하는 역할을 담당해야 한다. 이를 위해서 특수교사 주도의 부가적인 교육활동 외에 학급마다 고유한 분위기와 필요에 따라 통합학급교사가 주도하는 교육활동이 필요하다. 최선실(2000)의 연구에서도 일반교사가 장애학생의 개인행동 지원과 일반아동에게 장애를 이해하는 방법을 가르치는 내용에 가장 높은 지원 요구를 나타낸 바 있다. 통합학급교사는 업무 과다, 장애이해교육에 대한 지식 부족, 장애이해교육 자료 부족 등을 이유로 사회적 통합을 위한 교육활동을 실시하지 못하는 경우가 많다(국립특수교육원, 2003). 따라서 통합학급교사가 쉽게 학급에서 적용할 수 있는 다양한 교육 프로그램의 개발이 필요하다.

6) 학교 문화 형성을 지원하는 거시적인 프로그램의 필요성

다양한 학생이 서로를 배려하며 공존하기 위해서는 협력적이고 지원적인 학교 문화가 따라야 한다. 적당한 경쟁은 생산성과 효율성을 높일 수 있지만 지나치게 경쟁적인 분위기는 친구와 나를 우리로 여기지 않고 나 아니면 너, 너 아니면 나라는 대립 구도를 가져오게 된다. 친구를 경쟁자로만 여기고 내가 조금이라도 손해 보는 것을 참지 못한다면 소수자를 배려하거나 서로 협력하는 학교 문화를 마련하기 힘들 것이다.

단일민족이라는 말을 쓰는 것이 다문화 시대에 차별적인 요소가 될 수 있다는 지적이 나올 만큼 이제 우리나라도 매우 다양한 구성원이 존재하고 있다. 다문화가정의 친구를 이해하는 교육, 집안 형편이 좋지 않은 친구를 무시하지 않도록 지도하기, 뚱뚱하거나 장애가 있는 친구를 놀리지 않도록 지도하기 등 특정 사안이 있을 때마다 별도의 적절한 대처 방안이 뒤따라야겠지만 그 전에 어떤 사람을 대하든 그 사람의 입장에서 생각하고 서로 다름을 받아들일 수 있는 학교 분위기가 조성되도록 노력할 필요가 있다. 즉, 이제는 포괄적인 학교 문화가 형성될 수 있는 거시적인 프로그램이 필요하다.

참고문헌

강문희, 정옥환, 김승경(2007). 아동을 위한 감성지능 촉진 프로그램. 서울: 시그마프레스.

강진령, 유형근(2004). 학교상담 프로그램. 서울: 학지사.

강태심(2004). 우리반 집단상담. 서울: 우리교육.

강홍녀(2010). 부모와 함께 하는 장애이해교육 프로그램이 일반아동의 장애 수용 태도와 학부모의 통합교육에 대한 태도 변화에 미치는 효과. 공주대학교 교육대학원 석사학위논문.

고애경(2011). 유니버설 디자인 개념을 적용한 자기 유치원 물리적 환경 점검활동이 장애유아에 대한 일반유아의 이해에 미치는 효과. 단국대학교 특수교육대학원 석사학위논문.

교육인적자원부(2011). 특수교육통계. 서울: 교육인적자원부.

광주광역시교육청(2011). 초 · 중 · 고등학교 교과용도서 장애인식 교육 관련 내용 분석 및 보완자료 개발 연구-수업용 장애인식 개선 프로그램(A-DAPT: A Disability Awareness Package for Teaching) 개발. 광주: 광주광역시교육청.

국립특수교육원(2003). 통합학급 운영 실태 분석 연구. 안산: 국립특수교육원.

권원영(1998). '특별한 친구 프로그램' 을 통한 장애아동에 대한 일반아동의 태도 변화 연구. 이화여자대학교 교육대학원 석사학위논문.

김기현(1999). 마음의 힘 키우기. 서울: 학지사.

김성환(2006). 프로젝트학습을 통한 장애이해교육이 장애학생에 대한 비장애학생의 태도 변화에 미치는 효과. 부산대학교 대학원 석사학위논문.

김수연(1996). 통합된 놀이 프로그램이 장애아동에 대한 일반아동의 태도 변화에 미치는 영향. 이화여자대학교 교육대학원 석사학위논문.

김수연, 송정미, 이숙향(1998). 특수학급 실습 사례. 제5회 이화 특수교육 학술대회 편. 특수학급 운영의 질적 향상을 위한 재고, 1-42. 서울: 이화여자대학교 특수교육과.

김영민(2011). UCC 제작 장애이해 프로그램이 전문계 고등학생의 장애학생에 대한 태도에 미치는 영향. 인제대학교 대학원 석사학위논문.

김희규(2002). 활동중심접근과 이해중심접근이 장애아동에 대한 일반아동의 태도 개선에 미치는 효과. 단국대학교 대학원 박사학위논문.

노은미(1996). 장애유아에 대한 비장애 유아의 긍정적 태도 증진을 위한 프로그램 효과에 관한 연구. 이화여자대학교 교육대학원 석사학위논문.

문은희(2001). 장애이해증진을 위한 반편견 교육활동이 장애유아에 대한 비장애유아의 태도 변화에 미치는 영향. 이화여자대학교 교육대학원 석사학위논문.

문정옥(2005). 학급 적응활동 시간을 이용한 장애이해 프로그램이 일반 고등학생의 장애학생에 대한 태도에 미치는 영향. 이화여자대학교 교육대학원 석사학위논문.

민은주(2011). 학부모 참여 장애이해 프로그램이 비장애 아동의 장애 수용 태도와 학부모의 인식에 미치는 영향. 인제대학교 교육대학원 석사학위논문.

박동환(2008). 교과교육과 연계한 통합적 장애이해교육 프로그램이 일반아동의 장애인식 및 수용태도에 미치는 영향. 공주대학교 교육대학원 석사학위논문.

박미정(2010). 토의활동 중심 장애이해교육이 초등학생의 장애아동에 대한 태도에 미치는 영향. 대구대학교 대학원 석사학위논문.

박수경(2006). 집단보상과 협동기술훈련이 초등학생의 과학성취도와 학습동기에 미치는 효과. 한국지구과학학회지, 27(2), 121-129.

박승희(1996). 일반학급에서 장애학생의 통합교육을 위한 특수교육교사의 역할. 초등교육연구, 10, 177-197.

박승희(2002). 장애학생 교육과정적 통합을 위한 일반학교의 학교수준 교육과정계획 모형. 특수교육학연구, 37(1), 199-235.

박승희(2003). 한국 장애학생 통합교육: 특수교육과 일반교육의 관계 재정립. 서울:교육과학사.

박승희, 홍정아, 최선실(2012). 통합교육 질 지표의 개발과 활용. 특수교육학연구, 47(1), 87-117.

박애신(2006). 장애관련 영화를 통한 장애이해교육이 중학생의 장애이해 태도에 미치는 영향. 전남대학교 대학원 석사학위논문.

박영빈(2009). 수화 중심 장애이해교육이 장애학생에 대한 일반학생의 태도에 미치는 영향. 공주대학교 교육대학원 석사학위논문.

박혜주(2008). 대한민국 1교시 장애이해 수업 자료 활동이 비장애아동의 장애 수용 태도에 미치는 영향. 인제대학교 교육대학원 석사학위논문.

방명애(1999). 특수학급 아동의 교육적 통합을 위한 방법론. 특수교육연구, 6, 171-187.

배경숙(2001). 학급활동으로 이어가는 집단상담. 서울: 우리교육.

손복주(2007). 초등학교 교과교육을 통한 장애 이해교육이 일반아동의 자아개념과 장애에 대한 태도에 미치는 영향. 공주대학교 교육대학원 석사학위논문.

송남희(2005). 장애이해 e-mail 학습이 일반학생의 장애 인식 및 수용 태도 변화에 미치는 영향. 대구대학교 대학원 석사학위논문.

신연임(2011). 장애인 편의시설 이해교육이 일반 유아의 반편견적 인식에 미치는 영향. 단국대학교 특수교육대학원 석사학위논문.

신현숙 역(2011). 사회정서학습: 정신건강과 학업적 성공의 증진. 서울: 교육과학사.

안수민(2012). 국어교과 관련 장애이해교육 프로그램이 초등학생의 장애수용태도에 미치는 효과. 대구교육대학교 교육대학원 석사학위논문.

양윤선(2008). 장애인을 위한 발명품 활용 수업이 장애아동에 대한 일반아동의 태도에 미치는 영향. 단국대학교 대학원 석사학위논문.

오선영(2000). 또래지원망 프로그램이 장애아동과 일반아동의 친구 관계에 미치는 영향. 이화여자대학교 교육대학원 석사학위논문.

이나영(2010). 프로젝트 접근법을 통한 장애이해 활동이 장애유아에 대한 일반유아의 인식 및 수용태도에 미치는 영향. 부산대학교 대학원 석사학위논문.

이소현(1996). 장애아동과 일반아동의 성공적인 통합교육. **초등교육연구**, 10, 153-175.

이소현(1998). 특수학급 아동의 사회성 발달 및 적응 지원을 위한 방법론. 제5회 이화특수교육 학술대회: 특수학급 운영의 질적 향상을 위한 재고, 67-108. 서울: 이화여자대학교 특수교육학과.

이소현, 박은혜(1998). **특수아동교육**. 서울: 학지사.

이숙향(1999). 학급 내 가치 있는 역할 부여가 장애아동에 대한 일반아동의 태도에 미치는 영향. 이화여자대학교 대학원 석사학위논문.

이은정(1996). 수정된 도덕과 교육과정이 장애아동에 대한 일반아동의 태도 변화에 미치는 영향. 이화여자대학교 대학원 석사학위논문.

이장순(1999). 장애인의 수기가 특수학급 아동에 대한 일반학급 아동의 태도 변화에 미치는 효과. 단국대학교 대학원 석사학위논문.

이종희(2001). 구조화된 통합 놀이 프로그램이 장애유아와 일반유아의 친구관계에 미치는 영향. 이화여자대학교 교육대학원 석사학위논문.

이창우(2011). 통합 자연놀이 프로그램을 통해 장애학생에 대한 일반학생의 태도 변화. 경인교육대학교 교육대학원 석사학위논문.

이현정(1999). 통합된 연극놀이 프로그램이 장애학생에 대한 일반초등학생의 태도에 미치는 영향. 이화여자대학교 교육대학원 석사학위논문.

임복희(2008). 가정과 연계한 장애이해 프로그램이 초등학생의 태도 변화에 미치는 효과. 대구대학교 대학원 석사학위논문.

전정란(2008). 정규 교육과정을 활용한 장애이해교육이 장애아동에 대한 일반아동의 수용태도에 미치는 영향. 공주교육대학교 대학원 석사학위논문.

정지숙(2006). 초등학교 재량활동 장애이해 프로그램이 일반아동의 태도 변화에 미치는 영향. 조선대학교 교육대학원 석사학위논문.

정창현(2011). 재활보조용품 활용을 통한 이해교육이 장애유아에 대한 일반유아의 태도 변

화에 미치는 영향. 단국대학교 특수교육대학원 석사학위논문.

조민경(2008). 초등학교 아침활동 시간을 이용한 장애이해교육이 일반학생의 장애학생에 대한 태도 변화에 미치는 영향. 이화여자대학교 교육대학원 석사학위논문.

조복희(1999). 사이좋은 친구 함께 하는 우리. 서울: 학지사.

채희숙(2007). ICT 활용 장애이해교육 프로그램이 일반아동의 수용성 태도의 미치는 영향. 가톨릭대학교 교육대학원 석사학위논문.

초등참사랑. Chamedue.new21.org

최선실(2000). 통합교육의 실행을 위한 원적학급 교사의 지원 요구 조사. 이화여자대학교 대학원 석사학위논문.

최하영(2000). '친구 만들기 프로그램' 을 통한 장애아동에 대한 비장애아동의 태도 변화 연구. 이화여자대학교 대학원 석사학위논문.

한마음과학원(2011). 한나무 인성교육 프로그램: 꽃을 피우는 나무. 서울: 학지사.

Cartledge, G., & Milbum, J. F. (Eds.) (1986). *Teaching social skills to children: Innovative approaches* (2nd ed.). New York: Pergamon.

Charney, R. S. (1993). *Teaching children to care: Management in the responsive classroom.* Greenfield, MA: Northeast Foundation for Children.

Committee for Children. (2002). *Second step: Violence prevention curriculum. Preschool/kindergarten-grade 9 trainer's manual* (3rd ed.). Seattle, WA: Author.

Cooper, C. S., & McEvoy, M. A. (1996). Group friendship activities: An easy way to develop the social skills of young children. *Teaching Exceptional Children, 28*(3), 67–69.

Derman-Sparks, L., & the ABC Task Force. (1989). *Anti-bias curriculum.* Washington, DC: NAEYC.

Donaldson, J. (1980). Changing attitudes toward handicapped person: A review and analysis of research. *Exceptional Children, 46*(7), 504–514.

Eposito, B. G., & Reed, T. M. (1986). The effects of contact with handicapped persons on young children's attitudes. *Exceptional Children, 53*(3), 224–229.

Fiedler, C. R., & Simpson, R. L. (1987). Modifying the attitudes of nonhandicapped high school students toward handicapped peers. *Exceptional Children, 53*(4), 342–349.

Friend, M., and Bursuck, W. D. (2002). *Including students with special needs: A practical guide for classroom teachers* (3rd ed.). Boston: Allynand Bacon.

Gresham, F. M. (1984). Social skills and self-efficacy for exceptional children. *Exceptional*

Children, 47(2), 106–111.

Heyen, L. A., et al. (1994). *Making Friends: Using recreation activities to promote friendship between children with and without disabilities. National inst. on Disability and Rehabilitation Research(ED/OSERS).* Washington, DC. ERIC ED 379–857.

Hunt, P., Staub, D., Alwell, M., & Goetz, L. (1994). Achievement by all students incooperative learning groups. *Journal of The Association for Persons with Severe Handicaps, 19*, 290–301.

Kauffman, M. J., Gottlieb, J., Agard, J. A., & Kulic, M. D. (1975). Mainstreaming: Toward and explication of construct. In X. L. Meyen, G. A. Vergason, & R. J. Whelan (Eds.), *Alternatives for teaching exceptional children*. Denver: Love.

Kelly, E. (1997). Movies-A unique and effective tool for social educators. *CEC Today, 3*(8), 12.

Merrell, K. W., Carrizales, D., Feuerborn, L., Gueldner, B. A., & Tran, O. K. (2007a). *Strong Kids: Grades 3–5: A social & emotional learning curriculum.* Baltimore: Paul H. Brookes Publishing.

Merrell, K. W., Carrizales, D., Feuerborn, L., Gueldner, B. A., & Tran, O. K. (2007b). *Strong Kids: Grades 6–8: A social & emotional learning curriculum.* Baltimore: Paul H. Brookes Publishing.

Merrell, K. W., Carrizales, D., Feuerborn, L., Gueldner, B. A., & Tran, O. K. (2007c). *Strong Teens–Grades 9–12: A social & emotional learning curriculum.* Baltimore: Paul H. Brookes Publishing.

Noonan, M. J., & Hemphill, N. J. (1988). Comprehensive curricular for integrating severely disables and nondisabled student. In Meyen, E. L., Vergason, G. V., & Whelan, R. J. (Eds.). *Effective instructional strategies for exceptional children* (pp. 141–156). Love Publishing Co. Denver.

Odom, S. L., & McEvoy, M. A. (1990). Mainstreaming at the preschool level: Potential barriers and tasks for the field. *Topics in Early Childhood Special Education, 10*(2), 48–61.

Petersen, K. S. (2005). *Safe and caring school.* Free Spirit Publishing Inc. MN: Minneapolis.

Robinson, S. M. (1999). Meeting the needs of students who are gifted and have learning disabilities. *Intervention in School and Clinic, 34*(4), 195–295.

Salisbury, C. L., Gallucci, C., Palombaro, M., & Peck, C. A. (1995). Strategies that promote

social relations among elementary students with and without severe disabilities in inclusive schools. *Exceptional Children, 62*(2), 125–137.

Salend, S. J. (1999). Facilitating friendships among diverse students. *Intervention in School Clinic, 35*(1), 9–15.

Salend, S. J. (2001). *Creating inclusive classrooms: Effective and reflective practices* (4th ed.). Upper Saddle River, NJ: Merrill Prentice–Hall.

Safran, S. P. (2000). Using movies to teach students about abilities. *Teaching Exceptional Children, 32*(3), 44–47.

Snell, M. E., & Janney, R. (1999). *Teachers' guides to inclusive practices: Social relationships and peer support.* Baltimore: Paul H. Brookes Publishing Co.

Snow, J., & Forest, M. (1987). Circles. In M. Forest (Ed.), *More education integration* (pp. 169–176). Downsview, Ontario: G. Allan Roeher Institute.

Solomon, D., Battistich, V., Watson, M., Schaps, E., & Lewis, C. (2000). A six-district study of educational change: Direct and mediated effects of the child development project. *School Psychologist of Education, 4*, 3–51.

Stainback, S., & Stainback, W. (1990). Facilitating peer supports and friendship. In S. Stainback & W. Stainback (Eds.), *Support networks for inclusive schooling: Interdependent integrated education* (pp. 51–63). Baltimore: Paul, H, Brookes.

Uditsky, B. (1993). From integration to inclusion: the Canadian experience. In R. Slee (Ed.), *Is three a desk with my name on it? The politics of integration.* London: Falmer Press.

Voeltz, L. M., Hemphill, N. J., Brown, S., Klein, R., Fruehling, R., Collie, J., Levy, G. K., & Kube, C. (1983). *The special friends program: A trainer's manual of integrated school settings.* Washington, DC., Office of Special Education.

Zirpoli, T. J., & Melloy, K. J. (1993). *Behavior management: Applications for teacher and parents.* New York: Merrill/Macmillan.

Part 02
실제편

1. 프로그램 개발의 배경
2. 프로그램의 특징
3. 프로그램의 목표 및 구성
4. 활용 방법
5. 평가 방법

1. 프로그램 개발의 배경

『통합교육 지원 프로그램-서로 다른 아이들이 함께 만드는 우정』은 기존의 장애이해 프로그램의 한계 극복과 모든 아이들에게 유용한 교육활동 마련이라는 두 가지 측면에 기초하여 개발되었다.

1970년대에 특수학급이 설치된 이래로 특수학급은 통합교육의 발전과 함께 양적인 팽창을 이루었다. 1990년대 말에 접어들면서 다양한 장애를 가진 학생들이 일반학교에 입학하는 것은 이제 더 이상 새로운 이야기가 아닌 당연한 것으로 받아들여지고 있다. 2000년대에 이르러서는 보조원 지원, 치료교육 지원, 방과후 활동 지원 등 장애학생에 대한 다각적인 지원이 이루어지고 있다. 그러나 일반학교에 입학한 장애학생들이 학교공동체의 한 구성원으로서 인정받으며 학교생활을 하고 있는지는 다시 한 번 검토해 보아야 한다.

장애학생의 바람직한 학교생활을 위해서는 교실환경 개선과 같은 물리적인 지원 이외에 학교공동체를 구성하고 있는 교사나 행정가(교장, 교감), 학부형, 친구들의 이해가 필수적이다. 장애학생에 대한 지원 중 하나로 장애 인식 개선 수업이나 장애 체험활동, 장애인의 날에 즈음한 독서대회나 글짓기, 영화 상영과 같은 활동을 들 수 있다. 위에 언급한 활동들은 그 긍정성에도 불구하고 일회적으로 실시되고 있으며, 각 학교의 상황, 교사 개개인의 성향이나 열의, 관심사에 따라 좌우되는 한계를 보인다. 또한 의도한 것은 아니었으나 '장애'라고 하는 특별한 요소가 부각됨에 따라 자연스러운 관계를 촉진하기보다는 도와주고 보살펴 주어야 하는 관계로 인식하거나, 장애인도 열심히 노력하면 훌륭한 업적을 이룰 수 있다는 교훈적인 활동으로 정리되는 경향을 보여 왔다. 이러한 활동들은 장애인에 대한 이해에는 도움을 줄 수 있으나 동등한 상호작용이나 우정관계를 촉진하는 데는 한계를 보이며, 활동에 참여하는 일반학생들에 대한 적극적인 교육목표를 담아내지 못한 것이 사실이다.

통합교육은 단지 장애학생들의 사회적인 통합만을 촉진하기 위한 것이 아니다. 통합교육은 장애학생을 포함한 다양한 조건과 욕구를 가진 모든 학생들에게 적절한 교육적인 프로그램을 제공하는 첫 출발로 보아야 한다(박승희, 2003). 앞으로의

통합교육은 장애학생에게만 초점이 맞추어지던 지난날과는 달리 학교공동체를 구성하고 있는 모든 학생들의 교육적 욕구를 충족하는 방향으로 나아가야 한다. 이는 장기적으로는 장애학생을 특별한 존재가 아니라 다양성을 지닌 한 명의 개인으로 인식하게 할 것이다.

『통합교육 지원 프로그램-서로 다른 아이들이 함께 만드는 우정』은 장애학생뿐 아니라 비장애학생에게도 유용한 교육적인 목표를 동시에 제공해야 한다는 생각 아래 개발되었다. 바람직한 친구관계의 형성은 모든 학생들에게 필요한 교육적인 목표다. 학령기의 아이들에게 친구관계는 중요한 발달과업인 동시에 일상생활을 풍요롭게 하고 활력을 주는 요소로 작용한다. 학원 수강과 과외활동 등으로 하루 일과가 빽빽이 짜여 있는 요즘 아이들은 자연스러운 환경에서 친구들과 교류할 수 있는 기회가 점점 줄어들고 있다. 그로 인해 타인을 위한 배려와 나눔, 바람직한 의사소통 방법, 갈등해결 방법과 같은 중요한 요소를 자연스럽게 학습할 수 있는 기회도 점차 줄어들고 있다. 앞의 요소들은 비단 친구관계 형성뿐 아니라 성인이 된 이후의 사회생활에도 필요한 덕목이라 하겠다.

이러한 점들을 고려하여 이 프로그램은 좁은 의미의 친구관계 형성에 그치지 않고 다양성을 바탕으로 한 넓은 의미의 친구관계 형성을 목표로 하고 있다. 이를 통해 궁극적으로는 민주적인 학급공동체 문화를 형성하고, 수용적인 친구관계에서 시작된 편견 없는 마음이 이 사회를 구성하고 있는 모든 사람들에게까지 확대되었으면 한다.

2. 프로그램의 특징

이 프로그램의 특징을 몇 가지로 정리해 보면 다음과 같다.

■ 모든 학생들에게 필요한 교육목표를 담은 프로그램

다양성 수용을 통한 바람직한 친구관계 형성은 장애학생을 비롯한 모든 학생들에게 적용되는 교육목표다. 학생들의 집단따돌림, 학교폭력 등의 사회적 문제가 점

차 증가하고 있고, 초등학생조차도 친구들과 함께 어울리는 시간보다는 컴퓨터게임이나 학원 수강 등에 보내는 시간이 더 많은 비중을 차지한다. 이로 인해 다른 사람들과의 자연스러운 상호작용의 기회가 점차 줄어들고 있다. 가정에서도 맞벌이 부부와 한 자녀 가정이 증가하면서 기존의 대가족제도하에서 자연스럽게 습득하던 다른 사람을 배려하고, 양보하고, 참고 기다리는 덕목 등을 익힐 수 있는 기회가 감소하고 있다. 본 프로그램은 이러한 점을 고려하여 모든 학생에게 적합한 교육적 내용이 되도록 프로그램을 구성하였다.

예를 들어, 소목표로 제시한 자신에 대해 긍정적으로 인식하기, 친구들에 대해 긍정적으로 인식하기, 다른 사람의 감정 공감하기, 서로의 차이점 존중하기, 협동의 필요성과 가치 인식하기, 갈등 상황을 이해하고 갈등을 해결하는 방법 찾아보기 등은 모든 학생에게 유용한 교육 내용이다. 이는 친구관계 형성뿐 아니라 아동 스스로의 성장을 위해서도 중요한 요소다.

이처럼 본 프로그램은 장애학생 이해라는 교육적인 목표를 중심으로 운영하던 기존의 프로그램과는 달리 개발 초기부터 장애학생을 포함한 모든 학급 구성원의 교육적 욕구와 목표를 고려하여 개발하였다.

■ 다양성 수용을 통해 우정 형성을 돕는 프로그램

이 프로그램은 장애를 이해하는 것에서 그치지 않고 궁극적으로는 한 학급을 구성하고 있는 모든 구성원이 긍정적인 상호작용을 경험하는 것을 통해 서로 존중하고 이해하며 배려하는 우정관계 형성을 목표로 하였다.

대부분의 장애인에 대한 이해 및 인식 개선 교육은 장애인의 명칭과 특성을 알고 장애로 인한 불편함을 이해하며 체험해 보는 내용으로 이루어져 있다. 이러한 접근 방법은 자칫 잘못하면 '장애'라는 표찰에 초점이 맞추어져 장애인을 한 인격체로 보기보다는 장애인이기 때문에 이해하고 배려해 주어야 하는 대상으로 접근하게 한다.

그러나 어떤 모습을 지니고 있든지, 어떤 인종의 사람이든지, 어떤 생각을 가지고 있든지, 장애가 있거나 없거나 상관없이 인간이기 때문에 존중받을 권리가 있으며 다양한 모습 그대로 이해해 줄 수 있어야 한다.

이 프로그램은 이러한 점을 고려하여 장애와 관련된 내용은 다양성의 하나로 생각하여 '차이와 차별' 단원의 한 소재로 다루었으며, 나머지의 내용은 각 주제에서 자연스럽게 포함되도록 하였다.

■ 장기적이고 지속적인 프로그램

교육적 효과를 거두기 위해서는 일회적인 프로그램이 아니라 장기적인 프로그램이 필요하다. 아동들은 지속적인 반복 학습을 통해 지식을 습득하고 이해한다. 기존의 장애이해 프로그램의 경우에는 장애인의 날에 즈음한 행사 중심의 프로그램이 주류를 이루었다. 행사 중심 프로그램의 경우 많은 학생을 대상으로 하는 데에는 효과적이라고 볼 수 있으나 내용이나 활동이 제한적이다. 이러한 한계를 극복하고자 각 주제별로 4~5차시로 구성하여 연간 프로그램으로 운영할 수 있도록 하였다.

■ 학급 단위로 구성된 프로그램

이 프로그램은 한 학급을 기본 단위로 하여 40분 수업을 기준으로 개발되었다. 한 반을 구성하고 있는 모든 학생이 함께 참여하는 것을 통해 각자의 서로 다른 점에 대해 보다 다양하게 경험할 수 있을 것이며, 공동 활동을 경험함으로써 동질성을 느끼고 학급에 대한 소속감과 공동체 의식을 함양할 수 있을 것이다.

■ 발달 단계를 고려한 프로그램

저학년 학생과 고학년 학생은 신체적인 특징에도 차이가 있지만 지식을 습득하는 방법, 사고 수준, 경험의 범위, 관심 영역 등에서도 차이를 보인다. 이 프로그램은 이러한 점을 고려하여 동일한 주제를 2~4학년, 5~6학년으로 나누어 제시하였다. 초판에서는 저학년과 고학년으로 나누어 프로그램을 적용하도록 하였으나 1학년은 아직 관심사가 자기 자신에게 집중되어 있어 이 프로그램을 적용하는 데 어려움이 있으므로 제외하였다. 초판에서 고학년으로 분류했던 4, 5, 6학년도 4학년과 5, 6학년의 인식 수준의 차이를 고려하여 2~4학년, 5~6학년으로 나누었다. 2~4학년의 경우 가정이나 학교, 동네와 같은 자기 주변에서 일어날 수 있는 생활 사건을 중심으로 내용을 구성하였고, 5~6학년의 경우에는 자기의 주변에서부터 출발하여 지

역사회, 우리나라, 세계 곳곳에서 발생하는 사건까지 확장하여 내용을 구성하였다.

■ 수정활동을 제시한 프로그램

장애학생을 비롯하여 활동에 참여하는 데 어려움이 있는 학생들을 위해 수업지도안에 수정활동을 제시하였고, 일반적인 학습지 외에 수정된 학습지를 제시하였다. 내용을 수정하되 가능한 한 수정을 최소화하여 교사들이 쉽게 활용할 수 있고 활동에 참여하는 학생들이 소외감을 느끼지 않도록 하였다. 수업의 흐름을 고려하여 별도의 활동보다는 수업 장면에서 자연스럽게 이루어질 수 있도록 하였다.

■ 경험 중심의 프로그램

교사 설명 위주의 프로그램이 아니라 아이들이 직접 체험할 수 있는 경험 중심의 프로그램이다. 아이들은 자신이 직접 몸으로 경험함으로써 지식을 습득한다. 이러한 점을 고려하여 프로그램의 시행이 실제 상황에서의 연습 기회가 되도록 하였다. 예를 들어, '협동' 과 관련된 단원의 경우 협동했을 때에 느끼는 기쁨이나 협동의 전략 등을 직접적인 경험을 통해 자연스럽게 습득하도록 하였다. 모든 학생들이 즐거운 마음으로 자발적으로 참여할 수 있도록 너무 어렵거나 복잡한 활동은 배제하였다.

■ 다양한 매체를 사용한 프로그램

아이들은 눈으로 보고, 귀로 듣고, 몸을 움직이면서 함께 사고하고, 경험을 통해 지식을 습득해 나간다. 학생들의 흥미를 높이고 이해를 돕기 위해 동화책, 동영상 자료, 사진 자료, 그림 자료, 노래, 광고, 신문, 플래시 자료 등의 다양한 자료를 사용하였다. 저학년의 경우에는 수업시간에 교사와 함께 간단하게 읽을 수 있는 그림동화와 그림동화를 각색한 플래시 자료, 아이들이 쉽게 접할 수 있는 짧은 광고 등을 활용하였으며, 고학년의 경우에는 텔레비전에서 방영된 영상물과 신문기사, 예전부터 전해 오는 짤막한 이야기를 주로 활용하였다.

■ 누구나 쉽게 활용할 수 있는 프로그램

모든 교사가 쉽게 활용할 수 있도록 프로그램 지도안을 최대한 자세하게 기술하였다. 교사들에게 익숙한 수업지도안의 양식을 사용하였으며, 활동 위주의 프로그램의 나열에 그치지 않고 도입 내용, 예시 발문, 정리의 방향, 다음 프로그램의 소개까지 예를 들어 자세히 제시하였다. 또한 수업 부담이 많은 초등학교 교사들의 현실을 고려하여 지도안에 노래 악보, 학습지, 이야기 자료, 그림 자료, 인터넷 사이트의 주소 등을 함께 제시하여 수업이 원활하게 진행되도록 하였다.

3. 프로그램의 목표 및 구성

1) 목표

이 프로그램은 장애학생을 비롯한 모든 학생들이 다양한 경험과 활동을 통해 정서적인 능력을 향상하고, 서로의 다양함을 차별이 아닌 차이로 받아들이며, 서로를 존중하는 것을 통해 긍정적인 우정관계를 형성함을 그 목적으로 한다. 각 활동은 여섯 가지의 주제로 나누어 구성하였으며 각 주제에 따른 세부 활동 목표는 〈표 2-1〉과 같다.

2) 구성

이 프로그램은 다양성 수용을 통한 우정관계 형성을 위해 〈서다우 열기: 오리엔테이션〉 〈1. 나와 친구: 나와 타인 인식〉 〈2. 마음으로 이야기해요: 의사소통〉 〈3. 다르고도 같은 우리: 차이와 차별〉 〈4. 함께하는 즐거움: 협동〉 〈5. 서로를 이해하는 우리: 갈등해결〉 〈6. 감싸는 마음 나누는 기쁨: 옹호와 나눔〉 〈서다우 마무리: 우리의 1년을 돌아보며〉의 총 8부분, 6개의 주제로 구성되어 있다. 각 내용은 아동발달 단계를 고려하여 저학년용(2~4학년)과 고학년용(5~6학년)으로 나누었다. 프로그램에 대한 이해를 돕기 위해 오리엔테이션 차시를 학년군별로 제시하였고, 마무리 활동은 학년에 구분 없이 세 가지 활동을 제시하여 각 교실의 상황에 맞게 선택하여 활용할 수 있도록 하였다.

〈표 2-1〉 **주제와 세부 활동 목표**

주제	대상	활동 목표
서다우 열기 (오리엔테이션)	2학년	- (1/1) 서다우 프로그램의 특징을 이해하고 관심을 갖는다.
	3~4학년	- (1/1) 서다우 프로그램의 목표를 알고 주제시를 정할 수 있다.
	5~6학년	- (1/1) 친구관계에 대한 고민을 돌이켜 보고 서다우 프로그램의 목표를 알 수 있다.
1. 나와 친구 (나와 타인 인식)	저학년 (2~4학년)	- (1/4) 나를 탐색하고 알아본다. - (2/4) 나에 대해 생각해 보고 나의 긍정적인 면을 발견한다. - (3/4) 친구에 대해 관심을 갖고 알아본다. - (4/4) 나의 친구관계에 대해 생각해 보고, 친구를 위해 내가 할 수 있는 일에는 무엇이 있는지 생각해 본다.
	고학년 (5~6학년)	- (1/5) 나를 탐색하고 알아본다. - (2/5) 나에 대해서 알아보고 표현해 본다. - (3/5) 내 마음속의 다양한 감정을 알아보고 감정 단어를 이용한 짧은 글짓기를 할 수 있다. - (4/5) 친구에게 관심을 갖고 알아본다. - (5/5) 내 곁에 있는 사람들을 긍정적으로 인식한다.
2. 마음으로 이야기해요 (의사소통)	저학년 (2~4학년)	- (1/5) 다른 사람의 말을 잘 듣고 정확하게 전달할 수 있다. - (2/5) 다른 사람에게 칭찬하는 말하기를 할 수 있다. - (3/5) 언어 외의 다양한 방법으로 의사소통할 수 있음을 알 수 있다. 다양한 방법으로 의사소통을 시도할 수 있다. - (4/5) 수화 단어를 익혀 간단한 수화 노래를 익힐 수 있다. - (5/5) 울음소리와 같은 표현도 의사소통의 하나의 방법임을 안다.
	고학년 (5~6학년)	- (1~2/7) 잘못된 대화법과 올바른 대화법을 구분할 수 있다. - (3/7) 상대방의 감정을 존중하여 긍정적인 말하기를 할 수 있다. - (4/7) 언어 이외의 모든 사람들이 쉽게 의사소통할 수 있는 다양한 방법을 안다. - (5/7) 수화의 특징을 이해하고 간단한 수화를 익힐 수 있다. - (6/7) 한글 지화를 익히고 자신의 이름을 지화로 나타낼 수 있다. - (7/7) 울음소리와 같이 간단한 표현들도 의사소통의 한 방법임을 알고 간단한 의사소통의 예를 알아본다.
3. 다르고도 같은 우리 (차이와 차별)	저학년 (2~4학년)	- (1/4) 서로의 차이점과 공통점을 알아본다. - (2/4) 다른 동물들끼리 어울려 있는 아름다운 동물원을 꾸며 본다. - (3/4) 사례를 통해 차별을 해소하는 다양한 방법을 안다. - (4/4) 장애인이나 주변 사람들의 불편함을 생각해 보고 장애를 보완할 수 있는 물건을 고안해 본다.
	고학년 (5~6학년)	- (1/4) 다른 것들끼리 어울리는 것이 자연스럽다는 것을 인식한다. - (2/4) 우리가 일반적으로 가지는 편견에 대해 알아보고 공정한 생각이 무엇인지 알 수 있다. - (3/4) 차별이란 무엇인지에 대해 생각해 본다. 차별이 부당하다는 것을 알고 해결책을 생각해 본다. - (4/4) 편의시설이나 보조기구로 불편함이 줄어들 수 있음을 안다. 모두에게 편리한 유니버설 디자인의 사례를 알아본다.

4. 함께하는 즐거움 (협동)	저학년 (2~4학년)	- (1/5) 짝과 협동하여 활동에 참여한다. 반 구성원들이 협동하여 간단한 핸드벨 연주를 할 수 있다. - (2/5) 협동의 필요성을 인식한다. 모둠원들이 협동하여 공동작품을 만들 수 있다. - (3~4/5) 협동을 주제로 한 동화를 읽고 역할극을 할 수 있다. - (5/5) 친구들과 협동하는 즐거움을 느낄 수 있다.
	고학년 (5~6학년)	- (1/4) 다양한 사례를 통해 협동의 의미와 중요성을 알고 생활 속에서 실천하려는 마음을 기를 수 있다. - (2~3/4) 협동의 필요성과 가치를 인식한다. - (4/4) 친구들과 협동하는 즐거움을 느낄 수 있다.
5. 서로를 이해하는 우리 (갈등해결)	저학년 (2~4학년)	- (1/3) 친구들 사이에서 일어나는 갈등과 그 원인을 살펴본다. - (2/3) 이솝우화(여우와 두루미)를 읽고 갈등을 해결하는 방법을 모색한다. - (3/3) 그림책을 읽고 갈등을 해결하는 방법을 알아본다.
	고학년 (5~6학년)	- (1/4) 일상적인 상황에서 경험하는 갈등 상황과 감정적 변화를 인식한다. - (2/4) 화를 표현하는 다양한 방법을 알고 자신의 화를 다루는 긍정적인 방법을 찾을 수 있다. - (3/4) 자신의 성격 유형을 알고 갈등을 해결하는 방법을 익힌다. - (4/4) 다른 사람의 갈등 상황을 이해하고 함께 해결 방법을 모색한다.
6. 감싸는 마음 나누는 기쁨 (옹호와 나눔)	저학년 (2~4학년)	- (1/3) 좋고 나쁨의 가치 판단이 주관적인 것임을 안다. 나보다 약한 대상을 보살피는 마음을 갖는다. - (2/3) 나눔의 여러 가지 형태를 안다. 나눔을 실천하기 위한 마음을 갖고 내가 할 수 있는 나눔 활동을 생각해 본다. - (3/3) 기부 활동을 계획하고 실천한다.
	고학년 (5~6학년)	- (1/4) 용기를 내어 친구를 옹호해 주는 말을 할 수 있다. - (2/4) 나눔의 여러 가지 형태를 안다. 나눔의 연대표를 만들며 내가 나눌 수 있는 것을 생각해 본다. - (3/4) 장기 기증과 같은 나눔에 대해 생각해 보는 시간을 갖는다. - (4/4) 기부 활동을 계획하고 실천한다.
서다우 마무리 (우리의 1년을 돌아보며)	공통	- (1/1) 1년간의 활동을 돌아보며 자신의 성숙함과 반 친구들의 돈독해진 관계를 되새겨 본다. 1년간의 활동을 즐거운 마음으로 마무리한다.

서다우 열기: 오리엔테이션 서다우 프로그램에 대해 학생들에게 소개하는 내용으로 서다우 프로그램의 특징 및 목표를 알려 주고, 친구관계에 대해 자기 스스로 점검해 보는 시간이다.

1. 나와 친구: 나와 타인 인식 바람직한 우정관계 형성을 위해서는 먼저 자신에 대

한 긍정적인 인식이 전제되어야 한다. 자신에 대한 긍정적인 인식과 자신감은 다른 사람에 대한 긍정적인 인식의 토대가 되며 능동적인 참여를 이끌어 낼 수 있을 것이다. 친구들에 대해서 알아보는 시간을 통해 같은 반 친구들에 대한 관심을 높이고 친구들과 함께 있을 때 나의 모습에 대해 생각해 보는 시간을 갖도록 하였다.

2. 마음으로 이야기해요: 의사소통 자신과 타인에 대한 긍정적인 인식이 전제되었다면, 우정관계의 기본인 친구의 기분을 이해하고 자신의 느낌을 적절하게 표현하는 의사소통에 대한 연습이 필요하다. 아동들은 이 과정을 통해 서로에 대해 이해하고 공감하며 존중하는 태도의 중요성과 실천 방법을 깨닫게 될 것이다.

3. 다르고도 같은 우리: 차이와 차별 의사소통의 중요성을 알고 익혔다고 하더라도 아이들이 자신과 다른 특성을 가진 친구들에 대해 열린 사고를 하지 않는다면 폭넓은 우정관계 형성은 어려울 것이다. 이를 위해 사람은 누구나 특별한 개성을 지니고 있으며, 다름이 당연하다는 것을 일깨워 주고, 다양성은 우리의 삶을 풍부하게 한다는 것을 자연스럽게 알아 갈 수 있도록 하였다. 이와 함께 나와 다를 것 같은 친구도 생각보다 많은 공통점을 갖고 있음을 확인하여 서로 다른 특성을 가진 사람들에 대한 편견을 감소시키고 차이로 인한 차별의 부당함을 인식할 수 있도록 하였다.

4. 함께하는 즐거움: 협동 아이들은 공통된 경험을 하면서 진정한 우정관계를 형성한다. 함께 힘을 모아 하나의 목표를 달성해 보고, 기쁨을 공유하며 협동과 공동체 문화의 가치를 습득하게 될 것이다.

5. 서로를 이해하는 우리: 갈등해결 아이들은 서로 친하게 지내다가도 사소한 일로 인해 싸우기도 하고 갈등이 깊어지기도 한다. 처음에는 아주 사소한 문제로 시작된 갈등이더라도 이를 잘 해결하지 않으면 오해를 낳게 되고, 오해는 다시 친구관계의 걸림돌로 작용하게 된다. 적절한 갈등해결 방식을 습득하는 것은 친구관계를 더욱 돈독하게 하는 데 도움을 줄 것이다.

6. 감싸는 마음 나누는 기쁨: 옹호와 나눔 진정한 친구는 기쁨과 즐거움뿐 아니라 슬픔도 함께 나누는 친구다. 친구가 어려움에 처해 있거나 오해를 받고 있을 때 친구의 편에 서서 함께 어려움을 극복해 나가는 경험을 통해 더욱 깊은 우정관계를 형성할 수 있을 것이다.

서다우 마무리: 우리의 1년을 돌아보며 그동안 함께 했던 서다우 활동들을 정리해 보고 나의 모습에 어떤 변화가 있었는지 스스로 점검하는 시간이다. 즐거웠던 일, 부족했던 일들을 반추해 보면서 학생들은 생활 속에서 친구관계의 중요성과 친구의 소중함을 알게 될 것이다.

이처럼 이 프로그램은 다양성 수용을 통한 친구관계 형성이라는 하나의 주제를 효과적으로 달성하기 위하여 6개의 소주제로 나누어 활동을 제시하고 있다. 이 프로그램은 우정 형성을 바탕으로 넓게는 우리 사회를 구성하고 있는 다양한 특성을 가진 사람들에 대한 편견을 없애고, 그들도 모두 우리 사회의 구성원이며 존중해야 한다는 생각을 간접적으로나마 경험할 수 있도록 프로그램의 내용을 구성하였다. 더 나아가 자기 자신이 우리 사회 속에서 할 수 있는 역할을 고민해 보는 계기가 되었으면 한다.

프로그램의 주제별 저학년(2~4학년), 고학년(5, 6학년)의 지도안 목록은 〈표 2-2〉와 같다.

〈표 2-2〉 주제별 저/고학년별 지도안 목록

*( )은 주요 활동

대주제	저학년(2~4학년)	고학년(5~6학년)
서다우 열기 (오리엔테이션)	1/1 서다우 열기 (2학년/ 우리는 친구) (3~4학년/ 친구란 ○○다)	1/1 서다우 열기 (반바퀴 퀴즈)
1. 나와 친구 (나와 타인 인식)	1/4 나를 표현하기 (그래프로 보는 나) 2/4 나에게 관심 갖기 (내 마음속 보물 찾기) 3/4 서로에게 관심 갖기 (순간포착) 4/4 나와 타인의 관계 인식하기 (친구관계 평가, 품앗이 책)	1/5 나를 표현하기 (그래프로 보는 나) 2/5 나에게 관심 갖기 1 (나는 누구) 3/5 나에게 관심 갖기 2 (나의 감정 사전 만들기) 4/5 서로에게 관심 갖기 (이런 친구를 찾아라) 5/5 나와 타인의 관계 인식하기 (나의 동그라미)
2. 마음으로 이야기해요 (의사소통)	1/5 듣기의 중요성 (속닥속닥 잘 듣고 전달하기) 2/5 긍정적으로 이야기하기 (칭찬 나무 만들기) 3/5 다양한 의사소통 방법 알기 1 (몸짓으로 표현하기) 4/5 다양한 의사소통 방법 알기 2 (수화 노래 배우기) 5/5 다양한 의사소통 방법 알기 3 (우리 친구 민수)	1~2/7 바른 대화법 알기 (내 말을 들어주오) 3/7 긍정적으로 이야기하기 (나 대화법) 4/7 다양한 의사소통 방법 알기 1 (픽토그램) 5/7 다양한 의사소통 방법 알기 2 (수화 익히기) 6/7 다양한 의사소통 방법 알기 3 (한글 지화 익히기) 7/7 다양한 의사소통 방법 알기 4 (우리 친구 민수)
3. 다르고도 같은 우리 (차이와 차별)	1/4 서로의 차이점과 공통점 찾기 (빙빙 돌아라) 2/4 다른 것이 아름답다 (아름다운 동물원) 3/4 차이와 공평 (알쏭달쏭 차별) 4/4 모두에게 편리해요 (유니버설 디자인)	1/4 다른 것이 아름답다 (다양한 직업을 찾아라) 2/4 반편견 (우리가 가진 편견들) 3/4 차별받는 사람들 (기차를 타자) 4/4 차별 없애기 (나도 발명가)
4. 함께하는 즐거움 (협동)	1/5 협동에 대해 알아봐요 (인간 핸드벨) 2/5 함께하면 좋아요 (으뜸 헤엄이) 3~4/5 함께 해 봐요 1 (순무 이야기) 5/5 함께 해 봐요 2 (아슬아슬 섬놀이)	1/4 협동에 대해 알아봐요 (협동의 고리 만들기) 2~3/4 함께하면 좋아요 (길 아저씨 손 아저씨) 4/4 함께 해 봐요 (도전! 꼬인 손 풀기)

5. 서로를 이해하는 우리 (갈등해결)	1/3 갈등 인식하기 (이럴 때 싸워요) 2/3 갈등 해결하기 1 (여우와 두루미) 3/3 갈등 해결하기 2 (짝꿍 바꿔 주세요)	1/4 갈등 인식하기 (분노의 온도계) 2/4 갈등 해결하기 1 (분노 다루기) 3/4 갈등 해결하기 2 (휴~ 동무야, 풀자) 4/4 갈등 해결하기 3 (너의 고민을 들어줄게)
6. 감싸는 마음 나누는 기쁨 (옹호와 나눔)	1/3 옹호하기 (우리 발바리 벅구) 2/3 나눔의 실천 1 (까치밥이 되자) 3/3 나눔의 실천 2 (기부 활동 실천하기)	1/4 옹호하기 (좋은 댓글 달기) 2/4 나눔의 실천 1 (나눔 연대표) 3/4 나눔의 실천 2 (장기 기증) 4/4 나눔의 실천 3 (기부 활동 실천하기)
서다우 마무리 (우리의 1년을 돌아보며)	1/1 우리의 1년을 돌아보며 (마음으로 만드는 카드 트리/ 마음을 나누는 케이크/ 서다우 퀴즈, 나에게 주는 상장) * 3개의 지도안 중 택 1	

4. 활용 방법

1) 프로그램 실행의 원칙

■ 주입식 수업보다는 아동의 의견을 존중하고 자발적으로 참여할 수 있는 수업분위기를 조성한다

프로그램의 진행은 교사가 하지만 교육활동 전반에서 교사의 생각을 직접적으로 주입하거나 요구를 앞세우기보다는 아동 간의 상호작용이나 자발적인 의사소통을 통해 목표를 달성해 나가도록 해야 한다. 아동이 자신의 느낌과 생각을 자유롭게 표현하고 경청할 수 있어야 하며, 스스로 문제와 갈등을 해결하고 협력할 수 있도록 한다.

■ 경쟁적 분위기보다는 비경쟁적이고 협력적인 활동을 통하여 공동체 의식을 느낄 수 있도록 한다

구성원 간의 다른 방식이나 능력 및 문화의 차이가 존중되며, 서로 협동하며 배려하는 공동체 의식을 자연스럽게 체득할 수 있도록 해야 한다. 경쟁보다는 비경쟁적 활동, 협력을 통한 문제해결을 하도록 하는 것이 바람직하다. 경쟁적인 학급 분위기에서는 다른 학생들에 비해 학업능력이나 운동능력이 떨어지는 아동들은 소외당하기 쉽다. 그러므로 프로그램 진행 과정에서 나타난 결과물의 잘하고 못함을 평가하기보다는 각 결과물에 나타나 있는 생각이나 느낌을 학급 아이들이 함께 공유할 수 있도록 해야 한다.

2) 프로그램 실행의 유의점

■ 적어도 월 2회 이상 지속적으로 실행해야 한다

하나의 교육이 효과를 보기 위해서는 지속적이고 장기적인 계획과 실행이 필요하다. 특히 아동기의 경우에는 지속적인 반복학습을 통해 지식이 머리로 익히는 것 외에 몸에 배도록 하는 것이 중요하다. 이 프로그램은 나와 타인 인식으로부터 시작하여 옹호와 나눔까지 하나의 주제에 대해 적게는 3차시, 많게는 7차시 분량의 활동을 제시하였다. 이 프로그램을 실시하는 데 필요한 수업 시수를 살펴보면 저학년은 최소 26시간, 고학년은 최소 30시간이 필요하다. 가장 바람직한 방법은 주 1회의 고정된 시간을 확보하여 위의 활동들을 빠짐없이 시행하는 것이겠으나 학급의 사정상 주 1회 이상의 시간 확보가 어려운 경우에는 적어도 월 2회 이상의 시간을 확보하여 지속적으로 실시해야 한다.

■ 프로그램의 흐름을 손상하지 않는 범위에서 순서대로 실시한다

이 프로그램은 친구들 간의 긍정적인 우정 형성을 위하여 나와 친구, 의사소통, 차이와 차별, 협동, 갈등해결, 옹호와 나눔의 여섯 가지 주제에 따른 각각의 활동으로 구성되어 있다. 또한 각 주제는 다시 3~7단계로 나누어 작은 소목표들을 달성하는 형태로 구성되어 있다. 예를 들어, 저학년 〈나와 친구: 나와 타인 인식〉 단원

은 '나를 표현하기' '나에게 관심 갖기1' '서로에게 관심 갖기' '나와 타인의 관계 인식하기' 의 흐름으로 되어 있다. 효과적인 목표 달성을 위해서는 각각의 소목표들을 하나하나 밟아 나가는 것이 가장 효율적이겠으나 만약 수업시수 확보가 어려워 프로그램을 선택해야 한다면 전체 프로그램의 흐름을 손상시키지 않는 범위에서 줄이는 것이 바람직하다. 예를 들어, 동일한 주제에 대해 2차시 분량의 활동이 제공된 경우, 이 중 하나를 선택하여 실시할 수 있다. 고학년 〈마음으로 이야기해요: 의사소통〉 단원은 다양한 의사소통 방법이라는 주제를 가지고 4차시의 서로 다른 활동으로 구성되어 있다. 이 경우 네 가지 활동 중에서 가장 적절한 것으로 생각되는 한두 가지 활동을 택하여 실시할 수 있다.

■ 수정 활동의 경우 최소한의 수정을 원칙으로 하며 장애학생 이외의 다른 학생에게도 수정된 활동을 적용할 수 있다

지나치게 다른 활동으로 수정하거나 아동의 수준만을 고려하여 주제와 벗어난 수정 활동을 제시한다면 수정 자체가 의미 없다고 할 수 있다. 그러므로 수정 활동을 적용할 때에는 최대한 다른 아동과 비슷한 형태의 활동을 우선으로 생각하여 제시한다. 특히 주제와 벗어나지 않는 범위에서 실시함을 염두에 두어야 한다. 수정된 학습지의 경우 장애학생뿐 아니라 글쓰기를 어려워하는 학생이나 다른 학생들에게도 제시할 수 있다. 경우에 따라서는 학급 아동 전체에게 수정된 학습지를 제공할 수도 있다.

■ 학기가 시작되기 이전에 프로그램을 계획하는 것이 효과적이다

이 프로그램을 안정적이고 지속적으로 실시하기 위해서는 수업시수의 확보가 선행되어야 한다. 안정적인 수업시수 확보를 위해서는 학기가 시작되기 전에 미리 계획하는 것이 바람직하다. 제7차 교육과정 중에서 이 프로그램과 관련하여 확보할 수 있는 시간은 특별활동의 적응활동 영역과 관련된 시간, 창의적 재량활동 시간이 있다. 이외에도 각 교과별로 관련 있는 시간을 추출하여 이 프로그램과 연관지어 운영할 수 있다. 안정적인 수업시수가 확보되었다면 학급 교육과정에 이를 반영하여 공식적인 활동이 되도록 한다.

3) 프로그램 진행의 실제

학교에서 프로그램을 진행하기 위해서는 학급 교육과정 내에 수업시수를 확보하고 교육과정 내용을 구체적으로 제시해야 한다. 수업시수는 창의적 체험활동 시간, 도덕, 국어 등의 과목에서 주제와 관련된 시간을 확보할 수 있다. 프로그램 진행 전에 프로그램의 필요성, 교육과정 목표, 진행 방법, 세부 내용 등을 학교의 관리자와 협의하고 학부모에게 안내 한다.

담임교사가 진행할 때에는 학교에서 사용하는 학급 교육과정 양식에 넣어 계획하는 것이 바람직하다. 그러나 특수교사가 진행할 때에는 프로그램의 목표, 진행 방법, 담임교사와 학부모 안내문 등이 별도로 필요할 것이다. 또한 담임교사와의 협의를 통해 학급 교육과정에 미리 삽입하여 내용을 넣을 수 있어야 한다.

따라서 이 장에서는 프로그램을 시작할 때 사용할 수 있는 계획서의 예시 자료를 제시하였다. 프로그램의 목표, 대상, 시기, 실행원칙, 세부 내용, 담임교사 안내문, 학부모 안내문 등이 포함된다.

계획서 예시

친구관계 촉진을 위한 통합교육 프로그램
- 서로 다른 아이들이 함께 만드는 우정 -

1. 목적
- 인간의 다양성을 인정하고 수용함으로써 서로 존중하고 배려하는 태도를 기른다.
- 긍정적인 상호작용을 통해 바람직한 친구관계를 형성한다.
- 장애에 대한 편견을 갖지 않고 긍정적으로 인식함으로써 장애아동이 자연스럽게 학급의 구성원으로서 어울릴 수 있도록 한다.

2. 편성 운영
- 대상: 장애아동이 있는 통합학급 (○학년 ○반)
- 활용 수업시간: 창의적 체험활동 시간을 이용하여 주 1회 총 31차시로 운영

3. 세부 내용
- 나와 타인 인식, 의사소통, 차이와 차별, 협동, 갈등해결, 옹호와 나눔의 6개 영역으로 구성되어 있다.
- 심성 계발 놀이, 공동 활동, 토론, 협동놀이 등을 통해 아동의 흥미와 자발적인 참여를 하도록 한다.

4. 운영 방침
- 아동의 의견을 존중하고 자발적으로 참여할 수 있는 수업 분위기를 조성한다.
- 비경쟁적이고 협동적인 활동을 통하여 공동체 의식을 느낄 수 있도록 한다.
- 장애아동이 일반아동과 함께 참여할 수 있도록 지도한다.
- 타 교과, 생활지도와의 연계지도를 통해 다양한 상황에서 실천해 볼 수 있도록 한다.

5. 진행 과정

시기	진행 과정	세부 내용
3월 3일~3월 11일	대상반 선정	담임교사, 장애아동, 통합반 아동상황을 고려하여 선정
3월 12일~3월 25일	교육 계획	담임교사와 프로그램 내용, 필요성 공유
3월 25일~3월 30일	학부모 안내	안내문 발송
4월 1일~12월 15일	프로그램 진행	주 1회 특수교사나 담임교사 진행
12월 15일~12월 25일	프로그램 평가	질문지, 포트폴리오, 자기평가지 등 이용

회	날짜	대주제	목표	세부 내용
1	4/3	서다우 열기	서다우 프로그램에 대해 이해하고 관심 갖기	우리는 친구
2	4/10	나와 친구 (나와 타인 인식)	나의 특성 알고 자신의 장점 깨닫기	그래프로 보는 나
3	4/17		나에게 관심 갖기	내 마음속 보물 찾기
4	4/24		친구에게 관심 갖기	순간포착
			나와 타인의 관계 인식하기	우리반 품앗이 책 만들기
5	5/8	마음으로 이야기해요 (의사소통)	듣기의 중요성 알기	속닥속닥
6	5/22		긍정적으로 이야기하기	칭찬나무 만들기
7	5/29		다양한 의사소통 방법 익히기	몸짓으로 표현하기
8	6/5			수화 노래 배우기
9	6/12			우리 친구 민수
10	6/19	다르고도 같은 우리 (차이와 차별)	서로의 차이점과 공통점 찾기	빙빙돌아라
11	6/26		다양성의 풍요로움 느끼기	아름다운 동물원
12	7/3		차이와 공평	알쏭달쏭 차별
13	7/10		유니버설 디자인의 개념 알기	유니버설 디자인
14	9/4	함께하는 즐거움 (협동)	협동의 즐거움 알기	인간 핸드벨
15	9/11			으뜸 헤엄이 협동 작품 만들기
16	9/18		협동하여 역할극하기	커다란 순무1
17	9/25			커다란 순무2
18	10/9		친구들과 협동하여 놀이에 참여하기	아슬아슬 섬놀이
19	10/16	서로를 이해하는 우리 (갈등해결)	갈등이 무엇인지 알아보기	이럴 때 싸워요
20	10/23		갈등을 해결하는 방법 생각해 보기	여우와 두루미
21	10/30			짝꿍 바꿔 주세요
22	11/6	감싸는 마음 나누는 기쁨 (옹호와 나눔)	우리 옹호하기	우리 발바리 벅구
23	11/13		친구에게 미안한 마음과 고마운 마음 표현하기	친구야, 미안해! 친구야, 고마워!
24	11/20		친구를 배려하는 마음을 갖고 내가 나눌 수 있는 것 찾아보기	까치밥이 되자
25	11/27		기부 활동을 통해 나눔을 실천하기	기부 활동 알아보고 계획 세우기
26	12/4			기부 활동 실천하기
27	12/11	서다우 마무리	서다우 정리하기	서다우 퀴즈, 나에게 주는 상장

안내문 예시

학부형을 위한 안내문

안녕하세요?

아이들의 마음이 새롭게 깨어나는 3월입니다. 새 학년이 시작되어 부쩍 늘어났을 자녀들의 학교 이야기에 학부모님들의 귀가 유난히 솔깃해지실 듯합니다. 새롭게 만난 선생님, 친구들과 어떤 1년을 보내게 될지 학부모님들의 기대도 참 크시지요?

담임교사로서 ○학년 ○반 친구들을 만난 지 얼마 되지 않았지만, 벌써 아이들 저마다의 고유한 특성들을 볼 수 있습니다. 모두와 친해지고 싶은 활달한 아이, 호감을 마음에만 품은 조용한 아이, 친해지는 방법을 잘 모르는 아이 등 저마다 너무도 다른 개성을 가진 아이들의 모습을 지켜보면서, 이 아이들이 1년 후 어떤 모습으로 이 자리에 있게 될지 떠올려 봅니다.

하나하나 다른 이 소중한 아이들이 ○학년 ○반이라는 공동체 안에서 더 잘 어우러질 수 있도록 친구관계 향상을 위한 학급활동을 1년간 시행해 보려고 합니다. 1년간, 일주일에 한 번, 1시간의 창의적 체험활동 시간에 진행되는 이 수업은 〈서로 다른 아이들이 함께 만드는 우정(줄여서 서 · 다 · 우)〉의 제목으로 진행됩니다. 이 수업은 아이들이 서로에 대해 관심을 갖고, 서로의 차이를 이해하면서 기꺼이 도움을 주고받을 수 있으며, 어려운 상황에 처해 있을 때 믿어 주고 감싸 줄 수 있는 친구가 되도록 하는 것이 목표입니다.

세부적인 내용은 다음과 같습니다.

〈서로 다른 아이들이 함께 만드는 우정〉 수업은 여섯 가지의 주제로 진행됩니다.

- 3, 4월의 주제는 '나와 타인 인식' 입니다. 자신을 다른 친구들에게 알리고, 다른 친구들에 대해 관심을 갖고 알아 가는 단계입니다.
- 5월의 주제는 '의사소통' 입니다. 다른 사람의 이야기를 잘 듣고, 자신의 말이나 입장을 잘 표현할 수 있도록 하는 과정과 다양한 의사소통 방식이 있다는 것을 배우게 될 것입니다.
- 6, 7월의 주제는 '차이와 차별' 입니다. 이 수업을 통해 다른 것이 차이가 아니라 다양한 개성일 뿐이라는 것에 대해 알고 차별하는 것이 옳지 못하다는 것을 알게 됩니다.
- 9월의 주제는 '협동' 입니다. 이 수업에서는 자신이나 다른 사람에게 도움이 필요할 때 기꺼이

도움을 주고받을 수 있는 마음을 키워 나갈 수 있습니다.

- 10월의 주제는 '갈등해결' 입니다. 주변뿐 아니라 국가 간의 관계에서도 사람이 있는 곳이면 늘 갈등이 존재합니다. 사람과의 관계에서 늘 발생할 수 있는 갈등을 잘 풀어 나갈 수 있는 방법을 조금씩 알아 갈 수 있는 기회가 되었으면 하는 바람입니다.
- 11, 12월의 주제는 '옹호와 나눔' 입니다. 친구관계에서 가장 중요한 것은 자신이나 다른 사람이 불리한 입장이 되었을 때 서로 믿어 주고 편이 되어 줄 수 있는 것입니다. 그리고 자신이 가진 것을 다른 사람에게 기꺼이 나누어 줄 수 있는 마음을 갖고 이를 실천으로 옮기는 것이 중요합니다. 아이들이 누군가에게 힘이 되어 주고, 주변을 돌아볼 수 있는 성숙한 사람이 되었으면 합니다.

아이들의 마음과 태도에 어떠한 변화가 있는지 학부모님들도 많은 관심 기울여 주시기 부탁드립니다.

20○○년 ○월 ○일

담임교사 ○○○ 드림

차시 조절의 예

27차시를 모두 할 수 있다면 가장 좋겠지만 요즘은 창의적 체험 활동에 진로 교육, 보건 교육 등 여러 가지 필수 이수 항목들이 늘어나고 있어서 27차시를 확보하기 어려운 경우가 많다. 이럴 때에는 각 학급의 특성과 학년의 특성을 고려하여 차시를 재구성할 수 있다. 프로그램을 재구성할 때에는 될 수 있으면 프로그램의 흐름을 고려해야 한다.

저학년(2~4학년)의 경우에는 관심이 자기 자신에게 집중된 경우가 많고 이론적인 활동보다는 친구들과 함께 활동을 하면서 친구를 이해하고 친해지는 특성을 고려하여 프로그램을 재구성하는 것이 좋다.

다음 〈표 2-3〉은 1학기 동안 서다우 프로그램을 운영할 경우를 고려하여 13차시로 재구성한 것이다. 1년 동안 꾸준히 하고 싶다면 아래의 활동을 격주로 운영할 수 있다. 학급에 따라 1~2차시를 더 첨가할 수 있는데 이럴 경우에는 협동 활동을 좀 더 보강한다면 친구들과 마음을 모아 함께 하는 경험을 풍부하게 할 수 있을 것이다.

〈표 2-3〉 **저학년 차시 조정의 예**

회	대주제	목표	세부 내용
1	서다우 열기	프로그램의 소개와 기본적인 규칙 익히기	오리엔테이션 친구란?
2	나와 친구 (나와 타인 인식)	각자의 특성 알기	그래프로 보는 나
3		나의 장점 찾기	내 마음속 보물 찾기
4		친구에게 관심 갖기	순간포착 이런 친구를 찾아라!
5	마음으로 이야기해요 (의사소통)	듣기의 중요성 알기	속닥속닥 잘 듣고 전달하기
6		다양한 의사소통 방법 익히기	몸짓으로 표현하기
7		다양한 의사소통 방법 익히기	수화 배우기
8	다르고도 같은 우리(차이와 차별)	다양성의 풍요로움 느끼기	아름다운 동물원
9		차이와 차별	알쏭달쏭 차별
10	함께하는 즐거움 (협동)	협동에 대해 알아보기	인간 핸드벨
11		함께하면 좋아요 1	으뜸 헤엄이
12		함께하면 좋아요 2	협동놀이(아슬아슬 섬놀이 외)
13	서다우 마무리	서다우 활동을 통한 나의 변화 생각해 보기	사진을 이용한 동영상 시청 서다우 퀴즈

고학년의 경우 갈등해결과 옹호와 나눔 영역을 적절하게 더 첨가하는 것이 효과적일 수 있다. 협동이나 갈등해결은 2011 개정 교육과정의 5학년 도덕과, 의사소통은 국어과에서도 자세히 다루고 있으므로 도덕시간이나 국어시간과 연계하여 시수를 확보한다면 모든 영역을 골고루 다룰 수 있을 것이다. 다음은 도덕과 6차시, 국어과 3차시, 창의적 체험활동 11차시, 총 20차시를 확보하여 작성한 고학년 차시 조정의 예다(〈표 2-4〉).

〈표 2-4〉 **고학년 차시 조정의 예**

회	대주제	목표	세부 내용	비고
1	서다우 열기	프로그램의 소개와 기본적인 규칙 익히기	오리엔테이션 친구와 친하게 지내려면...	창체
2	나와 친구 (나와 타인 인식)	각자의 특성 알기	그래프로 보는 나	
3		나의 감정에 대해 알아보기	나의 감정사전 만들기	
4		친구에게 관심 갖기	이런 친구를 찾아라!	
5	마음으로 이야기해요 (의사소통)	듣기의 중요성 알기	내 말을 들어주오	국어과 연계
6		긍정적으로 이야기하기	나 대화법	
7		다양한 의사소통 방법 익히기	수화 배우기	
8	다르고도 같은 우리 (차이와 차별)	다양성의 풍요로움 느끼기	다양한 직업을 찾아라	도덕과 연계
9		우리가 가진 편견 알아보기	우리가 가진 편견들	
10		차별에 대해 알아보기	기차를 타자	
11	함께하는 즐거움 (협동)	협동에 대해 알아보기	협동의 고리 만들기	
12		함께 하면 좋아요 1	길 아저씨 손 아저씨	
13		함께 하면 좋아요 2	도전! 꼬인 손 풀기	
14	서로를 이해하는 우리 (갈등해결)	자기가 언제 갈등 상황에 놓이는지 알아보기	분노의 온도계	창체
15		분노 다루는 법 익히기	분노다루기	
16		갈등을 해결하는 방법 익히기	휴~ 동무야, 풀자	
17		상담의 기본 자세 익히기	너의 고민을 들어 줄게	
18	감싸는 마음 나누는 기쁨 (옹호와 나눔)	댓글 달기를 통해 친구를 옹호하는 법 알아보기	좋은 댓글 달기	
19		나눔의 다양한 형태 알아보기	나눔 연대표	
20	서다우 마무리	서다우 활동을 통한 나의 변화 생각해 보기	사진을 이용한 동영상 시청 서다우 퀴즈	

5. 평가 방법

프로그램의 실행만큼이나 중요한 것이 평가일 것이다. 이 프로그램의 평가는 한 시간의 학습을 잘하였는지에 초점을 맞추는 것보다는 1년 동안의 전체적인 프로그램 실행의 결과와 아동들의 누적된 변화를 다면적으로 평가해야 할 것이다. 이는 '친구관계' 가 인지적 습득과는 달리 정의적 변화를 기초로 하고 있고 매우 다양한 요소를 포함하고 있어서 단편적인 평가 방법과 항목으로는 판단할 수 없기 때문이다. 또한 학생 개인의 변화뿐 아니라 집단 간 역동성을 고려해야 하는 것이어서 평가하기가 더욱 어렵다.

따라서 여기에서는 평가의 여러 목적에 따라 교사들이 선택할 수 있는 여러 방법을 제시하고자 한다. 평가 목적으로는 반 전체의 교우도의 변화, 학생 개개인의 친구관계의 변화, 특정 학생에 대한 반 전체 학생들의 친구관계에 대한 지각 변화, 기타 다양한 평가 접근으로 제시하였다. 평가 방법으로는 사회성 측정법(sociometry), 자기 평가, 관찰 평가, 질문지 평가, 일화기록, 포트폴리오 등의 방법을 제시하였다.

■ 사회성 측정법

객관적인 결과를 얻을 수는 없지만 학급 내의 학생들의 교우관계를 한눈에 알아보기 쉬운 방법 중 하나가 소시오그램(sociogram)을 그리는 것이다. 사회성 측정법의 여러 방법 중 학급 전체 학생의 교우도 변화를 알아보기 위해 표적교우도(target sociogram)를 소개하고자 한다. 검사지를 아동에게 주고 학급의 모든 아동 중에서 생일잔치에 초대하고 싶은 친구를 무제한으로 선택하게 한다. 동심원을 여러 개 그린 후 가장 많이 선택된 아동을 가운데 원에, 가장 적게 선택된 아동을 바깥쪽 원에 그린다. 남아는 ○로, 여아는 △로 표시한다. 원의 중심에 가까울수록 중심인물이고 원의 바깥쪽에 있을수록 주변 인물임을 알아볼 수 있다(〈표 2-5〉 참조).

〈표 2-5〉 **표적교우도 예시 자료**

최고 피선택수 12명, 최소 피선택수 0명, 민수=0명, 민희=3명, 철수=12명, 다혜=6명

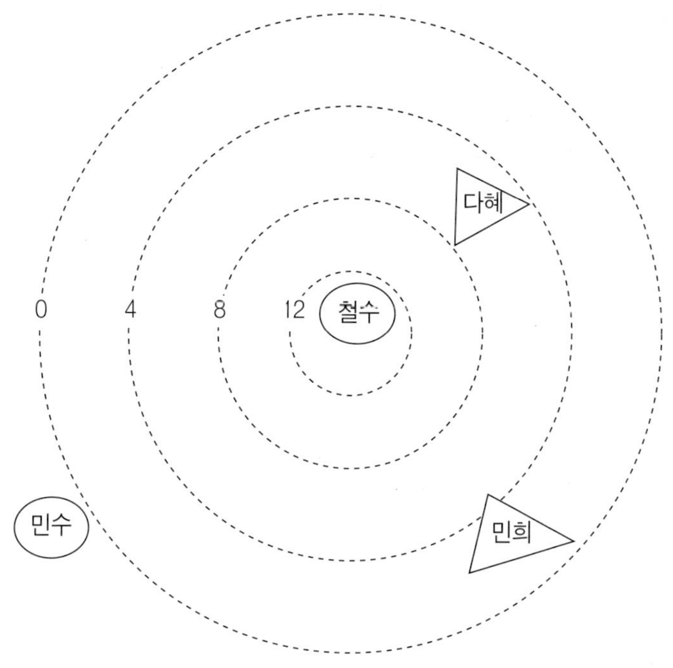

이 검사는 어떤 아동이 아이들에게 인기가 있는 아동인지 판단해 볼 수 있을 뿐 아니라 한 번도 선택이 되지 않는 아동이 있을 경우 학급 내에서 왕따를 당하는 아동이 아닐까 의심해 볼 수도 있다. 학급 전체를 대상으로 프로그램 사전과 사후에 한 번씩 검사했을 때 학기 초에 원의 바깥쪽에 많은 아동이 있었는데 학기 말에 원의 중심에 아동들이 많이 옮겨 갔다면 학급 내의 친구관계가 좀 더 친밀하게 변했다고 말할 수 있을 것이다. 검사지는 〈표 2-6〉에 있다.

〈표 2-6〉 **사회성 측정 검사지**

안녕하세요.
다음은 여러분의 친구들에 대한 질문입니다.
질문을 잘 읽고 솔직하게 답해 주시기 바랍니다.

※ 우리 반 친구들 중에서만 고르세요.
※ 오늘 결석한 친구도 포함해서 생각해 보세요.

☆ 우리 반 친구들 중에서 생일날 집에 초대하고 싶은 친구들을 모두 적어 주세요.

■ 자기 평가

자기 평가지는 친구관계에 관해 학생 자신을 스스로 평가하기 위해 제작한 질문이다. 이 평가지는 개인평가로서 학생 개개인의 친구관계가 어떻게 변화되었는지를 평가하고자 하는 것이다. 평가항목은 본 프로그램의 하위목표에서 다루고 있는 나와 타인 인식, 의사소통, 차이와 차별, 협동, 갈등해결, 옹호와 나눔의 여섯 가지 주제가 골고루 들어가게 설정하였다. 5단계로 표시하게 되어 있으므로 '매우 그렇다' 의 항목을 5점으로 시작해 '전혀 그렇지 않다' 를 1점으로 총점을 계산한다. 프로그램의 사전과 사후에 검사를 한 후 총점에 어떤 변화가 있었는지 비교해 볼 수 있다. 자기 평가지는 〈표 2-7〉에 제시하였다.

〈표 2-7〉 **친구관계에 대한 자기 평가지**

친구관계에 대한 자기 평가

※ 다음 질문을 잘 읽고 어린이 여러분이 해당하는 곳에 ○표 하세요. 솔직하게 답하는 것이 가장 중요합니다. 선생님과 함께 〈예시〉문제를 풀어 보겠어요.

번호	내용	매우 그렇다	그렇다	보통이다	그렇지 않다	전혀 그렇지 않다
예시	나는 달리기를 잘한다.					
1	나는 친구들과 술래잡기, 소꿉놀이와 같이 어울려서 함께 노는 것이 좋다.					
2	나는 친구들과 어울려서 자주 논다.					
3	친구들끼리 서로를 좋아하는 것은 중요하다.					
4	나는 친하지 않은 친구와도 말을 잘한다.					
5	나는 우리 반 친구 모두와 친하다.					
6	우리 반 친구들 중 누구든지 내 짝이 되어도 괜찮다.					
7	나는 우리 반 친구들에 대해 잘 알고 있다.					
8	나는 친구를 잘 도와주는 편이다.					
9	나는 같은 반 친구가 준비물을 가져오지 않았을 때 나의 물건을 함께 나누어 쓴다.					
10	나는 재미있는 놀이를 하거나 신기한 것을 보았을 때 친구들과 함께하고 싶다는 생각을 한다.					
11	나는 모둠활동을 할 때 나 혼자 하기보다는 친구들과 상의하여 함께 한다.					
12	나는 친구에게 칭찬을 많이 한다.					
13	나는 친구와 싸우면 먼저 화해한다.					
14	나는 친구와 나의 생각이나 느낌에 대해 자주 이야기한다.					
15	친구와 오해가 생겼을 때 화를 내기보다는 말로 자세히 설명한다.					
16	친구가 속상한 일이 있거나 화가 나서 울고 있는 모습을 보면 내 마음도 슬프다.					
17	나는 친구들끼리 싸우는 모습을 보면 싸움을 말리기 위해 노력한다.					
18	친구가 어떤 일을 잘못하더라도 나는 이해하고 용서하는 편이다.					
19	나는 비밀을 털어놓을 만큼 친한 친구가 있다.					
20	같은 반 친구끼리 서로 의지하고 믿는 것은 중요하다고 생각한다.					

■ 장애학생 관찰 평가

이 검사는 장애학생의 친구관계 행동을 교사가 간단히 관찰 평가하기 위해 제작한 것이다. 이종희(2002)의 논문에서 정의한 '장애유아 친구관계 행동의 조작적 정의' 에 근거해 관찰 평가할 수 있도록 항목을 수정하여 만들었다. 원래의 조작적 정의가 유아를 대상으로 한 것이어서 초등학교 연령에 맞도록 몇 가지 항목을 수정하였다. 평가 항목은 관심 끌기, 공유 활동, 친사회적 행동, 갈등 및 갈등해결로 나뉘어 있다. 증가, 변화 없음, 감소의 3단계 평가와 기술평가 두 가지 모두를 마련하였다. 3단계 평가는 프로그램의 결과 학생의 변화를 간단히 평가하기 위해 만든 것이고, 학생의 변화를 세부적으로 알고 싶은 경우는 프로그램의 사전과 사후 모두 3단계 평가와 기술평가를 작성하여 비교를 할 수도 있다. 관찰평가지는 〈표 2-8〉에 제시하였다.

■ 질문지 평가

특정 학생에 대한 반 전체 학생들의 친구관계 지각 변화를 알아보기 위해 친구관계에 관한 질문지를 소개하고자 한다. 본 질문지는 오선영(2000)이 비장애학생의 장애학생과의 친구관계 변화를 알아보기 위해 사용한 것으로서 친구관계의 질에 관한 6개의 하위 영역으로 구성되어 있다. 총 36개의 전체 문항으로 구성되어 4점부터 1점까지 항목마다 점수를 합계하여 계산하며 점수가 높을수록 친구관계의 질이 높은 것을 의미한다. 갈등영역은 부정적 문항이므로 1점부터 4점(역채점)으로 합계해야 한다. 학급의 전체 학생을 대상으로 프로그램 사전과 사후에 검사하여 학급 학생의 평균점수를 비교할 수 있다. 공유 활동, 친사회적 행동, 친밀감, 애착 및 자존심 고양, 신의, 갈등 및 갈등해결의 6개 영역이 각각 6개 문항으로 구성되어 있어 각 항목별로 평균을 내어 친구관계의 하위영역 중 어떤 부분이 향상되었는지 알아볼 수도 있다. 평가지는 〈표 2-9〉에 제시하였다.

〈표 2-8〉 **친구관계 행동변화 점검지**

친구관계 행동변화 점검지

대상 학생 : ____________

'서로 다른 아이들이 함께 만드는 우정' 을 통해 (   ) 학생의 친구관계 행동에 어떤 변화가 있는지 점검해 보세요. 행동의 변화를 각 항목에 ○표 하고 빈칸에 서술하세요.

유형 분류	행동 유형	조작적 정의	행동의 예	행동의 변화		
1 관심 끌기	① 친구로부터 관심 얻기	친구에게 언어적 또는 신체적 행동으로 관심을 표현하는 행동	이름 부르기, 제안하기, 소지품(학용품, 유행하는 놀잇감 등)을 친구에게 보여 주기, 신체적 접촉 등	증가	변화 없음	감소
2 공유활동	① 친구와 같은 종류의 놀잇감으로 놀기	놀잇감을 이용하여 친구와 함께 2초 이상 집중하여 놀이에 참여하는 행동	요요, 딱지, 아바타 등 친구들 간에 유행하는 놀잇감 가지고 놀이하기 등	증가	변화 없음	감소
3 친사회적 행동	① 친구에게 애정 표현하기	미소, 웃음, 환호 등으로 친구에게 긍정적인 애정표현을 하는 행동	미소 짓기, 크게 웃기, 환호하기, 말 걸기, 인사하기 등	증가	변화 없음	감소
4 갈등 및 갈등해결	① 친구와 갈등을 일으키는 행동하기	놀이, 운동 등 단체활동 시 친구와의 갈등을 일으키는 신체적 · 언어적 행동	차례를 무시한 채 먼저 하려고 고집부리기, 교구나 놀잇감을 혼자 차지하려는 행동하기 등	증가	변화 없음	감소
	③ 친구와 갈등 해결하기	친구와 생긴 갈등 상황을 해소하기 위한 언어적 · 신체적 행동	"미안해."라고 말하기, 미안한 표정 짓기 등	증가	변화 없음	감소

〈표 2-9〉 **친구관계에 관한 질문지**

이 질문지는 여러분이 (　　)와 어떻게 지내는지 알아보기 위한 것입니다. 여러분이 답하는 것은 선생님이나 다른 친구들에게 알려지지 않으니 다음의 질문에 솔직하게 자신의 생각을 적어 주세요. 다음 질문을 잘 읽고 (　　)와 나의 관계를 잘 생각해서 가장 알맞은 곳에 ○표 시하세요.

순	내 용	항상 그렇다	자주 그렇다	별로 그렇지 않다	전혀 그렇지 않다
1	우리는 자주 같이 공부한다.				
2	우리는 자주 함께 재미있게 논다.				
3	우리는 쉬는 시간에 함께 논다.				
4	우리는 함께 할 수 있는 일은 무엇이든 같이 한다.				
5	우리는 학교에 오거나 갈 때 같이 다닌다.				
6	우리는 서로의 집에 자주 놀러간다.				
7	우리 둘 중 한 사람이 힘든 일을 하고 있을 때 서로 도와준다.				
8	우리 둘 중 한 사람이 아프면 걱정해 주고 도와준다.				
9	우리는 무엇이든 함께 잘 나누어 갖는다.				
10	다른 아이가 우리 둘 중 한 사람을 괴롭히면 가서 도와준다.				
11	우리는 서로에게 물건을 자주 빌려 준다.				
12	우리 둘 중 한 사람이 어떤 일을 할 때 빨리 끝내도록 도와준다.				
13	우리는 서로에게 비밀을 많이 이야기한다.				
14	우리는 서로의 가족에 대해 많이 안다.				
15	우리는 서로가 좋아하고 싫어하는 것에 대해 많이 안다.				
16	우리는 슬픈 일이 있을 때 서로에게 이야기한다.				
17	우리는 서로에게 자신의 고민을 이야기한다.				
18	우리는 서로의 집안일을 많이 이야기한다.				
19	우리는 서로 칭찬을 잘해 준다.				
20	우리는 서로가 중요한 사람이라는 것을 느끼게 해 준다.				

21	우리는 서로의 생각에 대해 좋게 이야기해 준다.				
22	우리 둘 중 한 사람이 실수하면 위로해 준다.				
23	우리는 서로의 좋은 점을 말해 준다.				
24	우리는 함께 있으면 즐겁다.				
25	우리는 서로에게 거짓말을 하지 않는다.				
26	우리는 서로 약속을 잘 지킨다.				
27	우리는 헤어져도 계속 친구로 지낼 것이다.				
28	우리는 생일잔치에 서로를 초대할 것이다.				
29	우리 둘 중 한 사람이 따돌림을 당해도 우리는 계속 친구로 지낼 것이다.				
30	짝을 마음대로 정하라고 한다면 우리는 짝이 될 것이다.				
31	함께 놀고 싶지 않은 적이 있다.				
32	우리 둘 중 하나가 괴롭힌 적이 있다.				
33	우리는 자주 싸우거나 다툰다.				
34	자주 싫을 때가 있다.				
35	우리는 생각이 다를 때가 많다.				
36	싸우면 화해하는 데 오래 걸린다.				

〈표 2-10〉 **친구관계에 관한 측정도구의 하위영역의 조작적 정의와 문항 구성**

하위영역	조작적 정의	문항
공유 활동	같이 놀기, 만들기, 함께 공부하기, 함께 숙제하기, 집이나 학교에 함께 오고 가기	1, 2, 3, 4, 5, 6
친사회적 행동	타인을 이롭게 하는 행동, 돕기, 나누어 주기, 협동하기, 양보하기, 물건 사 주기	7, 8, 9, 10, 11, 12
친밀감	내적 감정이나 사적 생각을 털어놓기, 비밀을 털어놓기, 서로 마음속 깊이 생각하고 걱정해 주는 감정 등	13, 14, 15, 16, 17, 18
애착 자존심 고양	친절하게 대하기, 돌보아 주기, 친하게 지내기, 위로하기, 이해해 주기, 칭찬과 격려 등	19, 20, 21, 22, 23, 24
신의	긴장이 유발되어도 우정관계 지속, 항상 변함없고 진실하게 행동하기, 약속 잘 지키기 등	25, 26, 27, 28, 29, 30
갈등 및 갈등해결	신체적 · 언어적 공격, 고립된 활동, 불친절한 행동, 장난감 뺏기, 놀이 방해, 훼방하기, 싸우기, 갈등을 해결하는 정도	31, 32, 33, 34, 35, 36

■ 일화기록

프로그램을 진행하면서 전체 반 아동의 반응 및 활동 평가, 장애학생의 행동반응이나 수정 활동 등을 기술하고 평가를 할 수 있다. 일화기록은 기록하기 힘들지만 매번 아동들의 반응과 변화를 기록함으로써 아동들을 좀 더 밀도 있게 관찰할 수 있다는 장점이 있다. 이 프로그램을 시범으로 진행했던 한 학교의 일화기록을 예시 자료로 실어 놓았다. 좀 더 간단하게 기록할 수 있는 양식을 사용할 수도 있다.

일화기록 예시자료

마음으로 이야기해요 -의사소통-

과목	창의적 체험 활동	장소	6-4 교실
시간	2011년 5월 31일	대상	6학년 4반

소주제	긍정적으로 이야기하기	활동명	I message, You message
학생 반응 및 활동 평가	도입	다른 사람이 한 말에 기분 상했을 때가 언세였느냐는 질문에 많은 대답들이 쏟아져 나왔다. "야, 돼지야!" "조폭!" "너 남자지!?(여학생에게)" "넌 그것도 모르냐?" 등의 대답이 나왔고, 그에 대해 기분 나쁘지 않게 표현하는 것에 대해 잘 대답하지 못했다.	
	전개	'나' 대화법으로 고치는 학습지 활동에서 주로 '너' 라는 말만 빼고 '너' 대화법과 다름없는 말을 써 놓은 경우가 많았다. 중간에 작성을 멈추도록 하고 '나' 대화법을 잘 활용한 학생들에게 발표하도록 한 후 다시 작성하도록 하니 조금 더 많이 이해하여 활용하는 것을 볼 수 있었다.	
	정리	쪽지편지를 서로에게 보지 못하게 가리며 시간을 들여 매우 진지하게 쓰는 모습을 보였다. 서로에게 전해 주라고 하였을 때 많은 학생들이 거부했다. 안 보이게 가리고 교사에게 가지고 나오며 절대 보여 주지 말라고 당부하는 학생들이 많았다.	

■ 포트폴리오

프로그램을 진행하면서 나온 학생들의 작품 파일, 1년을 돌아보며 변화를 볼 수 있는 활동 사진, 캠코더를 이용한 동영상 파일, 서로 주고받은 편지 등을 포트폴리오로 모아 평가 자료로 사용할 수도 있다. 활동 평가지, 선생님 편지, 아동의 답장 편지 들을 예시 자료로 실어 놓았다. 이외에도 활동을 끝내며 아동 개인의 특성에 적절한 상장을 제작하여 준다면 의미 있는 마무리가 될 것이다.

활동 평가지 1 서로 다른 아이들이 함께 만드는 우정

1년을 되돌아보며

1. 1년의 수업을 되돌아보았을 때 어떤 활동이 가장 기억에 남나요? 그 이유는 무엇일까요?

2. 수업을 하면서 가장 칭찬하고 싶은 친구는 누구일까요? 그 이유를 적어 보세요.

3. 이제 자신을 돌아봅시다. 수업을 하면서 자신의 어떤 점이 변화했다고 생각하나요? 스스로를 칭찬해 줍시다. 또, 어떤 점이 스스로에게 아쉬웠나요?

칭찬합니다	아쉬웠던 점

4. 1년간의 수업을 돌아보며 더 하고 싶은 이야기가 있나요? 자유롭게 써 봅시다.

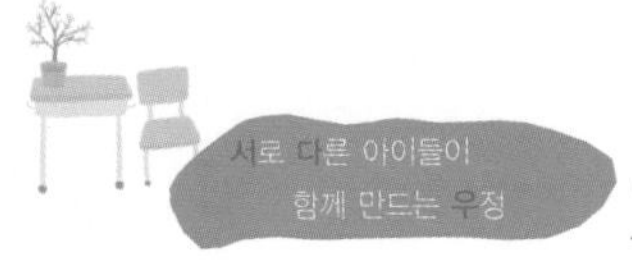

활동 평가지 2 서로 다른 아이들이 함께 만드는 우정

Best 5

* 가장 기억에 남는 일을 순서대로 써 보세요.

1

2

3

4

5

선생님 편지 예시자료

서로 다른 아이들이 함께 만든 우정…

4학년 3반 모두에게

사랑스런 아이들아. 우리가 함께 공부한 지 어느덧 한 학기가 훌쩍 지나가 버렸구나. 시간이 정말 빨리 지나간 것 같아. 지난 한 학기 동안 참 많은 일들이 있는데 나는 그중에서 우리가 매주 한 시간씩 함께 이야기하고 놀기도 하면서 열심히 공부했던 것이 가장 기억나. 매주 너희들을 만나는 목요일을 얼마나 기다렸는지 몰라. 이제 방학을 하면 잠시 볼 수가 없겠구나.

3, 4월에는 〈서로에 대해 관심을 갖기〉라는 주제로 함께했었어. '오르락내리락 그래프로 보는 나' 생각나니? 열심히 그래프를 그리던 모습이 눈에 선하구나. 종달새 노래를 함께 부른 것도 말이야. 새 친구가 전학을 오면 '당신은 당신의 이웃을 사랑하십니까' 놀이를 했었잖아? 정말 재미있었는데 말이야. 지금 사진을 보고 있는데 운동장에 나가서 종이비행기에 소원을 적어 날려 보내던 너희들의 모습이 정말 희망차 보인다.

5월에는 〈의사소통〉이라는 조금은 어려웠던 부분에 대해 활동을 했었지. 의사소통이 잘 이루어지지 않을 때는 많은 갈등이 생긴다는 이야기를 나누었어. 그리고 여러 가지 다양한 의사소통 방법도 생각해 보았었지? 특히 몸짓이나, 표정으로 전달하기를 했던 것과 지화를 배웠던 것이 기억에 남는구나. 다들 정말 열심히 활동했기 때문에 크게 칭찬해 주고 싶어.

6월에는 〈차이와 차별〉이라는 주제로 활동해 보았단다. 최소한 나와 함께 이 공부를 한 너희들만은 '서로의 차이' 때문에 다른 사람을 깊게 생각해 보지 않고 '차별' 하는 사람이 되지 않기를 바라. 서로의 차이를 인정해 줄 수 있는 너그러운 사람으로 자라나길 바란다.

언제 이렇게 자라났는지 모르게 조금씩 조금씩 쑥쑥 자라나는 겉모습처럼, 지금은 갑자기 변화된 모습을 알지 못해도 언젠가는 너희들이 '아, 내가 정말 다른 사람과 행복하게 어울려 살고 있구나. 그만큼 잘 자라났구나.' 하고 느끼게 되길 간절히 바란다.

끝으로 항상 서로를 위한 규칙을 잘 지켜준 점에 대해 크게 칭찬해 주고 싶구나. 방학 동안에도 잊지 않고 있다가 다음 학기가 되면 다시 너희들의 아름다운 모습을 보여 주렴. 다음 학기에는 어떤 주제들로 공부를 하게 될지 정말 기대가 되는데 너희들은 어떠니?

방학 동안에 항상 건강하고 즐겁게 생활했으면 좋겠다. 다음 학기에 만나자!

20○○년 ○월

서다우 장효주 선생님이(또는 맨밥 선생님이…)

아이들의 답장 편지 예시자료

장효주 선생님께

안녕하세요? 한 학기 동안 여러 가지를 배웠어요. 6월 주제가 차이와 차별이었어요. 근데 저는 3학년 때까지만 해도 ♡♡이와 놀아 주지 않고 차별하고 나쁘게만 여겼는데 요즘에는 선생님께 많은 것을 배우고 나니 ♡♡이에게 잘해 줘야겠다는 생각을 하였어요. 방학 때 만나면 아는 척도 하고 서로 인사도 해야겠어요. 선생님, 고마워요.

2004. 7. 2.

○○ 올림

서다우 맨밥 장효주 선생님께

선생님, 안녕하세요? 선생님 저는 선생님께 배운 것 중에서 의사소통 배운 것이 생각나요. 그중에서 외국인 노동자가 생각나요. 그 사람은 참 불쌍해요. 제가 그 사람을 도울 수 있다면 도울 거예요. 아참, 그리고 차이와 차별에서 라부라는 아이가 한국 학교에 가고 싶어 하잖아요. 제가 만약에 대통령이라면 한국에서 오래오래 살 수 있게 할 거예요.

2004. 7. 2.

☆☆ 올림

장효주 선생님께...

안녕하세요? 저 희솔이예요... 한학기동안
여러 가지를 배웠어요. 6월달 주제가
차이와 차별이 였어요. 근데 저는 3학년때
까지만 해도 ○○를 놀아주지 않고 차별하고
나쁘게만 여겼는데 요즘에는 선생님께 많은것을
배우고 나니 ○○에게 잘해줘야 겠다는 생각을
하였어요.
방학 때만나면 아는척도하고 서로 인사도
해야 겠어요.
선생님 고마워요

Love
2004.7.2
희솔올림

만별
*^^*서다우 장윤옥선생님께^^*

선생님안녕하세요?
저는이 경민입니다
선생님 저는 선생님께 배운것중
에서 의사소통 배운것이 생각
나요. 그중에서 외국인 노동자 가
생각 나요그사람은 참불쌍해요.
제가 그사람을 도울수 있다면
도울꺼 예요 아참그리고 차이와
차별에서 라부라는아이가
한국학교에 가고싶어 하잖아요
제가만약에 대통령이라면
한국에서오래오래살수있게
할거예요.선생님
방학동안잘지내세요.

2004년7월2일금
(개인)경민올림

 참고문헌

박승희(2003). 한국 장애학생 통합교육: 특수교육과 일반교육의 관계 재정립. 서울: 교육과학사.

오선영(2000). 또래지원망 프로그램이 장애아동과 일반아동의 친구관계에 미치는 영향. 이화여자대학교 교육대학원 석사학위 청구논문.

이종희(2001). 구조화된 통합 놀이 프로그램이 장애 유아와 일반 유아의 친구관계에 미치는 영향. 이화여자대학교 교육대학원 석사학위 청구논문.

Part 03

활동편

서다우 열기

1. 나와 친구: 나와 타인 인식

2. 마음으로 이야기해요: 의사소통

3. 다르고도 같은 우리: 차이와 차별

4. 함께하는 즐거움: 협동

5. 서로를 이해하는 우리: 갈등해결

6. 감싸는 마음 나누는 기쁨: 옹호와 나눔

서다우 마무리

서다우 열기

서로 다른 아이들이 함께 만드는 우정

새 학년이 되어 새 교실에 들어온 아이들.
'우리 반에는 어떤 아이들이 있을까?'
'올해 아이들과 친하게 잘 지낼 수 있을까?'
아이들은 새 학년이 되면 친구를 잘 사귈 수 있을까에 관한 걱정이 제일 많습니다.

〈서다우 열기〉는 새로운 프로그램을 시작하는 첫 차시로 구성되어 있습니다. 프로그램을 함께할 선생님을 소개하는 시간이기도 합니다. 서다우 열기는 우리가 생각하는 친구관계가 무엇인지 돌아보는 활동으로 시작합니다. 이 프로그램을 통해 서로 다르지만 함께 우정을 만들어 가는 친구가 되기를 기대한다는 것을 알려 주게 됩니다.

2학년	3~4학년	5~6학년
1/1 서다우 열기 1: 우리는 친구	1/1 서다우 열기 2: 친구란 ○○다	1/1 서다우 열기 3: 반바퀴 퀴즈

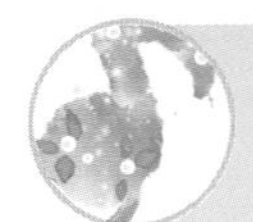

서다우 열기 I

<table>
<tr><td rowspan="2">활동
목표</td><td rowspan="2">• 서다우 프로그램의 특징을 이해하고 관심을 갖는다.</td><td>학년</td><td>2학년</td></tr>
<tr><td>차시</td><td>1/1</td></tr>
<tr><td>단계</td><td>활 동 내 용</td><td>시간</td><td>자료(▶) 및 유의점(※)</td></tr>
<tr><td>도입</td><td>• 서다우 프로그램 안내
– ○학년○반 어린이 여러분! 우리가 새 학년이 되어 같은 반이 되었지요. 새로운 친구를 많이 사귄 친구들도 있고, 또 아직 친한 친구를 만나지 못한 친구들도 있어요. 하지만 같은 반으로 1년을 즐겁게 보내려면 우리 반 친구들과 사이좋게 잘 지내야 하겠죠. 이 시간에는 선생님과 함께 여러분이 많은 친구들을 사귀고 잘 지내는 방법들을 배워 보는 시간을 가질 거예요.

• 오늘의 활동 소개
– 오늘은 선생님과 함께 재미있는 그림책을 통해 ‘친구’에 대해 생각해 보는 시간을 가져 보려고 합니다.</td><td>5′</td><td>※ 특수교사가 프로그램을 진행할 때는, 처음에 자신을 소개하는 시간을 갖는다.</td></tr>
<tr><td rowspan="2">전개</td><td>• 그림책 읽기 〈우리는 친구〉
– 여러분이 오늘 함께 읽을 그림책은 앤서니 브라운의 〈우리는 친구〉입니다. 자, 이제 그림책 속으로 함께 들어가 볼까요? (실물화상기로 그림책을 보여 주거나, 준비된 PPT를 보여 주며 그림책을 읽어 준다.)
– (예쁜이가 손짓말을 하는 장면에서) 예쁜이가 무슨 말을 했을까요? 여러분이 예쁜이라면 무슨 말을 했을까요?
– (다음 장을 넘기면서) 그림책 속의 예쁜이는 “내가 그랬어요! 텔레비전을 부순 건 바로 나예요!”라고 말했네요.
– 고릴라와 예쁜이는 정말 사이좋은 친구가 되었네요.</td><td rowspan="2">10′</td><td>▶〈우리는 친구〉 앤서니 브라운, 웅진주니어

※ 학생들이 다양한 상상을 할 수 있는 기회를 제공한다.</td></tr>
<tr><td>• 〈우리는 친구〉 생각 나누기
(활동지를 나누어 주고 생각할 시간을 준다.)</td><td>▶활동자료 1(우리는 친구)</td></tr>
</table>

전개	- 커다란 고릴라와 귀엽고 작은 예쁜이는 서로를 처음 보았을 때 어떤 생각을 하였을까요? - 고릴라는 예쁜이와 친구가 되어 어떤 점이 좋았을까요? - 예쁜이는 고릴라와 친구가 되어 어떤 점이 좋았을까요? - 고릴라는 TV를 보다가 왜 화가 났을까요? - 예쁜이는 동물원 사람들에게 왜 거짓말을 했을까요? - 고릴라와 예쁜이는 몸의 크기도 다르고 생김새도 다르지만 정말 사이좋은 친구가 되었어요. 친구들과 잘 지내려면 참아야 할 때도 있고 양보를 해야 할 때도 있어요. 예쁜이처럼 친구의 잘못을 감싸 줄 수도 있어야겠어요. ○학년 ○반 여러분들도 친구의 잘못을 감싸 줄 수 있는 좋은 친구가 될 수 있을 것 같아요.	10′	
	• 친구에게 하고 싶은 말 - 마지막으로 선생님이 '세 글자 송' 이라는 노래를 들려줄 거예요. 아는 친구들은 신나게 따라 하고 처음 듣는 친구들은 노래를 잘 들어 보세요. - 이번에는 여러분이 친구에게 하고 싶은 세 글자 말을 생각해 보세요. 우리 반 모두가 좋은 친구가 되기 위해 예쁜 말로 생각해 주세요. 그리고 선생님이 나눠 준 포스트잇에 내가 친구에게 하고 싶은 세 글자 말을 적어 보세요. - 다 적은 친구들은 앞으로 가지고 나오세요. (실물화상기를 통해 보여 주거나, 칠판에 같은 것끼리 모아 붙여 본다.) - (친구들이 적은 말 중에서 정말 기분 좋은 말을 골라 4절지에 붙여 '우리 반 세 글자 송' 을 완성한다.) - 우리 반 세 글자 송을 불러 볼까요?	10′	▶세 글자 송 -네이버 검색 ▶교사용 자료 1(세 글자 송) 참고 ▶포스트잇, 연필 4절지
정리	• 정리하기 - 친구에게 하고 싶은 세 글자 말을 넣어 노래를 불러 보니 정말 기분이 좋지요? ○학년 ○반 교실에서 함께하는 일 년 동안 친구들에게 기분 좋은 말들만 하면서 지낼 수 있으면 좋겠어요.	5′	

서다우 TIP

- '세 글자 송'은 검색 사이트에서 베베퀸의 '세 글자 송' 혹은 '러브송'을 검색하고, 만약 음원을 찾지 못했다면 '리 자로 끝나는 말' 노래에 맞춰 부르면서 수업을 진행한다. 어린이가 귀엽게 부르는 노래여서 저학년 학생들이 좋아한다.
- 아래 사진처럼 '우리 반 세 글자 송'을 만들 수 있도록 수업 전에 빈칸이 들어간 노래 포스터를 준비하여 완성한 후, 교실 한쪽에 게시하고 서다우 수업시간마다 부를 수 있도록 하면 좋다.
- 학생들이 적어 낸 세 글자 단어들이 많은 경우에는 1절에서 사용하지 않은 단어들을 사용하여 2절까지 만들어 학생들의 다양한 의견이 모두 반영될 수 있도록 하는 것도 좋다.

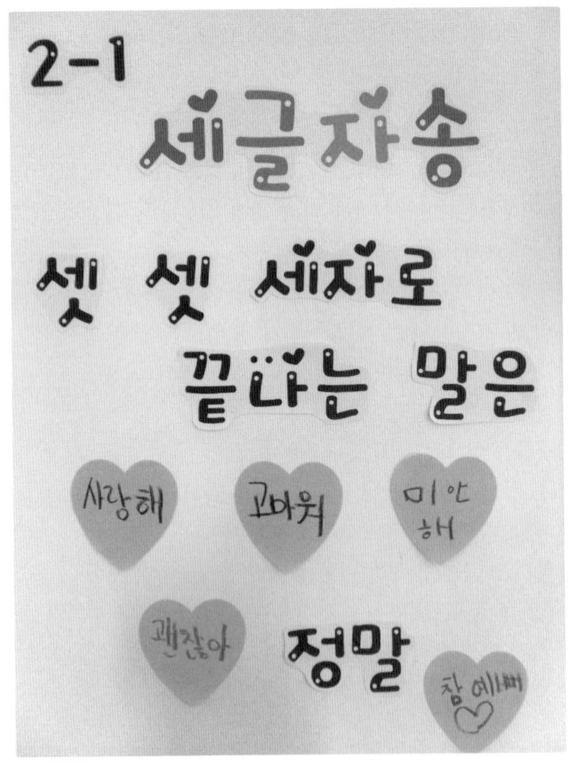

활동자료 1

우리는 친구

이름:

'우리는 친구' 그림책의 내용을 잘 생각하면서 나의 생각을 적어 보세요.

1. 고릴라와 예쁜이는 처음 보았을 때, 각각 어떤 생각을 하였을까요?

2. 고릴라와 예쁜이는 함께 있으면 어떤 점이 좋았을까요?

3. 고릴라는 왜 텔레비전을 보다가 화가 났을까요?

4. 예쁜이는 왜 동물원 사람들에게 거짓말을 했을까요?

교사용 자료 1

세 글자 송

(세 자로 끝나는 말 중에)
(너에게 가장 해 주고 싶은 말이 뭔지 알아?)
셋 셋 세 자로 끝나는 말은
보고파 그리워 사랑해 행복해
정말 사랑해

(진짜로?)
셋 셋 세 자로 끝나는 말은
사랑해 알라뷰 사랑해 알라뷰
진짜 사랑해

(세 글자로 세 번만 말할게)
(사랑해 사랑해 사랑해)
셋 셋 세 자로 끝나는 말은
보고파 그리워 사랑해 행복해
정말 사랑해

(진짜 사랑해)
셋 셋 세 자로 끝나는 말은
사랑해 알라뷰 사랑해 알라뷰
진짜 사랑해

*세 글자 송은 '리 자로 끝나는 말'을 개사한 노래입니다.

네이버에서 '세 글자 송' 검색

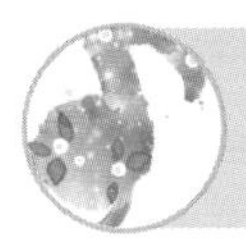

서다우 열기 2

활동 목표	• 서다우 프로그램의 목표를 알고 주제시를 정할 수 있다.	학년	3~4학년
		차시	1/1
단계	활 동 내 용	시간	자료(▶) 및 유의점(※)
도입	• 서다우 프로그램 안내 – 주위를 한번 둘러보세요. 진짜 친구란 어떤 걸까요? 서로 다른 우리들이 ㅇ학년 ㅇ반의 이름으로 모였으니 앞으로 1년 간 여러 가지 우정을 만들어 가겠지요. 쉽게 친해지는 친구도 있고 끝까지 서먹한 친구도 있을 텐데요. 앞으로 이 시간에는 여러분이 많은 친구를, 좋은 친구를 사귈 수 있도록 도와주는 이야기를 하려고 합니다. • 오늘의 활동 소개 – 여러분이 생각하는 진정한 우정은 어떤 것인지 모아 보고 우리가 1년 동안 우정을 만들기 위한 이 시간의 주제시를 만들어 볼까 합니다.	5′	※ 특수교사가 프로그램을 진행할 때, 처음에 자신을 소개하는 시간을 갖는다.
전개	• 친구란 ○○이다 – 여러분이 생각하는 친구는 어떤 사람인가요? 우정을 나누고 있는 친구와는 무엇을 하나요? 진정한 친구관계는 어떤 걸까요? – 우리가 생각하는 친구관계를 써 봅시다. 모둠별로 나누어 준 4절지에 쓰되, 내가 쓰고 싶은 문장의 첫 자음에 해당하는 칸에 씁니다. 예를 들면 '마음이 통한다' 라고 쓰고 싶으면 'ㅁ칸' 에 씁니다. '속상할 때 위로해 주는 사람' 이라고 쓰고 싶으면 'ㅅ칸' 에 적습니다. – 모둠원이 다 썼으면 다른 자음이 있는 옆 모둠과 바꾸어 씁니다. – 다 쓴 것을 모아 자음의 순서대로 칠판에 붙여 봅시다. 우리가 쓴 친구에 대한 생각을 함께 읽어 봅시다.	15′	▶교사용 자료 2(ㄱ, ㄴ, ㄷ 친구란?) ▶ㄱ~ㄹ, ㅁ~ㅅ, ㅇ~ㅊ, ㅋ~ㅎ으로 나누어 적은 4절지, 사인펜 ※ 교사용 자료 2처럼 4절지에 예시를 1~2개씩 제시해 주는 것이 좋다.

전개	• 서다우 주제시 만들기 - 여러분이 쓴 친구에 관한 정의 중 어떤 것이 가장 마음에 끌리나요? 가장 마음에 드는 이유를 말해 볼까요? 우리 반 주제시에 포함했으면 좋을 친구의 정의를 몇 가지만 정해 볼까요? - (몇 사람을 발표시켜 후보를 10개 정도 정한 후 5~6개를 뽑는다. 뽑을 때 반의 상황에 따라 스티커 투표나 거수, 큰 박수 받기 등 다양한 방법을 적용한다.) - 그럼 우리가 정한 우정에 관한 말을 모아 주제시를 만들어 봅시다. 이 주제시는 우리가 이 수업을 시작할 때와 끝날 때 함께 외우려고 합니다. 예시 자료를 읽어 주는 것을 듣고 어떻게 주제시를 만들지 정해 봅시다. - (교사용 자료 3의 예시를 읽어 주고 주제시를 어떻게 만드는지 알려 준다. 전체 토론을 통해 주제시에 포함될 단어를 정했으면 문장을 만든다. 우리 반의 주제시를 정하는 것이므로 모두 함께 이야기를 나누어 정하는 것이 좋다. 함께 만든 주제시를 전지에 옮겨 써서 교실에 붙여 놓고 매 수업마다 함께 읽어 본다.)	15′	▶전지, 매직 ▶교사용 자료 3(주제시 예시 자료)
정리	• 정리하기 - 지금까지 우리가 1년 동안 쌓을 우정이 어떤 것인지 우리 스스로 정해 봤어요. 우리가 정한 주제시를 함께 읽어 볼까요? 앞으로 우정을 쌓으려면 어떻게 해야 하는지 하나씩 알아 가는 시간이 되었으면 해요.	5′	

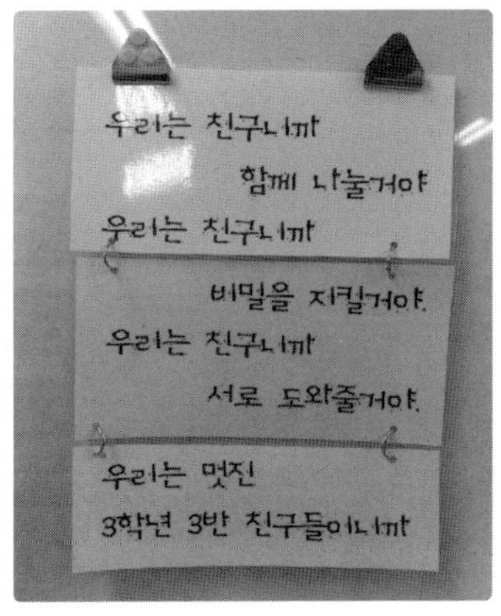

교사용 자료 2

ㄱ, ㄴ, ㄷ 친구란?

ㄱ	같이 하고 싶어 / 관심을 갖고 지켜봐 / 걱정이 된다.
ㄴ	너랑 나랑 함께 있으면 재밌어 / 네 편을 들어 줄게
ㄷ	다치면 걱정해 주는 사람 / 다 얘기해
ㄹ	라면을 같이 먹고 싶은 사람 / 룰루랄라 함께 노래해
ㅁ	마음이 통해 / 믿음
ㅂ	비밀 / 변하지 않는 마음
ㅅ	싸워도 밉지는 않아 / 씩씩한 내 편
ㅇ	어려울 때 도와주는 사람
ㅈ	조금 달라도 이해해 주는 사람 / 정말 내 편
ㅊ	척 보면 네 마음을 알아
ㅌ	토라질 때 풀어주는 사람 / 툭 터놓을 수 있어
ㅍ	편들어 주고 싶은 사람
ㅎ	함께 하고 싶은 일이 많아 / 힘들 때 위로해 줄게

교사용 자료 3

주제시 예시 자료

나는 널 위해 ________ 해 줄게.
나는 널 위해 ________ 해 줄게.
나는 널 위해 ________ 해 줄게.
우린 ○학년 ○반 친구잖아.

예) 나는 널 위해 비밀을 지켜 줄게.
나는 널 위해 네 편을 들어 줄게.
나는 널 위해 힘들 때 위로해 줄게.
우린 4학년 5반 친구잖아.

________해도 ________ 하는 우리
________해도 ________ 하는 우리
그래서 우리는 멋진 ○학년 ○반 친구들

예) 조금씩 달라도 서로를 이해하는 우리
싸워도 미워하지 않는 우리
어려울 때 서로를 도와주는 우리
힘들 때 위로해 주는 우리
그래서 우리는 멋진 3학년 5반 친구들

우리는 친구니까 ________ 할 거야
우리는 친구니까 ________할 거야.
우리 모두는 ○학년 ○반 친구니까.

예) 우리는 친구니까 서로를 이해할 거야.
우리는 친구니까 어려울 때 도와줄 거야.
우리는 친구니까 싸워도 미워하지는 않을 거야.
우리 모두는 3학년 5반 친구니까.

○학년 ○반 우리는?

친구가 ______하면 ______할까요?
__________할 거예요.

예) 4학년 5반 우리는?

조금은 달라도 이해해 볼까요?
마음이 통할 거예요.

친구가 어려우면 도와줄까요?
위로를 받을 거예요.

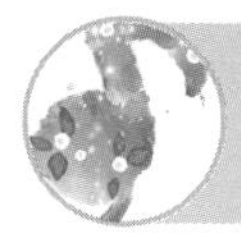

서다우 열기 3

활동 목표	• 친구관계에 대한 고민을 돌이켜 보고 서다우 프로그램의 목표를 알 수 있다.	학년	5~6학년
		차시	1/1
단계	활 동 내 용	시간	자료(▶) 및 유의점(※)
도입	• 서다우 프로그램 안내 - 주위를 한번 둘러보세요. 진짜 친구란 어떤 걸까요? 서로 다른 우리들이 ○학년 ○반의 이름으로 모였으니 앞으로 1년간 여러 가지 우정을 만들어 가겠지요. 쉽게 친해지는 친구도 있고 끝까지 서먹한 친구도 있을 텐데요. 앞으로 이 시간에는 여러분이 많은 친구를, 좋은 친구를 사귈 수 있도록 도와주는 이야기를 하려고 합니다. • 우리의 걱정거리는? - 선생님이 인터뷰 영상을 보여 주려고 합니다. 인터뷰에 나오는 친구들은 어떤 것을 가장 걱정하고 있는지 한번 볼까요?	10′	※ 특수교사가 프로그램 진행 시, 처음에 자신을 소개하는 시간을 갖는다. ▶인터뷰 동영상 - 유투브에서 '초등학생의 걱정거리'로 검색
전개	• 반바퀴 퀴즈(우리 반을 바꾸는 퀴즈) - A4 종이를 6면으로 접습니다. 5~6학년 친구 100명에게 물었습니다. 문제를 잘 듣고 번호를 쓰세요. 맞는 답을 쓴 사람은 색연필로 동그라미를 쳐 주세요. - (문제와 보기 문항을 읽어 주고 시간이 지난 후 가장 많이 나온 정답을 말해 준다.) - 맞는 답을 쓴 친구 중에 비슷한 경험이 있었는지, 있었다면 어떤 일이었는지 들어 볼까요? - (질문과 관련한 구체적인 경험을 말할 수 있도록 분위기를 조성한다. 이야기가 잘 나오지 않을 때는 교사의 경험을 먼저 말해 주어도 좋다.) - 오늘 반바퀴 퀴즈를 하면서 어떤 점을 느꼈나요? - (몇 사람 정도 발표를 시키면서 친구관계에 대한 고민을 정리해 본다.)	15′	▶교사용 자료 4(반바퀴 퀴즈) ▶반바퀴 퀴즈 PPT 학지사(hakjisa.co.kr)-자료실-부록자료실

전개	• 서다우 줄 만들기 – 자, 그럼 마지막 문항을 물어보겠습니다. 우리 반 친구들이 모두 친하게 지내려면 어떻게 해야 할 것 같습니까? 지금부터 나누어 주는 학습지에 쓰고 종이를 오려 보세요. 다 썼으면 모둠원의 종이를 손끼리 마주 붙여 연결하세요. 다했으면 다른 모둠의 종이도 이어 붙이세요. (만들어진 서다우 줄을 교실에 게시하여 읽어 보게 한다.)	10′	▶활동자료 2(친구가 되자)
정리	• 정리하기 – 지금까지 우리가 가지는 우정에 관한 고민을 살펴보았습니다. 여러분이 반 친구들과 친하게 지내려면 어떻게 해야 할지도 적어 봤습니다. 앞으로 우정에 관해 진솔한 이야기를 나누는 시간을 가졌으면 좋겠습니다. – (지도교사가 특수교사일 경우 앞으로 계속 같은 시간에 만나게 될 것임을 안내해 준다.) – 여러분을 처음 만나 반가웠어요. 이제 ○요일 ○교시에는 서다우 시간이 될 거예요.	5′	

교사용 자료 4

반바퀴 퀴즈 자료

5, 6학년 남녀 각각 50명의 어린이 총 100명에게 물었습니다.

★문제 1: 가장 친한 친구라고 느껴질 때는 언제입니까?
① 나랑 같이 놀 때 ② 내 말을 잘 들어 줄 때 ③ 내 편을 들어 줄 때(도와줄 때)
④ 나와 마음이 맞을 때 ⑤ 비밀, 고민을 나눌 때 ⑥ 뭘 사 줄 때

순위	남자	여자	모든 어린이
1위	① 나랑 같이 놀 때(29표)	② 내 말을 잘 들어 줄 때(14표)	① 나랑 같이 놀 때(31표)
2위	②③④(각 7표)	⑤ 비밀, 고민을 나눌 때(11표)	② 내 말을 잘 들어 줄 때(21표)
3위		③ 내 편을 들어 줄 때(10표)	③ 내 편을 들어 줄 때(17표)

〈반바퀴 퀴즈 예시〉

1. 남자 어린이 1위는 무엇일까요? (나랑 같이 놀 때)
2. 여자 어린이 1위는 무엇일까요? (내 말을 잘 들어 줄 때)
3. 전체 어린이 2위는 무엇일까요? (내 말을 잘 들어 줄 때)

★문제 2: 친구와 싸우면 어떤 방법으로 화해를 하나요?
① 시간이 지나면 저절로 풀린다 ② 말로 직접 사과한다
③ 문자, 편지, 쪽지로 사과한다 ④ 대화를 한다 ⑤ 맛있는 걸 사 준다

순위	남자	여자	모든 어린이
1위	② 말로 직접 사과한다(30표)	② 말로 직접 사과한다(25표)	② 말로 직접 사과한다(55표)
2위	① 저절로 풀린다(13표)	③ 문자, 편지, 쪽지로 사과한다(14표)	① 저절로 풀린다(20표)
3위	③ 문자, 편지, 쪽지로 사과한다(3표)	④ 대화를 한다(9표)	③ 문자, 편지, 쪽지로 사과한다(17표)

〈반바퀴 퀴즈 예시〉

1. 전체 어린이 1위는 무엇일까요? (말로 직접 사과한다)
2. 남자 어린이 2위는 무엇일까요? (저절로 풀린다)
3. 여자 어린이 2위는 무엇일까요? (문자, 편지, 쪽지로 사과한다)

★문제 3: 친구들이 나를 싫어할까 봐 가장 걱정되는 점은? ① 나의 부족한 점(키, 목소리, 유머, 얼굴색, 힘, 성적) ② 짜증 내거나 멋대로 하는 것 ③ 아이들이 싫어하는 다른 친구랑 놀 때 ④ 말을 함부로 하는 것 ⑤ 내 성격 ⑥ 내가 장난이 심해서 ⑦ 없다			
순위	남자	여자	모든 어린이
1위 2위 3위	⑦ 없다(12표) ⑥ 장난이 심해서(7표) ② 짜증 내거나 멋대로 하는 것(6표)	① 나의 부족한 점(11표) ⑤ 내 성격(10표) ③ ④ (각 6표)	⑦ 없다(16표) ① ⑤ (각 13표)

〈반바퀴 퀴즈 예시〉

1. 여자 어린이 1위는 무엇일까요? (나의 부족한 점)
2. 남자 어린이 1위는 무엇일까요? (없다)

★문제 4: 친구가 되고 싶지 않은 아이는 어떤 아이인가요? ① 잘난 척하고 따지는 아이 ② 폭력적이고 괴롭히는 아이 ③ 그냥 싫다 ④ 짜증 나게 하는 아이 ⑤ 나와 성격이 맞지 않는 아이 ⑥ 거짓말, 뒷담화 하는 아이 ⑦ 마음에 들지 않는 모습이나 행동을 보이는 아이(뚱뚱함, 멍청함, 더러움, 못생김)			
순위	남자	여자	모든 어린이
1위 2위 3위	② 폭력적이고 괴롭히는 아이(12표) ④ ⑥ (각 8표)	① 잘난 척하고 따지는 아이(12표) ② 폭력적이고 괴롭히는 아이(10표) ③⑥⑤ (각 6표)	② 폭력적이고 괴롭히는 아이(22표) ① 잘난 척하고 따지는 아이(16표) ⑤ 나와 성격이 맞지 않는 아이(14표)

〈반바퀴 퀴즈 예시〉

1. 전체 어린이 1위는? (폭력적이고 괴롭히는 아이)
2. 여자 어린이 1위는? (잘난 척하고 따지는 아이)

★문제 5: 친구가 가장 부러울 때는? ① 친구에게 인기 많을 때 ② 내가 갖고 싶은 것을 가졌을 때 ③ 없다 ④ 상을 받거나 시험을 잘 봤을 때 ⑤ 용돈이 많거나 부자인 것 ⑥ 자유롭게 사는 것(학원도 안 가고)			
순위	남자	여자	모든 어린이
1위	② 내가 갖고 싶은 것을 가졌을 때 (17표)	④ 상을 받거나 시험 잘 봤을 때 (13표)	② 내가 갖고 싶은 것을 가졌을 때 (26표)
2위	④ 상을 받거나 시험 잘 봤을 때(9표)	② 내가 갖고 싶은 것을 가졌을 때(9표)	④ 상을 받거나 시험 잘 봤을 때(21표)
3위	③ ⑤ (각 7표)	① 친구에게 인기 많을 때(8표)	⑥ 자유롭게 사는 것(13표)

〈반바퀴 퀴즈 예시〉

1. 전체 어린이 3위는? (자유롭게 사는 것)
2. 남자 어린이 1위는? (내가 갖고 싶은 것을 가졌을 때)
3. 여자 어린이 1위는? (상을 받거나 시험 잘 봤을 때)
4. 여자 어린이 3위는? (친구에게 인기가 많을 때)

★문제 6: 친구하고 가장 해 보고 싶은 일은? ① 함께 여행하기 ② 그냥 하루 종일 같이 놀기 ③ 게임하기 ④ 함께 운동하기 ⑤ 친구 집에서 자기 ⑥ 놀이공원 가기			
순위	남자	여자	모든 어린이
1위	① ④ (각 9표)	⑥ 놀이공원 가기(13표)	① 함께 여행하기(18표)
2위		① ⑤ (각 11표)	⑥ 놀이공원 가기(17표)
3위	③ 게임하기 (8표)		⑤ 친구 집에서 자기(15표)

〈반바퀴 퀴즈 예시〉

1. 전체 어린이 1위는? (함께 여행하기)
2. 여자 어린이 1위는? (놀이공원 가기)
3. 전체 어린이 3위는? (친구 집에서 자기)

활동자료 2

친구가 되자

이름:

1년간 우리 반 모두가 끈끈한 우정을 나누기 위한 좋은 아이디어를 적어 주세요!

나와 친구 -나와 타인 인식-

'나는 ○○를 좋아하고 ○○를 잘하는 편이야.'

'어? 내 짝꿍은 ○○를 참 싫어하는구나. 그리고 쟨 나와 다른 생각을 하네?'

나에 대해 긍정적인 인식을 하고 있는 아이들은 일반적으로 나와는 다른 타인을 수용적으로 받아들이는 경우가 많습니다. 나의 모습을 있는 그대로 받아들일 수 있어야 주변 친구의 다른 모습과 생각을 인정할 수 있기 때문입니다.

〈나와 친구: 나와 타인 인식〉에서는 나를 들여다보는 시간을 가지게 됩니다. 또한 새로운 친구들을 탐색하고 알아 가도록 안내합니다. 재미있는 활동을 통해 자연스럽게 자신을 표현하고 인정하게 될 것입니다. 또한 친구들이 자신에 대해 표현한 것을 보고 나와는 같은 점도 있지만 다른 점도 많이 있음을 알게 될 것입니다.

모든 아이들이 "이게 바로 나야."라고 자신 있고 당당하게 말할 수 있었으면 좋겠습니다. 내가 인정받고 싶은 것처럼 다른 친구도 있는 그대로 이해해 줄 수 있기를 기대합니다.

2~4학년	5~6학년
1/4 나를 표현하기 (그래프로 보는 나)	1/5 나를 표현하기 (그래프로 보는 나)
2/4 나에게 관심 갖기 (내 마음속 보물 찾기)	2/5 나에게 관심 갖기1 (나는 누구)
3/4 서로에게 관심 갖기 (순간포착)	3/5 나에게 관심 갖기2 (나의 감정 사전 만들기)
4/4 나와 타인의 관계 인식하기 (친구관계 평가, 품앗이 책)	4/5 서로에게 관심 갖기 (이런 친구를 찾아라)
	5/5 나와 타인의 관계 인식하기 (나의 동그라미)

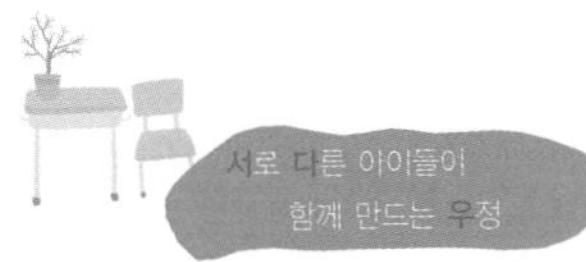

나를 표현하기

활동목표	• 나를 탐색하고 알아본다.	학년	2~4학년
		차시	1/4
단계	활 동 내 용	시간	자료(▶) 및 유의점(※)
도입	• 전시 상기 – 지난 시간에 우리가 어떤 활동을 했는지 기억하나요? – 지난 시간에는 우정에 대한 주제시를 만들었지요. 우리 함께 주제시를 외워 보도록 해요. – (2학년의 경우 지난 시간에 만든 '세 글자 송'을 불러 본다.) • 오늘의 활동 소개 – 오늘은 먼저 나에 대해 생각해 보는 시간을 가져 보려고 합니다.	5′	▶주제시 또는 세 글자 송 ※ 지난 시간에 쓴 주제시를 칠판에 적거나 PPT로 보여 줄 수 있다.
전개	• 그래프로 보는 나 – 우리는 저마다 좋아하는 것, 싫어하는 것이 있습니다. 여러분은 무엇을 좋아하고 싫어하나요? (활동자료 1-1을 나누어 준다.) – 선생님이 나눠 준 그래프를 함께 보도록 할게요. 아랫부분에는 노래, 책 읽기 등이 써 있지요. 그리고 빈칸도 있어요. 노래, 책 읽기 등을 우리 친구들이 좋아하는 만큼 색칠하면 됩니다. 옆에는 0부터 10까지 숫자가 써 있지요. 좋아할수록 10에 가깝게 색칠하고 싫어한다면 0에 가깝게 색칠하면 됩니다. – 예를 들어 내가 책 읽기를 제일 좋아하면 10칸을 색칠하고 노래를 별로 좋아하지 않는다면 2 정도에 색칠하는 것입니다. 빈 곳에는 가장 나타내고 싶은 것을 써 보세요. 춤, 영어, 태권도, 요리, 달리기 등등 뭐든지 좋아요. – (엄마 아빠 웃기기, 동생 돌보기 등의 가치 있는 행동도 생각해 보도록 유도한다.)	10′	▶활동자료 1-1(오르락내리락 그래프로 보는 나)

전개	- 자, 이제 오르락내리락 그래프를 만들어 볼까요? - 그래프 모양이 잘 보이도록 색칠해 주세요. 색을 진하게 칠해야 멀리서도 잘 보이겠지요? - 어떤 모양이 나왔나요? - 그래프를 완성한 친구는 그래프의 뒷면에 자기의 이름을 작게 써서 선생님에게 가지고 나오세요.		※ 그래프를 진하게 색칠하도록 강조한다.
	• 그래프 주인을 찾아라 - (어느 정도 학습지가 모이면 가지고 나온 순서대로 칠판에 학생들이 완성한 그래프를 붙인다.) - 그래프의 모양이 어떤가요? 비슷한 것도 있는지 한번 찾아볼까요? - 틀림없이 남학생 그래프라고 생각되는 것은 무엇일까요? 세 가지만 골라 보세요. - 여학생의 그래프라고 생각되는 것은 무엇일까요? 세 가지만 골라 보세요. - 성격이 꼼꼼할 것 같은 사람의 그래프는 무엇일까요? - 씩씩한 친구의 그래프는 어떤 것일까요? - 이제는 누구의 그래프인지 맞춰 보겠어요. 어떤 그래프를 먼저 볼까요? - (실물화상기를 통해 하나씩 보여 주며 누구의 것인지 알아본다.) 게임과 그림을 좋아하고 특히 태권도를 제일 좋아하는군요. 달리기는 싫어하네요. 누구일까요?	20′	▶실물화상기 ※ 실물화상기가 없는 경우, 그래프를 직접 보면서 진행할 수 있다.
정리	• 정리 - 지금까지 나와 우리 반 친구들의 좋아하는 것, 싫어하는 것에 대해 알아보았어요. 내가 무엇을 좋아하는지 살펴볼 수 있는 기회가 되었나요? - 이렇게 다양한 모습을 가진 ○학년 ○반 친구들이 각자 개성과 재능을 살려 줄 즐거운 학교생활을 했으면 해요.	5′	

서다우 TIP

- 그래프를 만들 때 완성 시간에 따라 그래프를 개성 있게 꾸미도록 할 수 있다.
- 그래프가 선택된 학생이 다음에 볼 그래프를 선택할 수 있도록 한다.
- 장애학생의 경우 그래프를 그릴 때 교사나 친구가 도와주거나 미리 작성한 후 보여 줄 수 있다.
- '그래프 주인을 찾아라' 활동을 할 때 개개인의 그래프를 하나씩 살펴보고 우리는 모두 각각 다르다는 것을 한눈에 볼 수 있도록 모든 그래프를 칠판에 게시한다.

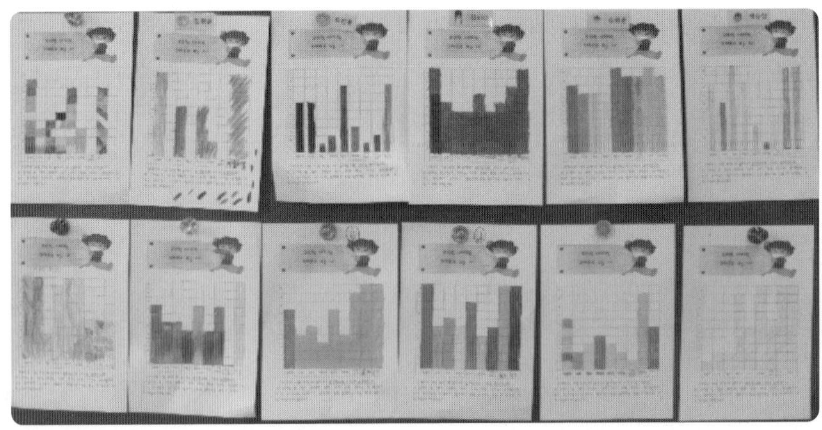

활동자료 1-1

오르락내리락 그래프로 보는 나

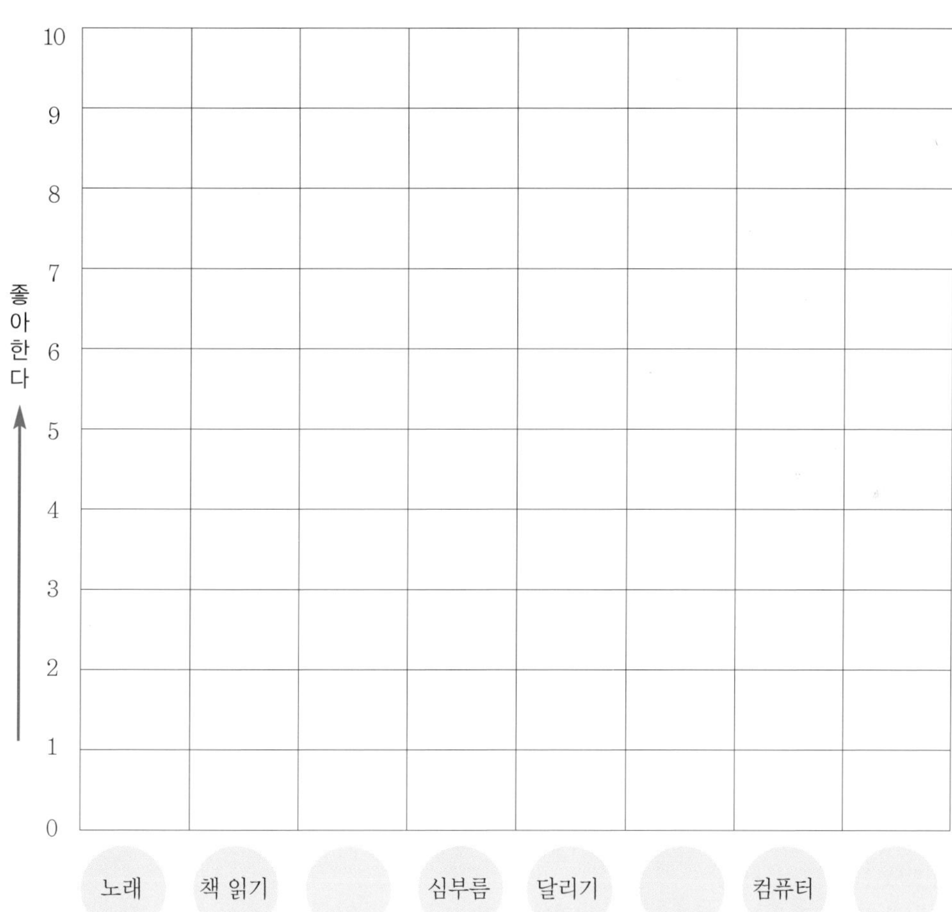

그래프로 나를 표현해 볼까요?

빈 곳에는 춤, 영어, 태권도, 안마하기, 종이접기, 줄넘기, 공기놀이 등등

뭐든 원하는 것을 쓰세요.

좋아할수록 10으로 올라갑니다.

어떤 모양이 되었나요? 밋밋? 들쑥날쑥? 오르락내리락?

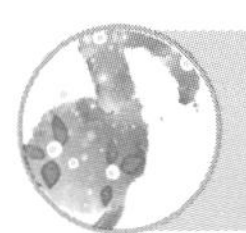

나에게 관심 갖기

활동 목표	• 나에 대해 생각해 보고 나의 긍정적인 면을 발견한다.	학년	2~4학년
		차시	2/4
단계	활 동 내 용	시간	자료(▶) 및 유의점(※)
도입	• 전시 상기 – 지난 시간에 어떤 활동을 했는지 생각나나요? – 지난 시간에 '오르락내리락 그래프로 보는 나' 활동을 통해 나와 친구들에 대해 알아보는 시간을 가졌습니다. • 오늘의 활동 소개 – 이번 시간에는 보물찾기를 할 거예요. – 바로 내 안에 숨어 있는 보물을 찾는 것이지요.	5′	
전개	• 그림책 읽기 〈숟가락〉 – 먼저 수업을 시작하기 전에 동화책 한 편을 보여 주겠어요. 숟가락과 친구들의 이야기입니다. 어떤 이야기인지 한번 살펴볼까요? (실물화상기를 이용하여 그림책을 읽어 준다.) – 숟가락은 자기가 다른 친구들보다 잘하는 것이 없다고 생각했지만 다른 친구들은 숟가락을 부러워합니다. – 숟가락은 자기가 이미 가지고 있는 소중한 것들은 너무 당연하게 생각했죠. 부드럽고 달콤한 아이스크림에 쏙 들어가는 상상만으로도 행복한 느낌인데요. 나도 숟가락처럼 내가 이미 가지고 있는 나의 장점들, 소중한 점들, 나를 행복하게 하는 것들에 대해서는 생각해 보지 않고 부족한 부분만을 바라보지 않았나 생각해 봅시다. – 오늘은 나 자신에게 칭찬의 선물을 주는 날입니다. 자 지금부터 눈을 감고 1분 동안 내 자신의 모습 중에서 칭찬하고 싶은 모습, 나를 행복하게 하는 모습을 떠올려 봅시다.	5′	▶〈숟가락〉 에이미 크루즈 로젠탈, 지경사 ▶실물화상기

전개	• 내 마음속 보물 찾기 – 우리는 저마다 보물을 갖고 있답니다. 하지만 모든 보물이 그러하듯이 보물을 찾아내기 전까지는 모두 돌덩이에 불과하죠. 우리 마음속 보물들도 내가 찾아서 잘 가꾸고 다듬어야 보물이 된답니다. 그럼 오늘은 내 안에 숨겨 놓은 나만의 보물을 찾아보는 시간을 갖도록 하겠습니다. – 자기 자신에 대해 징찬하고 싶은 부분을 찾아서 적어도 좋고, 자기가 사랑하는 사람, 나를 행복하게 해 주는 사람을 적어도 좋아요. 나를 행복하게 만드는 일을 적어도 되겠죠? 내가 생각하는 나의 보물들을 찾아서 보물상자 카드에 적어 보는 겁니다.	15′	▶활동자료 1-2(보물상자 만들기)
	• 보물상자 전시하기 – 앞에 친구들이 만든 보물상자를 전시해 보았습니다. – 가장 궁금한 보물상자를 열어 볼까요? (몇 개의 보물상자를 열어서 함께 본다.) – 어떤 친구는 나를 사랑해 주는 부모님이 보물이라고 적은 친구들도 있고, 나를 행복하게 해 주는 책이 보물이라고 적은 친구들도 있군요.	10′	
정리	• 정리하기 – 지금까지 나의 보물을 찾아보았습니다. 처음에 이야기한 것처럼 보물은 잘 다듬고 가꾸어야 진정한 보물이 된답니다. 보물은 많을수록 좋겠죠? 앞으로 1년 동안 내가 가진 보물, 친구들이 가진 보물들을 많이 찾아보는 시간을 갖도록 해요. • 차시 예고 – 다음 시간에는 친구에 대해 알아보는 시간을 가질 거예요. 다음 시간까지 친구들의 모습 하나하나에 대해 잘 관찰해 보는 시간을 갖도록 해요.	5′	

서다우 TIP

- 〈숟가락〉 책을 읽어 줄 때에는 숟가락들의 다양한 모양, 숟가락, 젓가락, 포크, 나이프의 장점이 단점도 될 수 있고 반대로 단점이 장점이 될 수 있음을 강조하여 설명한다.
- 행복이란 사소한 것에서 오는 것임을 이야기 나누기를 통해 알아보고 나를 행복하게 하는 것, 내가 가진 장점, 감사하게 생각하는 점 등에 대해 풍부하게 이야기해 보도록 한다.

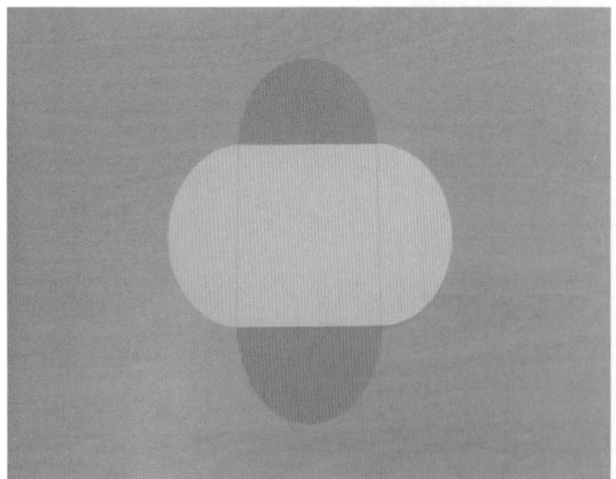

보물상자 만들기

활동자료 1-2

나만의 보물상자 만들기

아래의 도안을 서로 다른 색의 A4용지 2장에 확대 복사하여 오린 후 딱지접기를 한다.

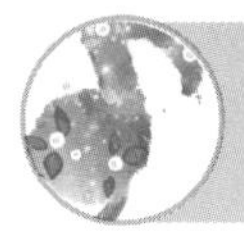

서로에게 관심 갖기

활동 목표	• 친구에 대해 관심을 갖고 알아본다.	학년	2~4학년
		차시	3/4
단계	활 동 내 용	시간	자료(▶) 및 유의점(※)
도입	• 짝박수 – 처음에는 각자 몇 번 박수치기를 하다가 짝과 함께 손을 잡고, 잡지 않은 손을 들어 둘이 함께 킹콩박수(동작과 목소리를 크게)와 개미박수(동작을 작게 하여 집게손가락으로만 박수)를 번갈아 치다가 개미박수를 치며 자리를 조용히 정리한다. • 전시 확인 및 활동 소개 – 시난 시산에는 내 마음속 보물들을 찾아보는 시간을 가져 보았습니다. 기억나나요? – 오늘은 내 짝꿍의 초상화를 그려 보고, 우리 반 친구들은 각자 어떤 모습을 하고 있는지 살펴보겠습니다.	5′	
전개	• 순간포착 – 그림을 잘 못 그려도 괜찮아요. 선생님과 함께 순서대로 그리면 친구의 초상화를 멋지게 그릴 수 있어요. 그렇지만 내 짝꿍의 얼굴을 자세히 보고 진지하게 그려 주는 마음은 중요해요. 초상화를 그린 후 짝꿍에게 선물할 거니까 화가가 되어 진지하게 잘 그려 주세요. – (활동자료 1-3을 나누어 주고, 연필을 준비하게 한다.) – 다 준비되었나요? 이제부터 짝꿍의 초상화를 그려 보겠습니다. 그런데 한 번에 다 그리는 것이 아니라 선생님이 주문하는 대로 얼굴모양 → 눈썹 → 눈 → 코 등등 차례차례 그릴 거예요. – 그럼 짝꿍과 등을 대고 앉아 보세요. 선생님이 '준비' 하면 손으로 사진기 모양을 만드는 거예요. – 그리고 선생님이 '하나 둘 셋' 을 외치면 다함께 '찰칵' 하며 몸을 돌려 손 사진기를 통해 3초 동안 짝꿍의 모습을 관찰합니다. 이때, 선생님이 주문하는 부분만 보면 됩니다.	15′	▶활동자료 1-3(순간포착) ▶연필 ※ '하나, 둘, 셋, 찰칵' 을 모두 함께 외치도록 한다.

전개	- 자, 그럼 시작해 볼까요? 먼저 친구의 '얼굴 모양'을 그려 보겠습니다. 얼굴 모양은 작게 그리지 말고, 종이에 가득 차게 크게 그려 주세요. 내 짝꿍의 얼굴이 동그란지, 갸름한 V라인인지, 각이 졌는지 자세히 보세요. 하나 둘 셋, 찰칵! - 1초, 2초, 3초…… 잘 보았나요? 그럼 이제 종이에 짝꿍의 얼굴 모양을 그려 주세요. - 다음은 '눈썹'을 보겠어요. 짝꿍의 눈썹은 반달 모양인지, 일자 모양인지, 진한지, 옅은지 잘 보세요. 하나 둘 셋, 찰칵! - (얼굴 모양 → 눈썹 → 눈 → 코 → 입 → 귀 → 머리 → 마무리(안경, 점 등) 순서로 그린다.) - 그림을 완성했으면, 아래에 짝꿍에게 하고 싶은 말을 한마디 적고, 자기 서명을 해서 짝꿍에게 선물하세요. - 어때요? 짝꿍의 선물이 마음에 드나요? - (선물 받은 초상화를 걷는다.)		
	• 친구 맞히기 - 이번에는 친구들의 초상화를 보며 누구인지 한번 맞혀 보겠어요. 선생님이 초상화를 보여 주면, 3초 동안 잘 살펴보고 누구인지 알 것 같은 사람은 조용히 손을 들어 주세요. 단, 그림을 그린 화가와 모델은 조용히 기다려 주세요. 친구들이 과연 누구인지 맞힐 수 있을까요? - 그럼, 첫 번째 초상화를 한번 살펴볼까요? 이 모델은 얼굴이 아주 갸름한 V라인이군요. 눈썹은 진하고, 안경을 썼어요. 왼쪽 눈 아래에 작은 점이 있군요. 자, 이 초상화의 주인공은 누구일까요? 친구들을 한번 살펴보세요. - (손 든 학생 중에 한 명을 지목하며) 누구라고 생각했나요? 왜 그렇게 생각했는지 이유도 함께 말해 주세요. - (정답을 맞히면 정답의 주인공을 앞으로 나오게 한다) 와~ 짝꿍이 ○○이의 초상화를 정말 잘 그려 주었네요. - (시간이 되는 대로 8~10명 정도 그림을 살펴본다.)	15′	▶실물화상기 ※ 활동지 아래의 이름이 보이는 부분은 접어서 실물화상기에 올린다.
정리	• 정리하기 - 다 보지 못한 초상화들은 뒤에 전시해 놓을게요. 쉬는 시간에 한번 살펴보세요. - 오늘은 내 짝꿍과 우리 반 친구들의 모습을 자세히 살펴본 시간이 된 것 같아요. 살펴본 소감을 발표해 줄 수 있는 친구 있나요? - 우리 반에는 모두 다른 모습을 가진 친구들이 ○○명 모여 있군요. - 다음 시간에는 나와 친구들의 관계에 대해 생각해 보는 시간을 갖겠습니다.	5′	※ 게시판에 전시하거나, 제본해 두어 아이들이 볼 수 있도록 한다.

서다우 TIP

- 순간포착 활동은 얼굴 모양 → 눈썹 → 눈 → 코 → 입 → 귀 → 머리 → 마무리(안경, 점 등)의 순서로 친구의 얼굴을 그려 주는 활동이다. 그림을 잘 못 그리는 아이들도 위 순서대로 나누어 그리면 친구의 얼굴을 세심하게 관찰하고 특징이 잘 드러나게 그릴 수 있다.
- 그림을 그릴 때 아이들이 서로의 모습을 잘 관찰할 수 있도록 교사가 충분한 예를 들어 주는 것이 좋다(예 : 눈 그리기 → 눈이 큰지, 작은지, 쌍꺼풀이 있는지, 없는지, 눈꼬리가 올라갔는지, 내려갔는지 잘 살펴보세요).
- 가급적 지우개를 사용하지 않도록 하면 아이들이 더 진지한 자세로 그리도록 유도할 수 있다.

하나 둘 셋

찰칵!

2학년 학생들이 그린 순간포착

활동자료 1-3

순간포착!

이름:

짝꿍에게 한마디!!

_____________에게

서명 _____________

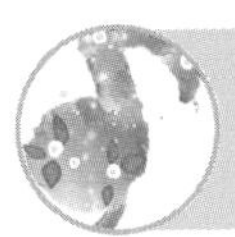

나와 타인의 관계 인식하기

활동 목표	• 나의 친구관계에 대해 생각해 보고, 친구를 위해 내가 할 수 있는 일이 무엇이 있는지 생각해 본다.	학년	2~4학년
		차시	4/4
단계	활 동 내 용	시간	자료(▶) 및 유의점(※)
도입	• 전시 확인 및 활동 소개 – 지난 시간까지 우리는 '오르락내리락 그래프'를 통해 내가 좋아하는 것이 무엇인지 생각해 보고, 내 마음속의 소중한 보물도 찾아보았습니다. 또 짝꿍의 초상화를 그려 주며 내 짝꿍이 어떻게 생겼는지, 우리 반 친구들은 어떤 모습인지도 자세히 살펴보았지요. – 오늘은 나의 친구관계는 어떤지에 대해 생각해 보고, 우리 반 '품앗이 책'을 만들어 보려고 합니다.	5′	
전개	• 친구관계 평가하기 – 먼저 나의 친구관계에 대해 생각해 보는 시간을 가지려고 합니다. – ('친구관계에 대한 자기 평가지'(p. 81)를 나누어 준다.) – 질문을 잘 읽고 해당하는 곳에 ㅇ표를 하면 됩니다. 솔직하게 답하는 것이 가장 중요합니다. – 선생님과 함께 〈예시〉 문제를 먼저 풀어 볼까요? – (평가지는 걷어서 서다우 프로그램이 끝날 때까지 잘 보관한다.)	15′	▶친구관계 평가지(p. 81) ※친구관계에 대한 자기 평가지는 아이들이 좀 더 진지하게 생각할 수 있도록 선생님과 함께 한 문항씩 읽으며 진행하는 것이 좋다. 저학년의 경우 문항에 대한 설명이 필요한 경우가 있을 수 있다.
	• 우리 반 '품앗이 책' 만들기 – 이번엔 우리 반 '품앗이 책'을 만들도록 하겠습니다. – '품앗이'라는 말을 들어 본 적이 있나요? – '품앗이'란, '힘든 일을 서로 거들어 주면서 품을 지고 갚고 하는 일'이라는 뜻으로, 예전에는 마을에서 어떤 일이 있을 때 마을 사람들이 함께 일을 도와주고, 또 도움을 받기도 했습니다.	15′	

전개	- 지금부터 나누어 주는 활동지에 내가 1년 동안 우리 반 친구들을 위해 도와 줄 수 있는 것 한 가지를 적어 보세요. 여러분이 적은 것들을 모아 우리 반 '품앗이 책'을 만들어 교실에 비치해 둘 거예요. - 나에게 어떤 도움이 필요할 때 '품앗이 책'을 잘 살펴보고, 그 친구에게 가서 도움을 요청하면 됩니다. 친구에게 도움을 받은 후에는 아래에 누가, 언제 도움을 받았는지, 그리고 도움 받은 느낌을 10자 이내로 짧게 적어 주세요. - 도움은 '지우개 빌려 줄게.'와 같이 물건도 좋지만, '네가 우울할 때 웃겨 줄게.', '심부름 같이 해 줄게.', '속상할 때 네 얘길 들어 줄게.', '공기 가르쳐 줄게.' 등과 같은 도움도 좋습니다. 다만 친구들과의 약속이므로 진지하게 고민해서 적어 주세요. - (활동지를 모아 수업이 끝난 후, 제본하여 교실 한쪽에 비치해 둔다.)		※ 활동자료 1-4 (친구야, 이럴 땐 나를 불러 줘)
정리	• 정리하기 - 오늘은 나의 친구관계에 대하여 스스로 평가해 보고, 우리 반 '품앗이 책'을 만들어 보았습니다. 우리 ○학년 ○반 친구들이 1년 동안 서로를 도와주며 진한 우정을 만들어 가길 바랍니다.	5′	

서다우 TIP

- '친구야, 나를 불러 줘' 활동지를 모아 제본하여 '품앗이 책'으로 만든 후 교실 한쪽에 비치한다. '품앗이 책'은 6단원 〈감싸는 마음 나누는 기쁨〉 2차시에 필요하므로 1년 동안 꾸준히 활용할 수 있도록 지도하고 잘 보관한다.

활동자료 1-4

친구야, 이럴 땐 나를 불러 줘

이름:

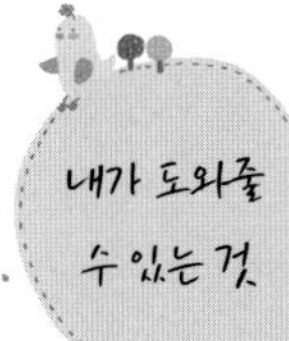

친구에게 도움을 받고 난 후, 친구에게 한 줄 편지를 써 주세요!

나를 표현하기

활동 목표	• 나를 탐색하고 알아본다.	학년	5~6학년
		차시	1/5
단계	활 동 내 용	시간	자료(▶) 및 유의점(※)
도입	• 전시 상기 – 지난 시간에 우리가 어떤 활동을 했는지 기억하나요? – 지난 시간에는 우리 반을 바꾸는 퀴즈, 반 바퀴 퀴즈를 통해 '우정' 에 대해 생각해 보는 시간을 가졌습니다. • 오늘의 활동 소개 – 오늘은 먼저 나에 대해 생각해 보는 시간을 가져 보려고 합니다.	5′	
전개	• 그래프로 보는 나 – 우리는 저마다 좋아하는 것, 싫어하는 것이 있습니다. 여러분은 무엇을 좋아하고 싫어하나요? – (활동자료 1-5를 나누어 준다) 그래프를 함께 보도록 할게요. 아랫부분에는 독서, 정리정돈 등이 써 있지요. 그리고 빈칸도 있어요. 독서, 정리정돈 등을 우리 친구들이 좋아하는 만큼 색칠해서 나타내면 됩니다. 좋아할수록 10에 가깝게 색칠하고 싫어한다면 0에 가깝게 색칠하면 됩니다. – 예를 들어 내가 독서를 가장 좋아한다면 10칸을 색칠하고 나는 정리정돈은 하긴 하지만 좋아하지 않는다면 2 정도에 색칠하는 것입니다. 빈 곳에는 가장 나타내고 싶은 것을 써 보세요. 댄스, 수집하기, 예쁜 글씨, 만화 그리기, 보드게임, 성대모사, 요리 등등 뭐든지 좋아요. – (친구들 웃기기, 친구의 고민 들어주기 등의 가치 있는 행동도 생각해 보도록 유도한다.)	10′	▶활동자료 1-5(오르락내리락 그래프로 보는 나)

전개	– 자, 이제 오르락내리락 그래프를 만들어 볼까요? – 그래프 모양이 잘 보이도록 색칠해 주세요. 색을 진하게 칠해야 멀리서도 잘 보이겠지요? – 어떤 모양이 나왔나요? – 그래프를 완성한 친구는 그래프의 뒷면에 자기의 이름을 작게 써서 선생님에게 가지고 나오세요.		※ 그래프를 진하게 색칠하도록 강조한다.
	• 그래프 주인을 찾아라 – (어느 정도 활동지가 모이면 가지고 나온 순서대로 칠판에 학생들이 완성한 그래프를 붙인다.) – 그래프의 모양이 어떤가요? 비슷한 것도 있는지 한번 찾아볼까요? – 틀림없이 남학생 그래프라고 생각되는 것은 어떤 것일까요? 세 개만 골라 보세요. – 여학생의 그래프라고 생각되는 것은 무엇일까요? 세 개만 골라 보세요. – 성격이 꼼꼼할 것 같은 사람의 그래프는 어떤 것일까요? – 씩씩한 친구의 그래프는 어떤 것일까요? – 이제는 누구의 그래프인지 맞혀 보겠어요. 어떤 그래프를 먼저 볼까요? – (실물화상기를 통해 하나씩 보여 주며 누구의 것인지 알아본다.) 게임과 만화 그리기를 좋아하고 정리정돈을 싫어하는 친구네요. 누구일까요? – 왜 ○○이라고 생각했나요? 이유도 함께 말해 주세요. (시간이 되는 대로 5~10명 정도 그래프의 주인을 찾아보도록 한다.)	20′	▶ 실물화상기 ※ 실물화상기가 없는 경우, 그래프를 직접 보면서 진행할 수 있다.
정리	• 정리 – 지금까지 나와 우리 반 친구들의 좋아하는 것, 싫어하는 것에 대해 알아보았어요. 내가 무엇을 좋아하는지 살펴볼 수 있는 기회가 되었나요? – 이렇게 다양한 모습을 가진 ○학년 ○반 친구들이 각자 개성과 재능을 살려 줄 즐거운 학교생활을 했으면 해요.	5′	

서다우 TIP

- 그래프를 만들 때 완성 시간을 충분히 주어 그래프를 개성 있게 꾸미도록 할 수도 있다.
- 그래프가 선택된 학생이 다음에 볼 그래프를 선택할 수 있도록 한다.
- 장애학생의 경우 그래프를 그릴 때 교사나 친구가 도와주거나 미리 작성한 후 보여 줄 수 있다.
- '그래프 주인을 찾아라' 활동을 할 때 개개인의 그래프를 하나씩 살펴보고 우리는 모두 각각 다르다는 것을 한눈에 볼 수 있도록 모든 그래프를 칠판에 게시한다.

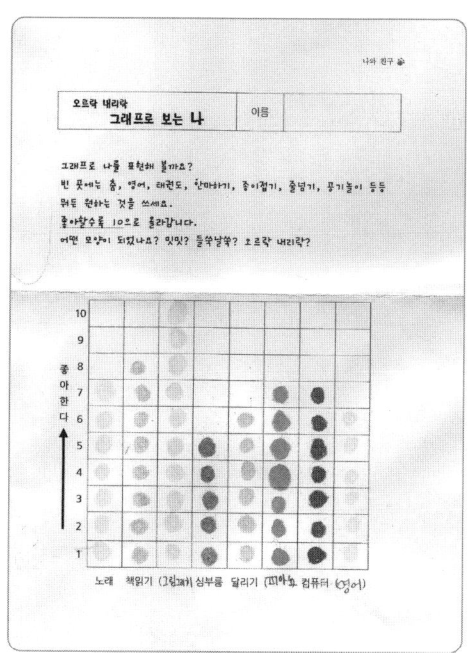

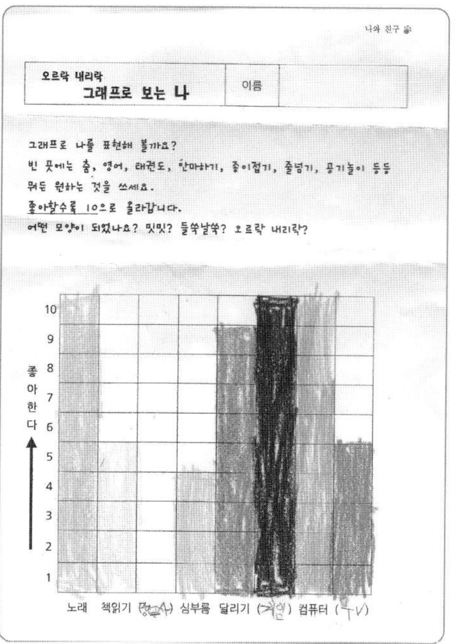

그래프로 보는 나

활동자료 1-5

오르락내리락 그래프로 보는 나

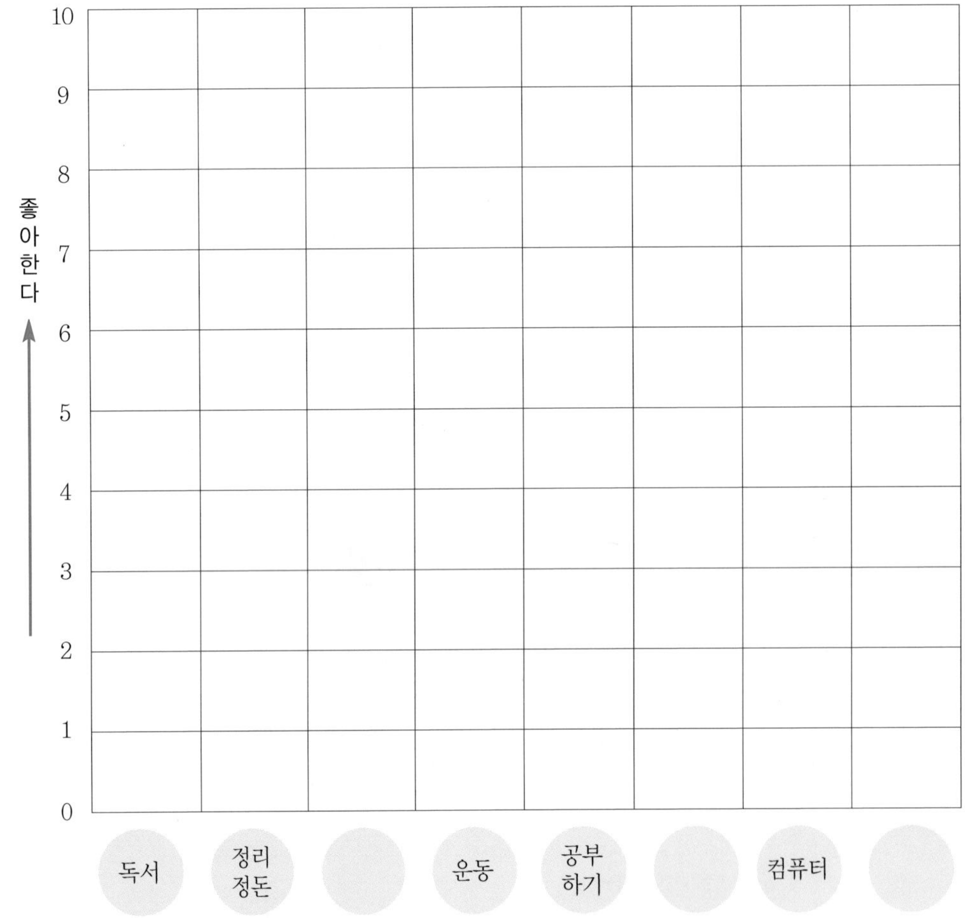

좋아한다 ↑

10								
9								
8								
7								
6								
5								
4								
3								
2								
1								
0	독서	정리 정돈		운동	공부 하기		컴퓨터	

그래프로 나를 표현해 볼까요?

빈 곳에는 춤, 영어, 태권도, 안마하기, 종이접기, 줄넘기, 공기놀이 등등 뭐든 원하는 것을 쓰세요.

좋아할수록 10으로 올라갑니다.

어떤 모양이 되었나요? 밋밋? 들쑥날쑥? 오르락내리락?

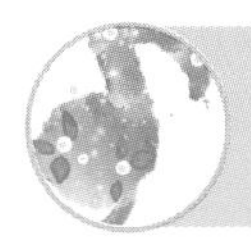

나에게 관심 갖기 I

활동 목표	• 나에 대해서 알아보고 표현해 본다.	학년	5~6학년
		차시	2/5
단계	활 동 내 용	시간	자료(▶) 및 유의점(※)
도입	• '나'에 집중하기 - 간단한 게임을 해 보겠습니다. 선생님이 말하는 신체 부위를 떠올려 보는 거예요. 예를 들어 선생님이 '오른발 넷째 발가락'이라고 말하면 넷째 발가락에 정신을 집중해 보는 것입니다. 살짝 그 부분을 만져 봐도 되고, 눈은 감아도 되고 떠도 됩니다. - 왼발 엄지발가락, 무릎의 가장 튀어나온 부분, 오른손 새끼손가락, 배꼽, 귓불, 눈동자, 정수리의 머리카락에 집중해 보세요. - 마지막으로 심장을 생각해 보세요. 두근두근 뛰는 모습을 떠올려 보세요. - 평소에는 참 당연하다고 생각되던 여러분의 몸 구석구석에 집중해 보았습니다. 몸은 보이는 여러분의 모습입니다. 조용히 제자리에서 제 몫을 하고 있는 몸이 참 고맙게 느껴지지요? 몸과 함께 생각, 느낌, 행동, 말 모두 여러분 자신입니다. • 오늘의 활동 소개 - 지난 시간에 우리는 그래프로 나를 표현해 보는 시간을 가졌지요? - 오늘은 나에 대해 좀 더 깊게 알고 생각해 보며, 표현하는 시간을 가져 보려고 합니다.	10′	※ 천천히 한 부분씩 제시한다.
전개	• 나는 누구 - 선생님에 대해 이야기해 보겠습니다. 여러분이 알고 있는 선생님은 어떤 사람인가요? (학생들의 대답을 들어 본다.)		

전개	- 여러분이 알고 있는 것 외에 다른 나의 모습이 있답니다. 예를 들면, 가족에서는 둘째 딸이면서 막내라는 점, 영화보다는 드라마를 좋아한다는 점, 매콤한 음식을 좋아한다는 점 등 역할, 취향, 취미 면에서도 나를 말할 수 있어요. 또, 좀 더 깊이 선생님의 마음속으로 들어가면, 선생님은 맛있는 음식을 먹을 때 기분이 좋아지고, 화가 나면 무조건 걷는답니다. 그리고 졸업식 날에는 노래만 들어도 늘 눈물이 나고요. - 여러분은 어떤가요? 자신은 어떤 사람인지 생각해 봅시다. 학습지에 있는 질문을 보고 제일 먼저 떠오르는 생각을 써 보세요. 장애학생의 경우 질문 중 선택하여 작성하도록 하거나 교사나 부모님과 함께 면서 작성하도록 한 후 활동하는 것이 좋다.	10′	※ 선생님이 자신의 이야기로 바꾸어 진행한다. ▶활동자료 1-6(나는 누구?)
	• 이게 나야 - 자신이 작성한 것을 말해 볼 차례입니다. 짝과 함께 서로 질문을 주고받아 봅시다. 상대방에게 궁금한 것을 물어볼 수 있습니다. 대답하기 어려운 질문은 통과할 수 있습니다. 3개 이상씩 질문과 답을 해 봅시다. - 짝과 활동을 했다면 앞뒤에 있는 친구들과도 질문을 주고받아 봅시다.	15′	※하고 싶은 질문을 선택해서 작성하도록 해도 되나 최소 10개 정도는 써 보도록 한다.
정리	• 내가 나인 게 참 좋아 - 지금까지 여러분 자신의 모습, 생각, 느낌에 대해서 살펴보았습니다. 작성하고 말해 보면서 여러 가지 생각이 들었을 겁니다. 자신에 대해 돌아보고, 말해 보면서 어떤 느낌이 들었나요? 어려운 것이 당연합니다. 앞으로는 자기 자신의 몸이나 마음에 대해 차근차근 돌아볼 수 있는 기회를 스스로에게 선물해 주었으면 좋겠네요. - 선생님이 말해 주고 싶은 것은 여러분은 여러분 그대로의 모습이 다 괜찮다는 점이에요. 어느 면이 좋고 나쁜 것이 아니라 그냥 여러분이 여러분이기 때문에 좋은 것이지요. 여러분이 마음속에서 '내가 나인 게 참 좋아.'라는 말을 매일매일 떠올리기를 바랍니다.	5′	

활동자료 1-6

나는 누구?

이름:

1	내가 가장 좋아하는 일은?	13	내가 가장 듣기 싫어하는 말
2	내가 가장 싫어하는 일은?	14	내 외모 중 가장 자신 있는 곳은?
3	내가 가장 좋아하는 동물/음식/과목	15	지금 가장 가지고 싶은 것
4	내가 되고 싶은 것은?	16	지금까지 내가 만난 사람들 중 내가 제일 좋아하는 사람은?
5	나의 가장 좋은 점은?	17	내 자랑 하나만
6	내가 엄마(아빠)라면?	18	컴퓨터는 하루에 몇 시간 하나?
7	내가 본받고 싶은 사람은?	19	나는 이럴 때 정말 괜찮은 사람인 것 같다.
8	내가 투명인간이 되면 하고 싶은 것은?	20	내 인생에서 가장 창피했던 순간은?
9	하루 종일 놀 수 있다면 뭐 하고 놀까?	21	지금 가장 보고 싶은 사람은?
10	나를 가장 잘 표현하는 단어	22	지금까지 살면서 정말 하고 싶었던 일은?
11	내가 제일 아끼는 물건 best 3	23	내 마음에 꼭 드는 단어나 문장
12	내가 가장 듣기 좋아하는 말	24	나의 스트레스 해소법

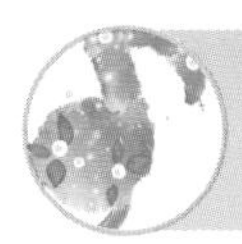

나에게 관심 갖기 2

활동 목표	• 내 마음속의 다양한 감정을 알아보고 감정 단어를 이용한 짧은 글짓기를 할 수 있다.	학년	5~6학년
		차시	3/5
단계	활 동 내 용	시간	자료(▶) 및 유의점(※)
도입	• 전시 상기 – 지난 시간에는 설문조사 활동을 통해 나와 친구들에 대해 알아보는 시간을 가졌습니다. • 오늘의 활동 소개 – 오늘은 다양한 감정을 나타내는 단어를 알아보고 내 마음속의 다양한 감정들에 대해 생각해 보는 시간을 갖도록 하겠어요. • 감정 단어 대기 게임 – 우리의 마음을 나타내는 감정 단어에는 무엇이 있을까요? 각 모둠별로 상의하여 화이트보드에 10가지씩 써 봅시다. (활동자료 1-7을 이용하여 개인 활동으로도 할 수 있다.) – 다 썼나요? 그럼 선생님과 칠판에 쓰면서 감정 단어 이름 대기를 해 보겠어요. (교사와 학생들이 감정 단어를 이야기하며 칠판에 적어 본다.) – 생각보다 많은 감정 단어가 있네요.	5′	▶화이트보드, 보드마카, 지우개 ▶활동자료 1-7(감정을 나타내는 말)
전개	• 나의 감정 사전 만들기 – 오늘은 나만의 감정 사전을 만들어 보겠어요. 선생님이 지금부터 나누어 주는 학습지에는 다양한 감정을 나타내는 단어들이 적혀 있습니다. 100가지 단어를 이용한 짧은 글짓기를 해 보겠습니다. 순서에 상관없이 자신이 쓰고 싶은 것부터 써 가면 됩니다. 적어도 30개 이상의 단어를 찾아서 해 보는 활동입니다. 100개 채우기에 도전해 보는 것도 좋겠지요? – 이번 시간은 어떤 상황에서 자신이 어떤 기분인지 잘 생각해 보는 것이 가장 중요합니다. 그럼 시작해 볼까요?	25′	▶활동자료 1-8(나의 감정 사전 만들기) ※ 학생들이 쓸 수 있는 시간을 충분히 준다.

전개	• 감정 사전 살펴보기 - 그럼 여러 친구들의 감정 사전 중에서 몇 개만 골라서 살펴볼까요? - 친구들이 어떨 때 긴장되는지 보겠어요. - 시험 볼 때, 달리기할 때, 무서운 놀이기구 탈 때 긴장되는군요. - (학생들이 다양한 감정에 대해 생각해 볼 수 있도록 몇 가지 감정 단어를 골라서 살펴본다.)	5′	
정리	• 정리 - 지금까지 다양한 감정을 나타내는 단어들을 살펴보고 나의 감정사전을 만들어 보았습니다. - 다음 시간에는 친구들에 대해 알아보는 시간을 가질 거예요. 친구들의 물건, 손과 같이 일부분의 모습을 보고 누구인지 알아맞히는 활동입니다. 다음 시간까지 친구들에 대해 자세히 관찰하는 시간을 갖도록 합시다.	5′	

〈행복을 가꾸는 교실〉이라는 책에 소개되어 있는 활동을 약간 변형한 것이다.

이 활동은 다양한 감정을 나타내는 단어를 제시하고 그 단어를 사용하여 간단하게 짧은 글짓기를 해 보는 활동이다.

감정과 관련되어 아이들이 주로 사용하는 단어는 '슬프다, 행복하다, 기분 좋다, 우울하다, 신난다, 재미있다, 짜증 난다, 기쁘다, 화난다' 등이 있다. 100가지 감정을 나타내는 어휘를 접하면서 학생들은 감정을 나타내는 말이 무궁무진함을 알 수 있으며 자신의 감정을 살펴볼 수 있다.

100가지 감정을 모두 하는 것을 어려워하면 필수 항목과 선택 항목을 정해 주어도 된다. 아니면 아래의 100가지 항목 중에서 50가지 단어 정도를 추려서 수업시간에 활용할 수도 있다. 처음에는 어려워하지만 하다 보면 100가지를 다 채우고 싶어하는 학생들이 생긴다.

기분이 우울한 학생인 경우 우울함과 관련된 단어인 '쓸쓸하다, 외롭다, 염려된다, 초조하다, 참담하다, 후회스럽다, 울적하다, 눈물난다' 와 같은 단어들을 먼저 채워 넣고, 성격이 밝은 편인 학생들은 '놀랍다, 굉장하다, 사랑스럽다, 황홀하다, 힘이 난다, 따사롭다, 만족한다' 와 같이 긍정적인 감정들을 먼저 채워 넣는 것을 볼 수 있다.

서다우 TIP

- 한 차시로 구성되어 있지만 학생들과 밀도 있는 수업을 하려면 2차시로 하거나 시간을 좀 늘려서 진행할 수 있다.
- 세 번째 활동인 감정 사전 살펴보기는 자신이 생각하지 못했던, 표현하지 못했던 감정들을 친구들이 어떻게 느끼고 표현하는지를 알아보는 활동으로 시간이 넉넉하다면 학생들에게 함께 살펴보고 싶은 감정을 10~15가지 정도 골라 '우리 반 감정 사전 만들기 활동'을 할 수 있다.

		흐뭇해		

- 장애아동의 경우 감정 단어를 10개 정도로 줄여 주거나 예를 주고 어떤 감정인지 물어보고 표시하는 활동으로 대체할 수 있다.

  ㉥ 달리기를 할 때 어떤 느낌이 드나요?
  엄마나 선생님께 꾸중을 들을 때는 어떤 느낌이 드나요?
  친구에게 선물을 받을 때는 어떤 느낌이 드나요?
  수학문제를 풀 때 어떤 느낌이 드나요?
  맛있는 것을 먹을 때는 어떤 느낌인가요?
  어떤 때 속상해요?
  어떤 때 화가 나지요?
  어떤 때 쑥스럽지요?

활동자료 1-7

감정을 나타내는 말

이름:

활동자료 1-8

나의 감정 사전 만들기

이름:

나의 감정 사전을 만들어 봅시다.

예) 가슴 아파 : 키우던 강아지가 아파서 가슴 아파

1	가슴 아파	
2	가슴 떨려	
3	거북해	
4	걱정돼	
5	겁이 나	
6	고통스러워	
7	곤혹스러워	
8	공감해	
9	찜찜해	
10	귀여워	
11	귀태로워	
12	기뻐	
13	기분 나빠	
14	긴장돼	
15	낙담스러워	
16	난처해	
17	넌더리 나	
18	놀라워	
19	눈물 나	
20	답답해	
21	당황스러워	
22	따사로워	

23	떨려	
24	두려워	
25	마음이 무거워	
26	만족해	
27	매력을 느껴	
28	무서워	
29	미워	
30	쓸쓸해	
31	반가워	
32	외로워	
33	배신감 느껴	
34	복수하고 싶어	
35	부끄러워	
36	부러워	
37	분해	
38	불안해	
39	불행해	
40	뿌듯해	
41	비참해	
42	사랑스러워	
43	상쾌해	
44	서글퍼	
45	섬뜩해	
46	소름끼쳐	
47	쑥스러워	
48	시원해	
49	신나	
50	안달나	

51	암담해	
52	약 올라	
53	샘나	
54	서운해	
55	성질나	
56	소외감을 느껴	
57	슬퍼	
58	신경질 나	
59	싫증 나	
60	안타까워	
61	애처로워	
62	얄미워	
63	억울해	
64	어이없어	
65	언짢아	
66	가슴 벅차	
67	열 받아	
68	염려돼	
69	우울해	
70	울고 싶어	
71	울적해	
72	존경스러워	
73	신바람 나	
74	의심스러워	
75	자랑스러워	
76	자신감이 생겨	
77	자신 있어	
78	짜증 나	

79	짜릿해	
80	재미있어	
81	조바심 나	
82	죄스러워	
83	즐거워	
84	지루해	
85	참담해	
86	초조해	
87	편안해	
88	피곤해	
89	한스러워	
90	행복해	
91	허전해	
92	허탈해	
93	무시무시해	
94	호감 가	
95	화가 나	
96	정나미 떨어져	
97	황홀해	
98	후회스러워	
99	흐뭇해	
100	힘이 나	

서로에게 관심 갖기

<table>
<tr><td rowspan="2">활동 목표</td><td rowspan="2">• 친구에게 관심을 갖고 알아본다.</td><td>학년</td><td>5~6학년</td></tr>
<tr><td>차시</td><td>4/5</td></tr>
<tr><td>단계</td><td>활 동 내 용</td><td>시간</td><td>자료(▶) 및 유의점(※)</td></tr>
<tr><td>도입</td><td>• 전시 확인 및 활동 소개
– 지난 시간에는 내 마음속의 여러 가지 다양한 감정에 대해 생각해 보았습니다.
– 이번 시간에는 우리 반 친구들은 각자 어떤 개성을 가지고 있는지 살펴보려고 합니다.

• 누굴까?
– 선생님이 사진을 한 장 보여 주겠습니다.
– 사진을 잘 보고 누구인지 알아맞혀 보세요.
(교장선생님, 박지성, 김연아와 같이 학생들이 흥미 있어 할 인물의 사진을 손→어깨→목→얼굴의 일부→전체 사진의 순서로 제시한다.)
– 교장선생님이라는 것을 어떻게 알았습니까?</td><td>5′</td><td>▶사신 자료

※전체 사진을 그림판을 이용하여 원하는 부분을 저장하여 사용한다.</td></tr>
<tr><td>전개</td><td>• 누구누구: 부분 보고 알아맞히기
– 지금부터 선생님이 보여 줄 사진들은 우리 반 친구들의 모습이에요. 처음에는 다 보여 주지 않고 그 친구의 일부 모습만 나온 사진을 보여 줄 거예요.
– 여러분이 잘 관찰해 보고 이 친구가 누구일까 생각해서 맞혀 보세요(눈, 코, 입, 귀, 손가락 등 신체의 일부분만 찍은 사진을 보여 준다).
– 누구일까요?
– (손 든 학생들 중에 한 명을 지목하며) 누구라고 생각했나요? 왜 그렇게 생각했는지 이유도 함께 말해 주세요.
– (몇 번의 질문과 확인 작업 끝에 누구인지 밝혀지면 전체 모습을 찍은 사진을 공개한다.)
– 아이들 사진을 차례로 보여 주면서 알아맞혀 본다.</td><td>15′</td><td>▶TV
※디지털카메라로 아이들의 신체 일부 사진, 전체 모습 사진을 차례로 찍어(한 명당 3~4장의 사진) 슬라이드로 만들어 둔다.
※아이들이 서로를 잘 알고 있는 경우라면, 개인 소지품을 찍어도 좋다.</td></tr>
</table>

전개	• 이런 친구를 찾아라 - 그럼 이번에는 선생님이 질문이 있는 활동지를 나누어 줄 거예요. 우리 반 친구 중에서 어떤 친구인지 질문에 딱 맞는 친구를 찾아 이름을 적어 보세요. 정답이 있는 것은 아닙니다. 우리 반 친구들을 잘 관찰하고 자신의 생각에 딱이라고 생각되는 친구의 이름을 적으면 됩니다. (활동자료 1-9를 나눠 주고, 5분 정도 시간을 준다.) - 친구들을 다 찾아보았나요? 아직 못 찾은 친구들은 활동을 하면서 생각이 나면 친구의 이름을 이야기해 주어도 됩니다. - 선생님이 칠판에 여러분에게 준 질문과 똑같은 내용을 써 놓았습니다. 하나씩 함께 알아봅시다. - 우리 반에서 '키가 제일 큰 친구'는 누구일까요? 활동지를 보고 자기가 쓴 친구의 이름을 이야기해 봅시다. - 여러분들이 이야기한 친구들을 칠판에 적어 보았습니다. 한번 확인해 볼까요? 키가 큰 친구에는 ○○○, ○○○, ○○○가 적혀 있네요, 한번 앞으로 나와 보겠어요? 같이 서 봅시다. 누가 키가 제일 큰가요? - 우리 반에서 키가 제일 큰 친구는 ○○○군요. 이제 자리로 들어가 주세요. - 다음은 '내 부탁을 다 들어줄 것 같은 친구'는 누구라고 생각하나요? - 이번엔 ○○이와, ○○이의 이름이 나왔네요. 먼저 ○○이의 이름을 부른 친구 누구인가요? 왜 그렇게 생각하는지 이야기해 주세요. - (다른 문항들도 같은 방법으로 학생들이 직접 친구들을 관찰하거나 친구들의 의견을 듣고 답을 찾아보게 한다) - 혹시 다 맞힌 친구가 있나요? 우리 반 친구에 대해 아주 잘 알고 있군요.	10′	▶활동자료 1-9 (이런 친구를 찾아라) ※p. 149 대체활동을 참고한다.

전개	• 내 짝을 소개합니다 짝을 관찰하고 간단한 소개 글쓰기 – 이번에는 짝을 관찰하고 짝에 대해 소개하는 글을 써 볼 거예요. 선생님이 나누어 주는 포스트잇에 짝의 특징을 찾아 짝을 소개하는 글을 간단히 적어 봅시다. '○○이가 내 짝꿍 ○○이를 소개합니다.' 라고 윗부분에 쓰고 짝을 소개해 봅시다. – 다 쓴 학생은 뒷면에 자기가 소개한 짝의 이름을 적고 칠판의 전지에 붙여 볼까요? – 여러분들은 짝을 어떻게 소개했는지 알아보겠습니다. (교사는 예시문장 3-4개를 골라 읽어 주고 알아맞히도록 한다.) – 여러분들이 선생님보다 더 재미있게 친구를 소개했네요. 다른 친구들은 어떻게 소개했는지 쉬는 시간에 자세히 살펴보세요.	5′	▶포스트잇, 전지
정리	• 정리하기 – 오늘은 우리 반 친구들의 모습을 자세히 살펴본 시간이 된 것 같아요. 살펴본 소감을 발표해 줄 수 있는 친구 있나요? – 우리 반에는 모두 다른 개성을 가진 친구들이 ○○명 모여 있군요. – 다음 시간에는 나와 내 주변의 사람들에 대해 생각해 보는 시간을 갖도록 하겠습니다.	5′	

서다우 TIP

- '누구 누구?' 활동은 가능하면 모든 학생들의 모습이 나오도록 하는 것이 바람직하다. 자신의 모습이 빠진 학생들이 서운해하기도 한다.
- '누구 누구?' 활동을 할 때 개인용 화이트보드를 활용하여 골든벨 활동처럼 하면 학생들이 흥미 있게 참여한다. 하지만 너무 산만해질 염려가 있다면 사전에 충분히 이에 대해 이야기를 나누어야 한다.
- '이런 친구를 찾아라' 활동은 꼭 한 명만을 가릴 필요는 없다. 문항에 따라 복수의 답을 적을 수 있도록 허용해 준다.
- '이런 친구를 찾아라' 활동은 아래 활동으로 대체할 수도 있다.

대체활동

☆이런 친구를 찾아라!: 친구에 대한 설명 듣고 누구인지 맞히기 - 이번에는 선생님이 3-2반 친구에 대해 소개하는 글을 보여 줄 거예요. 잘 읽고 우리 반 친구 중에서 누구에 대한 설명인지 주변을 잘 보면서 질문에 딱 맞는 친구를 찾아봅시다. 맞고 틀리는 것이 중요한 것이 아니라 이번 기회에 우리 반 친구들에 대해 조금 더 알아 가는 시간을 갖는 것이 중요합니다. - 친구들을 관찰하면서 누구인지 생각해 본다. 〈설명〉 - 여자 친구입니다. - 키가 큰 친구입니다. - 안경을 썼습니다. - 머리가 깁니다. - 규칙을 잘 지킵니다. - 독서를 많이 하고 독서기록장을 정성껏 씁니다.	10′	▶친구 설명 PPT • 외형적인 것부터 내적인 장점이 드러나도록 자료를 제시한다. • 친구들과 잘 어울리지 못하는 학생의 장점을 자연스럽게 소개한다.

활동자료 1-9

이런 친구를 찾아라

이름:

1. 우리 반에서 키가 제일 큰 친구는?

2. 눈이 가장 반짝거리는 친구는?

3. 손이 제일 큰 친구는?

4. 내 부탁을 다 들어줄 것 같은 친구는?

5. 항상 웃는 친구는?

6. 불의를 보면 참지 못할 것 같은 친구는?

7. 거짓말을 못할 것 같은 친구는?

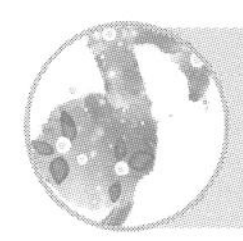

나와 타인의 관계 인식하기

활동 목표	• 내 곁에 있는 사람들을 긍정적으로 인식한다.	학년	5~6학년
		차시	5/5
단계	활 동 내 용	시간	자료(▶) 및 유의점(※)
도입	• 내가 만난 사람 오늘 하루 내가 만난 사람들은 누가 있을까요? - 어제 학교가 끝나고 하굣길부터, 오늘 아침 등굣길까지 여러분이 만난 사람들을 모두 적어 봅시다. - 우선 어제 갔던 장소들을 떠올려야겠지요? 학원, 복지관, 태권도장 등 여러 곳에서 만난 사람들을 생각해 보세요. 집에서는 가족들을 만났겠지요. - 만난 사람들을 써 봅시다. 학원과 같이 많은 사람이 있는 경우에는 대표적인 2~3명 정도만 써 보세요. - 다 썼으면 오늘 내가 만난 사람들과 무엇을 했는지 발표해 봅시다. - 이렇게 내 주위에, 나와 함께 지내거나 나를 도와주는 사람들이 참 많군요. 오늘은 나에게 소중한 사람들에 대해 생각해 보는 활동을 해 보겠습니다.	5′	▶활동자료 1-10(오늘 하루 내가 만난 사람들)
전개	• 나의 동그라미 - (활동자료 1-11을 나누어 준다.) - 가운데 원에 자신의 이름을 써 보세요. - 자신의 이름을 중심으로 4개의 원이 있지요? - 순서대로 사랑, 우정, 참여, 도움의 원이에요. 첫 번째 동그라미 '사랑의 원'에 나에게 정말 소중한 사람을 씁니다. 누구와도 바꿀 수 없는 사람의 이름을 쓰세요. 두 번째 동그라미 '우정의 원'에는 내가 좋아하고, 우정을 나누는 친구의 이름을 써 봅시다. 세 번째 동그라미 '참여의 원'에는 많이 친하지는 않지만 학교나 학원, 종교기관에서 같이 활동하는 사람들의 이름을 쓰세요. 네 번째 동그라미 '도움의 원'에는 찾아가거나 돈을 지불하면 여러분에게 도움을 주는 사람을 씁니다. 예를 들어 의사 선생님, 가게 주인 등이 있겠지요.	20′	▶활동자료 1-11(나의 동그라미)

전개	- 채워 보니 기분이 어떤가요? 내 주위에는 정말 많은 사람들이 있지요? 사랑의 원이나 우정의 원에 있는 사람들은 더욱 소중히 여기고 관계를 잘 유지해야 하는 사람들입니다. - 여러분의 사랑의 원, 우정의 원이 꽉 채워지기 위해서는 무엇을 해야 할까요? (발표해 보도록 한다.)		
	• 1년 후 나의 동그라미 - 우리 반 친구들 중 여러분이 우정의 원에 넣고 싶은 사람은 누가 있을까요? 다른 색깔 펜으로 한번 써 보세요. - 또, 어떤 친구의 원에 들어가고 싶은지, 이름을 쓴 뒤 이름에 동그라미를 해 보세요. - (활동지를 걷는다.) 여러분의 원에는 누가 있는지 살펴보겠습니다. (학생들의 학습지를 실물화상기로 보여 주며 '우정의 원'을 중심으로 살펴본다.) - 이 친구는 도움의 원, 참여의 원에 정말 많은 사람들이 있네요. 1년 후에는 ○학년 ○반 친구들이 이 친구의 우정의 원이나 사랑의 원에 모두 이름이 적혔으면 하는 바람입니다.	10′	▶실물하상기
정리	• 타임캡슐에 '나의 동그라미' 넣기 - '나의 동그라미'를 여기 있는 타임캡슐 상자에 모두 넣겠습니다. - 마음에는 문이 있고, 이 마음의 문에는 문고리가 달려 있다고 합니다. 그런데 이 마음의 문에는 문고리가 밖에 달려 있지 않고 안에 달려 있대요. 아무리 밖에서 쾅쾅 두드리고 큰소리로 말해도 안에서 열어 주지 않는 한 도저히 열 수가 없다는 군요. 여러분의 원이 채워지려면 여러분이 먼저 문을 열어야 한답니다. - 1년 후에, 다시 한 번 동그라미를 채워 보도록 해요. 그때에는 쓸 공간이 없을 정도로 여러분의 사랑과 우정의 원이 꽉 차 있기를 바랍니다.	5′	▶타임캡슐 상자 ※서다우 프로그램이 끝날 때 타임캡슐을 열어 새로 그린 '나의 동그라미'와 비교해 본다.

서다우 TIP

'나의 동그라미(circle of friends)'는 장애학생에게 동아리, 즉 친구관계망을 형성하도록 돕기 위해 고안된 활동이다.

- ○○의 동그라미도 볼까요? ○○의 동그라미에는 사랑의 원과 도움의 원에는 많은 사람들이 있네요. 그런데 '우정의 원'과 '참여의 원'이 비어 있네요.
- 만약 여러분의 동그라미 중 사랑, 우정, 참여의 원이 비어 있다면 어떤 기분이 들까요?
- ○○의 동그라미에서 '우정'과 '참여'의 원을 채워 줄 수 있는 방법은 무엇이 있을까요?

학급에 포함된 장애학생이 이 수업에 함께 참여할 때 본래 목표대로 그 학생에게 초점을 맞추어 활동한다면 오히려 낙인 등 부정적 효과가 나타날 수 있으므로 주의해야 한다. 그러므로 '나의 동그라미'를 소개할 때 다른 친구들의 원과 함께 장애학생의 원도 함께 소개하며 학급 친구들이 장애학생과 자신의 참여의 원이나 우정의 원에 서로의 이름이 들어갈 수 있게 1년간 노력할 것을 다짐하도록 이끄는 것이 좋다.

활동자료 1-10

내가 만난 사람들

이름:

어제 하굣길에서부터 오늘 아침 등굣길에 내가 만난 사람들을 모두 적어 보세요.

어제 하교

오늘 아침 학교 도착

활동자료 1-11

나의 동그라미

이름:

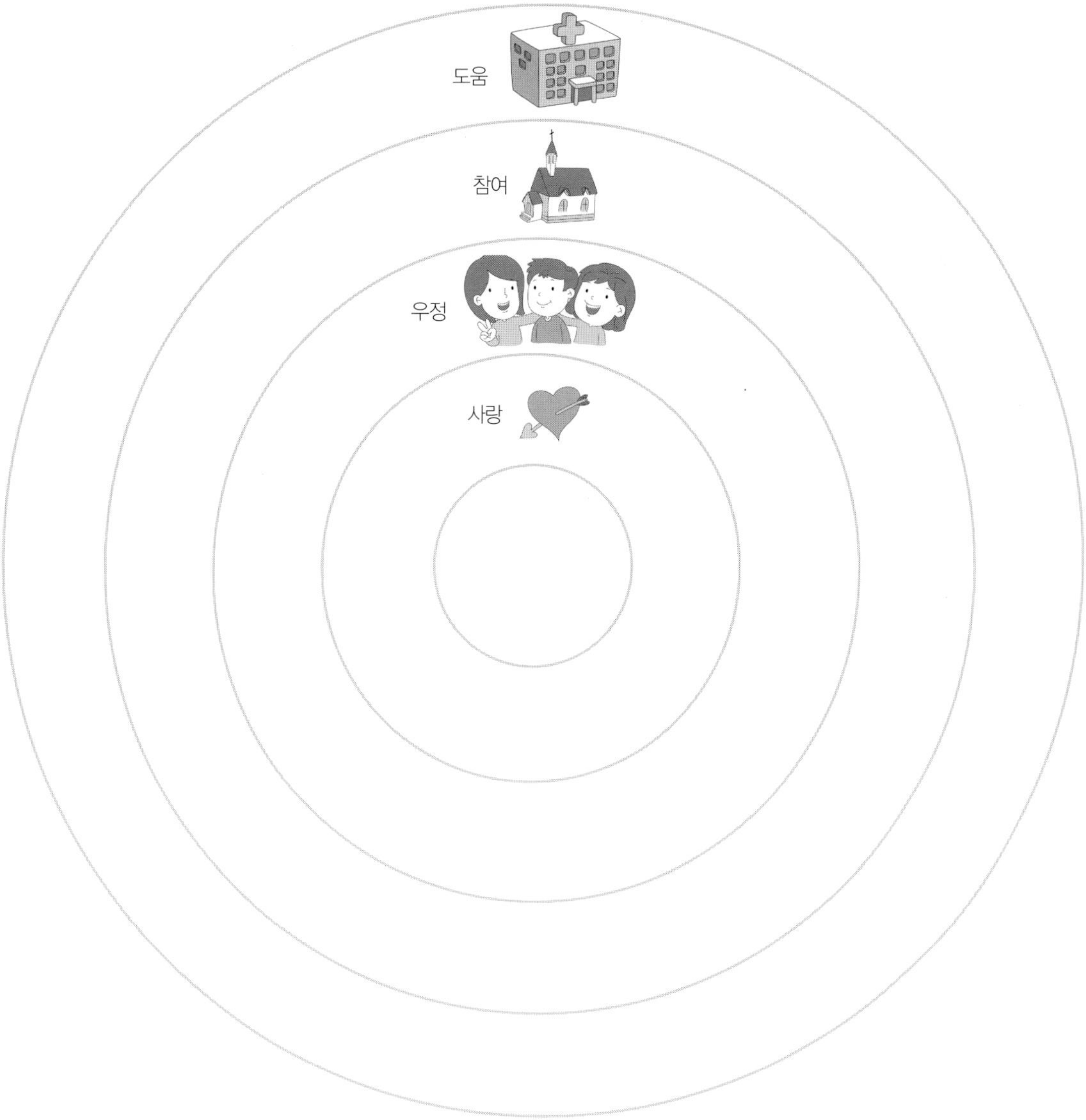

도움

참여

우정

사랑

1. 가운데 원: 내 이름
2. 사랑의 원: 세상에서 무엇과도 바꿀 수 없는 사람, 자신에게 가장 소중한 사람
3. 우정의 원: 좋은 친구의 이름
4. 참여의 원: 같은 공간(학교나 집 근처)에서 지내거나 같은 활동을 하는 사람
5. 도움의 원: 돈을 내면 나를 도와주는 사람

마음으로 이야기해요
-의사소통-

"아이, 답답해!"

"아니, 내 마음은 그게 아닌데……."

"쟤랑은 말이 안 통해."

아이들은 자신의 마음을 쉽게 전하지 못하거나 다른 친구들의 마음을 정확히 알아채지 못해 곤란함을 겪을 때가 많습니다.

〈마음으로 이야기해요: 의사소통〉은 말 때문에 속이 상하기도 하고, 기분이 좋아지기도 하는 일상적인 경험들을 다양한 놀이와 이야기를 활용하여 동기를 유발하고, 자연스럽게 자신의 감정을 긍정적으로 표현할 수 있는 기회를 갖도록 도와줍니다.

아이들은 말을 포함한 얼굴 표정, 몸짓, 그림, 수화나 지화들도 마음을 표현할 수 있는 도구가 될 수 있다는 것에 흥미를 보입니다.

더 나아가 아이들은 서로를 존중하고 배려하며 말하는 것의 중요성 또한 배울 수 있습니다.

2~4학년	5~6학년
1/5 듣기의 중요성 (속닥속닥 잘 듣고 전달하기)	1~2/7 바른 대화법 알기 (내 말을 들어주오)
2/5 긍정적으로 이야기하기 (칭찬 나무 만들기)	3/7 긍정적으로 이야기하기 (나 대화법)
3/5 다양한 의사소통 방법 알기 1 (몸짓으로 표현하기)	4/7 다양한 의사소통 방법 알기 1 (픽토그램)
4/5 다양한 의사소통 방법 알기 2 (수화 노래 배우기)	5/7 다양한 의사소통 방법 알기 2 (수화 익히기)
5/5 다양한 의사소통 방법 알기 3 (우리 친구 민수)	6/7 다양한 의사소통 방법 알기 3 (한글 지화 익히기)
	7/7 다양한 의사소통 방법 알기 4 (우리 친구 민수)

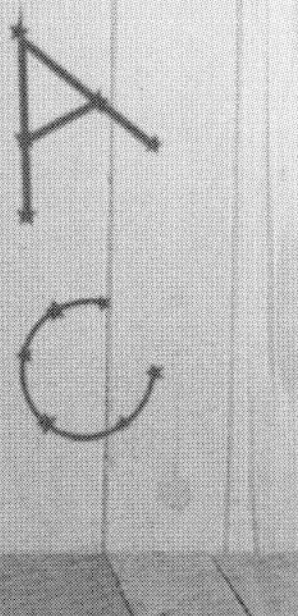

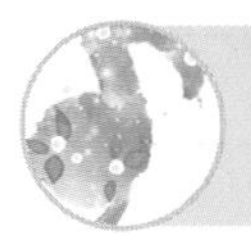

듣기의 중요성

활동 목표	• 다른 사람의 말을 잘 듣고 정확하게 전달할 수 있다.	학년	2~4학년
		차시	1/5
단계	활 동 내 용	시간	자료(▶) 및 유의점(※)
도입	• 가라사대 게임 – 교사가 이야기를 하면서 몇 가지 동작(반짝반짝, 고개 돌리기, 손 흔들기 등)을 따라 하게 한다. – 이 중 '가라사대' 라는 말을 할 때만 동작을 하도록 한다(예: 가라사대 손을 위로, 손을 아래로, 왼손을 머리 위로, 가라사대 오른손은 엉덩이로 등 후반부로 갈수록 아이들이 혼동하기 쉬운 지시어를 사용한다). • 오늘의 활동 소개 – 오늘은 다른 사람의 말을 잘 듣고 정확하게 듣는 것이 얼마나 중요한지 알아보겠습니다.	5′	※손 머리, 손 무릎 등의 동작으로 마무리하여 바른 자세를 유도한다.
전개	• 귀를 쫑긋!: 잘 듣고 대답하기 – 지금부터 하는 이야기를 잘 들어 보세요. 처음부터 끝까지 잘 듣고 선생님이 마지막에 하는 질문에 답해 보도록 해요(답: 동이).	10′	▶활동자료 2-1(잘 듣고 대답해 보세요)
	• 속닥속닥: 잘 듣고 전달하기 – 이제 맨 뒷사람에게 쪽지를 나누어 줄게요. 써 있는 문장을 잘 기억하여 정확하게 앞사람에게 전달합니다. 이때 다른 사람이 들을 수 없도록 귓속말로 조용히 전하세요. – 차례대로 문장을 전달하고 맨 마지막 사람이 나와서 그 문장을 칠판에 쓰세요. 모든 문장은 퀴즈를 맞힐 수 있는 힌트가 됩니다. 힌트를 모두 정확하게 모으면 쉽게 답을 알아낼 수 있겠지요?		▶활동자료 2-2(속닥속닥) ※오려서 사용한다. ※뒤에서 앞으로 전달한다.

전개	- 시작해 볼까요? (활동자료 2-2 중 코끼리 문제를 오린 종이를 하나씩 맨 뒤에 앉은 학생들에게 나누어 준다. 5초 정도 보게 하고 다시 쪽지를 걷는다.) 이제 앞사람에게 귓속말로 전달을 시작하세요! - 마지막으로 전달받은 사람은 나와서 칠판에 힌트를 적어 보세요. - 힌트를 다 같이 읽어 봅시다. 정확하게 전달한 줄도 있고 약간 틀린 줄도 있네요. 하지만 다들 아주 잘했어요. 자, 이제 답을 맞혀 볼까요? - 네, 맞았어요. 답은 '코끼리' 입니다. 이번에는 조금 더 어려운 퀴즈를 내 볼게요. 전달할 문장이 조금 어려워질 수도 있으니 앞사람에게 좀 더 정확하게 전달할 수 있도록 집중하세요(활동자료 2-2의 나머지 문제 쪽지를 나누어 준다). - 이번 답은 뭘까요?	25′	※ 문제는 아이들의 이해 수준에 따라 선택하여 나누어 준다.
정리	• 잘 듣는 건 중요해요. - 오늘은 잘 듣는 연습을 했어요. 다른 사람과 말을 할 때 듣는 것은 매우 중요해요. - 친구나 선생님, 부모님의 말을 유심히 듣지 않는다면 어떤 일이 일어날 수 있을까요? 잘 듣지 않으면 오해가 생길 수도 있고 잘못된 정보를 얻어서 실수를 할 수도 있어요.	5′	

서다우 TIP

- 장애학생은 쪽지를 나누어 주는 역할을 할 수 있다.
- 글씨를 쓰는 것이 가능한 장애학생은 마지막에 친구의 도움을 받아 칠판에 문장을 쓰게 할 수 있다.
- '속닥속닥: 잘 듣고 전달하기' 를 할 때 미리 규칙을 정하여 산만해지지 않도록 한다.(예: 이미 전달한 사람은 자기 자리에서 일어나지 않기, 나와서 답을 쓸 때 앉은 사람은 조용히 하기 등)

활동자료 2-1

잘 듣고 대답해 보세요

옛날 동이네 집에서 있었던 일이에요.
동이네 엄마 아빠가 안 계신 동안 언니들이 장난을 치기 시작했어요.
첫째 빨강이는 선반에 있는 사탕병을 꺼내려다 사탕병을 깨뜨렸어요.
"아이쿠!"
빨강이는 깜짝 놀라 뛰어갔어요.
둘째 주황이는 찬장에 있는 과자 접시를 꺼내려다 접시를 깨뜨렸어요.
"아이쿠!"
주황이는 깜짝 놀라 뛰어갔어요.
셋째 노랑이는 냄비 속의 죽을 먹으려다 냄비를 엎었어요.
"아이쿠!"
노랑이는 깜짝 놀라 뛰어갔어요.
넷째 초록이는 냉장고 속의 주스를 먹으려다 주스를 쏟았어요.
"아이쿠!"
초록이는 깜짝 놀라 뛰어갔어요.
다섯째 파랑이는 사과를 깎아 먹으려다 칼에 손을 베였어요.
"아이쿠!"
파랑이는 깜짝 놀라 뛰어갔어요.
여섯째 남색이는 수박을 먹으려다 수박을 떨어뜨렸어요.
"아이쿠!"
남색이는 깜짝 놀라 뛰어갔어요.

자, 여러분, 그럼 이 집 막내의 이름은 무엇인가요?

활동자료 2-2

속닥속닥

코끼리

덩치가 어마어마하고 무거워요.	목욕하는 것을 좋아한대요.
나이가 많은 듯 주름이 자글자글해요.	한 번에 새끼 한 마리만 낳아요.
부채처럼 펄럭이는 귀가 있어요.	한 쌍의 송곳니가 아주 길게 자라요.
몸에 비해 꼬리가 가늘고 작아서 웃겨요.	풀을 먹는 초식동물이에요.
걸으면 땅이 쿵쿵 울려요.	코가 아주 길답니다.

컴퓨터

숙제할 때 도움이 돼요.	너무 친하면 부모님이 걱정하세요.
집에도 있고 학교에도 많이 있어요.	항상 최신품을 갖고 싶은데 너무 비싸요.
음악도 듣고 영화도 보고, 심심할 때 찾아요.	어린이도 중독될 수 있어요.
우리말과 영어 모두 능숙해야 해요.	집에서는 공짜지만 밖에서는 돈을 내야 해요.
고장 나면 답답하고 어쩔 줄 모르겠어요.	선으로 어지럽게 연결돼 있어요.

친구

심심할 때, 슬플 때, 기쁠 때 찾게 돼요.	정말 중요하지만 억지로 만들기는 어려워요.
많은 사람도 있고 적은 사람도 있지요.	따라서 강남 간다는 말이 있죠?
있어도 걱정이요, 없어도 걱정이라네.	유붕이 자원방래하니 불역낙호아 有朋 自遠方來 不亦樂乎
평생 진정한 3인만 얻어도 성공이래요.	비밀을 털어놓을 수 있어요.
사춘기에는 가족보다 더 신경 쓰기도 해요.	관포지교

선생님

지금까지 여러 명 많이 만났어요.	공부도 같이, 운동도 같이, 밥도 같이!
거의 매일 만나니까 가까운 사이예요.	비슷한 말은 은사입니다.
어제는 무섭다가 오늘은 재미있어요.	해마다 새로운 분을 만납니다.
그림자도 참 중요해요.	카네이션을 드리고 싶어요.
모르는 것을 알려주세요.	지금 여기 함께 있어요.

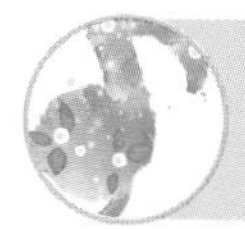

긍정으로 이야기하기

<table>
<tr><th>활동 목표</th><td>• 다른 사람에게 칭찬하는 말하기를 할 수 있다.</td><th>학년
차시</th><td>2~4학년
2/5</td></tr>
<tr><th>단계</th><th>활 동 내 용</th><th>시간</th><th>자료(▶) 및 유의점(※)</th></tr>
<tr><td>도입</td><td>• 양파실험
- 말은 어떤 힘을 가지고 있을까요? 혹시 식물도 말을 알아듣는다는 사실을 알고 있나요? 지금부터 재미있는 양파실험을 보며 말의 위력을 알아보겠습니다.

※말의 힘(MBC 한글날 특집)(2:59)-포털 사이트 검색
※참 좋은 이야기 4탄 관심의 힘(2:12)-유투브 검색
또는 HSP컨설팅 유답 양파실험(1:31)-포털 사이트 검색
또는 욕이 양파 성장에 미치는 영향 실험(KBS스페셜)(3:07)-i-scream.co.kr 검색</td><td>5′</td><td>▶mbc 한글날 특집 '말의 힘' 또는 양파실험에 대한 동영상</td></tr>
<tr><td>전개</td><td>• 내 마음을 상하게 한 말
- 양파실험을 보니 어떤가요? 양파가 말에 따라 잘 자라기도 하고 덜 자라기도 하는 모습이 신기하지요? 이렇게 '말'이란 것은 생각보다 큰 힘을 가지고 있습니다. 우리는 말 때문에 기분이 좋아지기도 하고 나빠지기도 하고 다른 사람을 행복하게도 하고 속상하게도 합니다.
- 여러분도 이렇게 마음을 상하게 한 말을 들은 적이 있을 거예요. 이제부터 어떤 말을 들었을 때 기분이 상했었는지 이야기해 보도록 해요(학생들이 발표하게 하고, 교사는 칠판에 쓴다. 예: 야, 시끄러워 / 공부 좀 해라 / 돼지야 / 멍청이 / 바보 / 저리 가 등).
- 이런 말을 들었을 때 많이 속상했었군요. 그렇다면, 반대로 우리도 모르게 이런 말을 해서 다른 사람의 마음을 상하게 하지는 않았나요?</td><td>15′</td><td></td></tr>
</table>

전개	- 이제는 우리가 이런 말을 다른 사람의 기분이 상하지 않는 말로 고쳐 보도록 해요. (발표를 하게 하고 칠판에 써 둔 '기분이 상했던 말' 아래에 고친 말을 적어 보도록 한다. 예: 조금만 조용히 해 줄래 / 이제 공부하자 / 옆으로 좀 비켜 줄래 등) - 모두 듣기 좋은 말로 잘 고친 것 같네요. 내가 듣기 싫은 말은 친구도 듣기 싫다는 점을 잊지 말도록 해요.		※기분 상하게 한 말을 고치는 활동이 어려우면 다음 활동인 칭찬카드 만들기 활동으로 넘어간다.
	• 칭찬합시다!: 칭찬카드 만들기 - 마음을 상하게 하는 말이 있지만, 다른 사람을 기분 좋게 하는 말도 있어요. 관심과 마음에서 우러나온 칭찬은 다른 사람의 기분을 참 좋게 합니다. - 이제 모둠에 있는 친구들의 얼굴을 하나씩 보세요. 그리고 한 명, 한 명 칭찬할 거리를 생각해 보세요. - 선생님이 나누어 준 사과 모양의 카드(활동자료 2-3)에 친구들의 이름을 쓰고 칭찬하는 말을 한마디씩 써 주세요. 친구에게 주는 칭찬의 열매이니까 정성스럽게 쓰도록 합니다.	15′	▶활동자료 2-3(칭찬의 열매) ▶필기도구, 가위 ※친구의 좋은 점을 찾아 칭찬할 수 있도록 유도한다.
정리	• 칭찬 나무 만들기 - 칭찬하는 말을 열심히 생각해 보니 기분이 어때요? 칭찬은 서로를 존중하게 도와주고 서로의 좋은 점을 더 잘 볼 수 있게 해 줍니다. - 이제 칭찬 열매를 모아 칭찬 나무에 잘 붙여 봅시다. 열매가 풍성하게 열린 기분 좋은 나무가 되겠네요.	5′	※칭찬카드 쓰기를 일찍 끝낸 학생이 나무를 그리도록 하면 좋다.

서다우 TIP

- 시간 여유가 있다면 칭찬 열매를 쓴 후 직접 친구에게 배달하는 활동까지 연결할 수 있다. 이때 칭찬 열매에 쓴 칭찬을 친구에게 소리 내어 말하면서 주도록 한다. 칭찬 열매를 받은 친구도 감사의 말을 한다. 직접 칭찬 열매를 배달할 때는 받지 못하는 학생이 없도록 유의한다.
- 쓰기가 어려운 학생은 교사가 미리 제시한 칭찬 문구 중에서 친구에게 어울리는 것을 골라서 보고 쓰거나 오려서 붙인다. 또는 칭찬하는 말 대신에 카드에 그림(예: ♥, ☆, ☜)을 그려서 칭찬카드를 꾸민다. 친구의 이름만 쓰거나, 교사와 함께 환경 게시물로 쓰일 큰 칭찬나무를 그리는 역할을 줄 수도 있다.
- 장애학생은 모둠원과 함께 짝이 되어서 발표를 하거나 칠판에 동료들이 발표한 내용을 적는 역할을 줄 수 있다.

활동자료 2-3

칭찬의 열매

친구들에게 칭찬하는 말을 써 주세요. 칭찬 열매를 다 썼으면 오려서 친구들에게 줍니다.

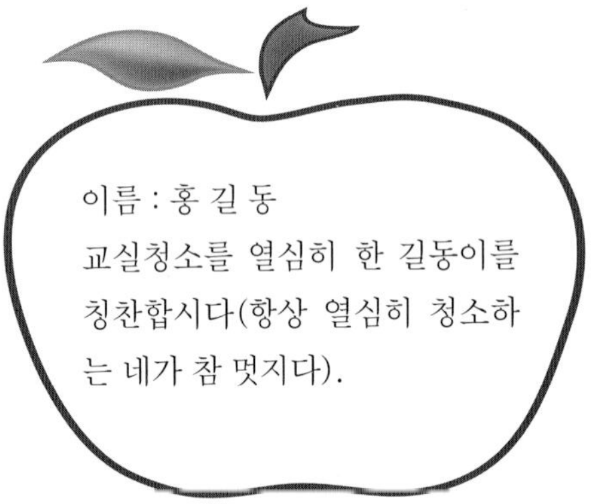

이름 : 홍 길 동
교실청소를 열심히 한 길동이를 칭찬합시다(항상 열심히 청소하는 네가 참 멋지다).

이름 :

이름 :

이름 :

이름 :

이름 :

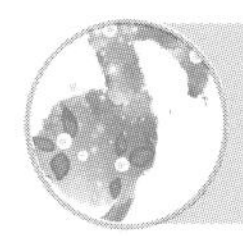

다양한 의사소통 방법 알기 I

활동 목표	• 언어 외의 다양한 방법으로 의사소통이 가능함을 알 수 있다. • 다양한 방법으로 의사소통을 시도할 수 있다.	학년	2~4학년
		차시	3/5
단계	활 동 내 용	시간	자료(▶) 및 유의점(※)
도입	• 그림 보고 느낌 말하기 – 선생님이 지금부터 여러 가지 그림을 보여 주려고 합니다. 이 그림들을 보고 어떤 느낌이 들었는지 이야기해 보세요. – 말이나 글이 아닌 그림으로도 얼마든지 감정을 나타낼 수 있고 또 다른 사람에게 자신의 감정을 전달할 수 있습니다.	10′	▶실물화상기 ▶활동자료 2-4, 2-5, 2-6(그림으로 말해요)
전개	• 외계인과의 만남 : 몸짓으로 표현하기 – 여러분은 화성에도 생명체가 있었을지도 모른다는 신문기사를 본 적이 있나요? 언젠가는 우리가 외계인을 만날 수도 있을 거라는 생각이 드네요. – 그래서 오늘은 우리가 외계인을 만나면 어떻게 이야기를 할 수 있을지 고민해 보도록 해요. – 외계인을 만나면 말이나 글로 표현을 할 수 없으니 어떻게 해야 할까요?(학생들이 자유롭게 이야기할 수 있도록 한다.) 오늘은 몸짓으로 표현하는 방법을 생각해 봐요. – 지금부터 선생님이 몸짓으로 나타내는 것이 무엇인지 말해 보세요(뱀, 토끼, 개, 가방, 연필, 방석, 걷기, 뛰기, 이 닦기, 식사하기, 물 마시기 등 물건 혹은 간단한 동작을 나타내는 몸짓을 한다).	25′	

전개	– 각 모둠에서는 몸짓으로 외계인에게 설명해 줄 수 있는 지구인 대표를 뽑으세요. 각 모둠의 대표들이 순서대로 선생님이 주는 쪽지를 보고 외계인들에게 몸짓으로 설명하세요. – 우리는 모두 외계인이 되어 지구인이 무엇을 말하고 싶어 하는지 알아내도록 해요. 아는 사람은 빨리 손을 들도록 합니다. 선생님이 이름을 부르면 지구인이 말하고자 하는 것을 이야기합니다. – 각 모둠별로 맞추는 사람의 수에 따라 점수를 주겠습니다.		▶활동자료 2-7, 2-8(외계인을 만나면)
정리	• 다양한 의사소통 방법 알아보기 – 지구인과 외계인의 대화는 몸짓으로 이루어질 수 있었네요. 이렇게 언어가 아닌 다른 방법으로 의사소통을 할 수 있습니다. 몸짓 이외에도 음악, 그림, 듣기, 말하기, 읽기, 표정, 수하 등 다양한 방법이 있어요. 누군가와 이야기하고자 하는 노력이 있다면 다양한 방법으로 가능합니다. – 청각장애인과 의사소통할 수 있는 방법으로 수화가 있습니다. "안녕하세요?" "만나서 반갑습니다."를 수화로 배워 보도록 해요. – 다음 시간에는 수화로 인사를 하면서 만나도록 해요.	5′	▶활동자료 2-9

서다우 TIP

- 무거운 느낌은 '콜비츠' '뭉크' '구본주', 부드러운 느낌은 '르누아르'로 검색하여 적당한 그림을 선택한다. 여러 작가의 작품을 다루어도 되나 한두 작가와 작품에 대해 깊이 있게 이야기해 주는 것도 좋다.
- 작품에 대해 이야기를 할 때에는 교사가 먼저 이야기를 하기보다는 작품을 보고 느낀 점을 학생들이 자유롭게 이야기할 수 있도록 한다.
- 장애학생의 경우, 장애학생과 일반학생이 한 조가 되어 지구인 역할을 하도록 한다. 장애학생이 1차 동작 힌트를 주고, 일반학생이 2차 동작 힌트를 준다. 또는 한 문장의 일부분을 장애학생이 동작으로 나타내고 나머지 부분은 일반학생이 나타내게 한다. (예: 배가–장애학생, 아프다–일반학생)

활동자료 2-4

그림으로 말해요

뭉크의 '절규'

뭉크(1863~1944)

노르웨이 출신으로 불안한 심리 상태를 그림으로 그대로 보여 준 뭉크는 어린 시절 어머니를 여의고 어머니 대신 집안 살림을 돌보던 누나마저 결핵으로 잃었으며 뭉크 자신도 줄곧 병원의 침대와 요양원을 오가며 생활을 해야 할 정도로 병약했습니다. 뭉크 스스로 자신은 늘 죽음과 가까이 있었다고 할 만큼 그의 삶은 건강하지 못했답니다. 그의 작품에는 뭉크의 불안하고 고독한 심리 상황이 잘 나타나 있습니다.

활동자료 2-5

콜비츠의 '독일 아이들이 굶고 있다'

콜비츠(1867~1945)

독일의 화가 · 조각가 · 판화가로서 그의 작품에는 가난하고 소외받는 사람들과 관련된 것이 많습니다.
'독일 아이들이 굶고 있다'는 전쟁으로 부모를 잃게 된 고아의 모습을 표현한 것입니다.
그는 '전쟁' 시리즈 작품에서 전쟁으로 인해 받은 고통을 표현하였으며, '전쟁은 이제 그만!(Nie Wieder Krieg!)'을 비롯한 여러 작품을 통해 거침없이 반전 평화의 목소리를 냈습니다.

활동자료 2-6

콜비츠의 '과부와 고아'

콜비츠(1867~1945)

전쟁의 끔찍함을 몸소 겪은 아이들과 사랑하는 남편을 전쟁터에 보내고 비통에 잠긴 아내들의 모습을 표현한 작품으로 아이들의 눈빛에서 두려움을 엿볼 수 있습니다. 아내이자 어머니들의 무표정한 모습에서는 그 어떤 통곡보다도 더 깊은 절망과 고통이 전해집니다.

활동자료 2-7

외계인을 만나면

배가 고파요.	화장실에 가고 싶어요.
아우, 졸려요.	목이 말라요.
책을 읽어요.	머리가 아파요.
화가 났어요.	추워요.
정말 기뻐요.	음악을 들어요.
편지를 써요.	옷이 멋지군요.

활동자료 2-8

나는 체육을 좋아해요.	오늘 7시에 만나요.
지금 몇 시예요?	컴퓨터가 고장이 났어요.
치과에서 치료를 받았어요.	우산을 챙겨 가세요.
얼음땡을 해요.	불이 났어요.
축구 경기에서 이겼어요.	700원짜리 아이스크림을 사 오세요.
10시가 되면 잠을 자야 해요.	훌라우프를 하루에 100번씩 돌려요.

활동자료 2-9

수화로 인사해요!

◇ 안녕하세요?

① 왼팔을 펴고 오른손으로 왼팔을 위에서 아래로 쓸어내린다.

② 양손 주먹 쥐고 밑으로 살짝 내린다.

◇ 만나서 반갑습니다.

① 양손 검지를 세워서 마주 보게 하고 만나게 한다.

② 양손을 편 상태로 90도로 구부려서 가슴에 대고 번갈아 가며 위아래로 움직인다.

다양한 의사소통 방법 알기 2

<table>
<tr><td>활동
목표</td><td rowspan="2">• 수화 단어를 익혀 간단한 수화 노래를 익힐 수 있다.</td><td>학년</td><td>2~4학년</td></tr>
<tr><td></td><td>차시</td><td>4/5</td></tr>
<tr><td>단계</td><td>활 동 내 용</td><td>시간</td><td>자료(▶) 및 유의점(※)</td></tr>
<tr><td>도입</td><td>• 수화로 인사하기
- 지난 시간에 배운 수화 인사를 해 볼까요?
- 안녕하세요?(수화와 함께)
- 만나서 반갑습니다.(수화와 함께)

• 공익광고
- 선생님이 오늘은 짧은 광고를 보여 줄 거예요.
- 광고 속 동영상에 나오는 사람들은 왜 아이폰으로 말을 하지 않고 영상 통화를 하고 있을까요?
- 광고 속의 남자와 여자는 왜 계속 손을 움직일까요?
- 어떤 이야기를 나누고 있는지 말해 줄 수 있나요?
※아이폰 4(연인편) (0:30)-구글에서 검색

<광고 속 대화 내용>
남/여: 안녕!
남: 오늘 당신이 예뻐 보여요.
여: 고마워요. 보고 싶어요.
남: 나도 보고 싶어요.
남/여: 사랑해.
남: 좋은 꿈 꿔~~
남/여: 안녕~

- 광고에 나오는 사람들은 소리를 잘 들을 수 없고 말을 잘 하지 못해요. 그래서 말로 통화할 수 없어요. 영상통화를 통해 손으로 이야기를 나눌 수밖에 없어요. 이렇게 손으로 이야기를 나누는 것을 '수화' 라고 해요.
- 오늘은 여러분도 수화를 배워 봅시다.</td><td>10′</td><td>※수화를 하면서 인사를 한다.

▶아이폰4(연인편) 광고 동영상
※광고 속 대화 내용이나 상황을 추측해 보도록 한다.</td></tr>
<tr><td>전개</td><td>• 수화
- 이번 시간에 배울 수화 단어를 읽어 보세요.

친구, 안녕하세요?(안녕히 계세요), 말하다, 보다, 그립다, 행복하다, 사랑하다, 정말(진짜), 노래하다</td><td></td><td>▶수화 단어 PPT
학지사(hakjisa.co.kr)-자료실-부록자료실
▶활동자료 2-10(수화로 말해요)</td></tr>
</table>

전개	– 먼저 수화는 주로 두 손을 사용해요. 손의 모양이나 방향을 정확하게 해야 합니다. 잘 보고 따라 해 보세요. – '친구'는 가슴 앞에서 손뼉을 두 번 치면 됩니다. – '안녕하세요'는 오른손 손바닥으로 주먹을 쥔 왼팔의 팔꿈치 정도에서부터 쓸어내립니다. 그리고 양손을 주먹을 쥐고 바닥이 아래로 향하게 하여 가슴 앞에서 아래로 내립니다. – '말하다'는 오른 주먹의 검지를 펴서 세워 옆면을 입 앞에서 앞뒤로 왔다갔다 합니다. 양손을 번갈아 가며 해도 됩니다. – '보다'는 양손의 엄지와 검지를 붙여 동그라미를 만들어 두 눈의 앞에서 밖으로 내밉니다. – '그립다'는 오른손을 펴서 손바닥이 아래로 손끝이 밖으로 향하게 하여 오른쪽 관자놀이 가까이에 댔다가 손가락을 상하로 번갈아 움직이며 밖으로 내밉니다. – '사랑'은 왼손은 주먹을 쥐어 세우고 오른손을 펴세요. 오른손 손바닥을 왼손 주먹 위에 대고 오른손만 오른쪽으로 돌립니다. – '행복'은 오른손을 펴서 엄지와 검지 사이를 벌려 턱에 갖다 댔다가 내리며 손가락을 모아 붙입니다. – '노래'는 오른손 주먹 쥐고 검지와 중지를 펴서 반쯤 구부려 입 앞에서 돌리며 밖으로 올립니다. – '정말'은 오른손을 펴고 손바닥이 왼쪽으로 향하게 하여 턱 앞 중앙에 댑니다. – 간단하게 배울 수 있는 몇 가지 수화를 알아보았습니다.	15′	
	• 수화 노래 – 우리가 배운 수화 단어를 잘 기억할 수 있도록 수화 노래를 배워 봅시다. 오늘 배울 수화 동요는 '세 글자 송'입니다. – 먼저, 노래를 듣고 가사를 기억해 보세요. – 동영상을 보면서 수화로 노래를 불러 봅시다.	10′	▶ '세 글자 송 수화' 동영상 – 유투브에서 검색 ▶활동자료 2-11(세 글자 송) 네이버에서 '세 글자 송' 검색
정리	• 정리 – 마지막으로, '세 글자 송'을 수화로 부르면서 오늘 수업을 마치도록 하겠습니다. 한 주 동안 쉬는 시간에 동영상을 보면서 열심히 연습해 보세요.	5′	▶세 글자 송 동영상

서다우 TIP

- 수화도 하나의 언어이므로 지도하시기 전에 교사가 충분히 동작을 익힌 후에 수업을 하는 것이 좋다.
- 수화는 손의 모양이나 방향에 따라 의미가 달라질 수 있다. 각 단어를 나타내는 수화 동작을 정확히 익힐 수 있도록 한다.
- 수화에서 사용하는 손가락 번호는 저학년 학생들에게 설명할 때 어려움이 있으므로 일반적으로 학생들이 사용하는 손가락 이름을 사용하여 설명해 주는 것이 좋다.
- 수화 참고 사이트
  - 사랑의 수화교실(suhwa.jbedu.kr)
  - 국립국어원: 한국수화사전(http://222.122.196.111)
  - 서울특별시 장애인복지 홈페이지(friend.seoul.go.kr)〉생활정보〉수화표준사전

활동자료 2-10

수화로 말해요!

단 어	그 림	설 명
친구		가슴 앞에서 손뼉을 두 번 친다.
안녕하세요? (안녕히 계세요)		오른손 손바닥으로 주먹을 쥔 왼팔을 쓸어 내린 다음, 두 주먹을 쥐고 바닥이 아래로 향하게 하여 가슴 앞에서 아래로 내린다.
말하다		오른 주먹의 검지를 펴서 세워 옆면을 입 앞에서 앞뒤로 왔다갔다 한다. 양손을 같이 해도 된다.
보다		양 손의 엄지와 검지를 붙여 동그라미를 만들어 두 눈에 댔다가 약간 힘주어 밖으로 내민다.

그립다		오른손을 펴서 손바닥이 아래로, 손끝이 밖으로 향하게 하여 오른쪽 관자놀이 가까이에 댔다가 손가락을 상하로 번갈아 움직이며 밖으로 내민다.
사랑(하다)		왼손은 주먹을 쥐어 세우고 오른손을 편다. 오른손 손바닥을 왼손 주먹 위에 대고 오른손만 오른쪽으로 돌린다.
행복(하다)		오른손을 펴서 엄지와 검지 사이를 벌려 턱에 갖다 댔다가 내리며 손가락을 모아 붙인다.
노래(하다)		오른손을 주먹을 쥐고 검지와 중지를 펴서 반쯤 구부려 입 앞에서 돌리며 밖으로 올린다.
정말(진짜)		오른손을 펴고 손바닥이 왼쪽으로 향하게 하여 턱 앞 중앙에 댄다.

활동자료 2-11

세 글자 송

(세 자로 끝나는 말 중에)
(너에게 가장 해 주고 싶은 말이 뭔지 알아?)
셋 셋 세 자로 끝나는 말은
보고파 그리워 사랑해 행복해
정말 사랑해

(진짜로?)
셋 셋 세 자로 끝나는 말은
사랑해 알라뷰 사랑해 알라뷰
진짜 사랑해

(세 글자로 세 번만 말할게)
(사랑해 사랑해 사랑해)
셋 셋 세 자로 끝나는 말은
보고파 그리워 사랑해 행복해
정말 사랑해

(진짜 사랑해)
셋 셋 세 자로 끝나는 말은
사랑해 알라뷰 사랑해 알라뷰
진짜 사랑해

*세 글자 송은 '리 자로 끝나는 말'을 개사한 노래입니다.

네이버에서 '세 글자 송' 검색

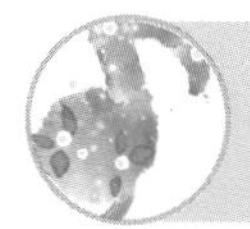

다양한 의사소통 방법 알기 3

활동 목표	• 울음소리와 같은 표현도 의사소통 방법의 하나임을 안다.	학년	2~4학년
		차시	5/5
단계	활 동 내 용	시간	자료(▶) 및 유의점(※)
도입	• 수화로 인사하기 – 지난 시간에 배운 수화로 인사해 볼까요? – 수화 '세 글자 송'도 기억하고 있나요? 함께 '세 글자 송'을 수화로 부르고 오늘 수업을 시작합시다.	5′	▶ '세 글자 송 수화' 동영상 – 유투브에서 검색
전개	• 다양한 방법으로 말하기 – 우리는 지난 시간에 생각과 느낌을 말이 아닌 그림이나, 음악, 몸짓이나 수화로도 표현할 수 있다는 것을 알게 되었어요. – 그런데 말은 물론이고 수화나 몸짓으로도 표현하는 것이 어려운 이들은 어떤 방법으로 자신의 생각과 느낌을 표현할 수 있을까요? 어떤 방법이 있을지 잠깐 생각해 보도록 해요. – 그렇다면 말을 하지 못하는 아주 어린 아기들은 어떻게 의사소통을 하나요? – 네, 울음으로 자신을 표현합니다. – 아기는 언제 울지요? 아기는 배가 고플 때, 졸릴 때, 몸이 아플 때, 앉은 자리가 불편할 때도 울지요. – 우리 주변에는 아기가 아니지만 자신의 생각과 느낌을 말로 표현하는 데 어려움이 있는 친구들이 있어요. 그 친구들도 소리를 지르거나 우는 것으로 자신의 생각과 느낌을 표현하기도 합니다. – 그냥 아무 이유 없이 우는 것이 아니라 무엇인가를 표현하기 위해서 우는 것일 수 있다는 것입니다.	5′	※ 잠시 생각할 시간을 주고, 자신의 생각을 이야기해 볼 수 있도록 한다.

전개	• 무슨 말을 하고 싶은 걸까? - 이제부터는 말을 잘 하지 못하거나 말로 자신의 생각이나 느낌을 표현하는 데 어려움을 갖는 친구들에 대해 이야기해 봅시다. - 그림을 보고 이 친구가 하고 싶어 하는 말을 추측해 보도록 해요. 그림을 하나씩 선생님이 보여 줄 것입니다. (실물화상기를 이용하여 장면을 하나씩 보여 주며 설명해 준 후, 활동지를 모둠별로 나누어 준다.) - 모둠별로 이 친구가 하고 싶어 하는 말을 생각해서 적어 주세요. - 다른 친구들은 어떤 생각을 했는지, 함께 나누어 봅시다. (실물화상기를 통해 내용을 함께 볼 수 있도록 한다.)	15′	▶활동자료 2-12, 2-13(무슨 말을 하고 있는 걸까?) ▶실물화상기 ※ 모둠별로 적은 활동지를 실물화상기를 통해 보여 준다.
	• 〈우리 친구 민수〉 이야기 듣기 - 그럼, 민수가 어떤 말을 하고 싶었던 것인지 PPT를 함께 보겠습니다. - (〈우리 친구 민수〉 PPT를 보며 읽어 준다.) - 민수는 이런 말들을 하고 싶었던 거였군요. 그런데 여러분처럼 말로 표현이 잘 안 되는 것뿐이었어요.	10′	▶우리 친구 민수 PPT 학지사(hakjisa.co.kr)-자료실-부록자료실 ▶활동자료 2-14(우리 친구 민수)
정리	• 수화로 '감사합니다' 인사하기 - 오늘은 우리 친구들의 특이했던 행동들이 할 말이 있어서 나타날 수 있다는 것을 알았어요. - 앞으로 이렇게 울거나, 우리와는 다른 행동을 보이는 친구를 보면 무엇인가 할 말이 있는지 좀 더 관심을 가지고 살펴보도록 해요. - 지난 시간에 배웠던 수화로 '감사합니다' 인사를 하면서 마치도록 해요. 선생님을 따라 해 보세요.	5′	

서다우 TIP

- 이 지도안은 그림 자료의 민수처럼 학급에서 문제행동을 보이는 장애학생이 있거나, 교사가 필요하다고 판단되는 경우에 선택적으로 활용하도록 한다.
- 그림은 고학년 프로그램에도 다른 장면이 제시되어 있으므로(p.229~232), 학급 상황에 맞게 적절한 그림을 두 장면 정도 선택하여 사용한다.
- 문제행동의 여러 가지 기능: 장애학생들이 보이는 문제행동은 자신의 의도나 요구를 전달하려는 의사소통의 기능을 가지고 있는 경우가 많다. 문제행동이 가진 기능은 매우 다양하지만 대체적으로 관심 끌기, 회피하기, 원하는 것 얻기, 감각 조절하기(외부 자극에 대처하여 자신을 안정시키기 위해서), 놀이와 오락(무료함을 달래기 위해서)의 기능을 갖는다.

  예를 들어, 어떤 학생이 꼬집거나 때리는 공격행동을 보였다면, 다음의 의미를 전달하고자 하는 것일 수 있다.

  - 관심 끌기: 나에게 관심을 보여 주세요, 도와주세요.
  - 회피하기: 수학은 싫어요, 그림 그리기 싫어요, 쉬고 싶어요, 말하기 싫어요, 쳐다보지 말아요, 시키지 말아요.
  - 원하는 것 얻기: 컴퓨터 하고 싶어요, 과자 주세요.
  - 감각 조절하기: 너무 시끄러워요, 너무 더워요.
  - 놀이와 오락: 이렇게 하면 기분이 좋아져요.

출처: 박승희 · 장혜성 · 나수현 · 신소니아(2008). 장애관련종사자의 특수교육입문. 서울: 학지사.

활동자료 2-12

무슨 말을 하고 있는 걸까?

이름:

체육시간이었어요. 모두들 선생님의 호루라기 소리를 기다리고 있는데 민수가 갑자기 울면서 바닥에 누웠어요. 민수는 무슨 말을 하고 싶은 걸까요?

출처: 〈우리 친구 민수〉홍성환 그림, 김민정 · 김은화 · 박현정 글.

활동자료 2-13

무슨 말을 하고 있는 걸까?

이름:

쓰기 시간이었어요. 모두들 열심히 선생님께서 내주신 과제를 하고 있는데 민수는 책상 사이를 뛰어다니네요. 짝꿍의 노트에 마구 낙서를 하기도 하고요. 민수는 무슨 말을 하고 싶은 걸까요?

출처: 〈우리 친구 민수〉홍성환 그림, 김민정 · 김은화 · 박현정 글.

활동자료 2-14

우리 친구 민수

장면 1

와아아아!

이게 무슨 소리냐구요? 우리 반 친구들의 소리예요.

정말 힘차죠?

저기 보이네요. 호빵맨 지훈이. 정말 빵빵하죠?

다음은 음~ 머리에 큰 리본을 단 미현이도 보이네요. 미현이는 하루에 몇 번씩 거울을 봐서 모두 공주라고 놀려요. 하지만 우리 반 청소는 미현이가 짱이에요.

미현이 옆에 달리기 잘하는 재우도 보이네요. 재우는 바람같이 잘 달리지만 맨날 지각만 한대요.

저기 뒤쪽에 안경 쓴 현정이도 보이네요.

그리고, 우리 반에는 민수라는 친구도 있어요. 어? 그런데 민수가 어디 갔지? 민수야! 민수야!

장면 2

얘가 바로 민수예요!

–해설: 민수야! 너 또 모래밭에서 놀고 있었구나?

–민수: 헤에……. 으음. 민수는 모래가 좋아!

민수는 음~. 민수는 아직까지는 잘하는 게 별로 없어요. 모든 게 서툴러서 우리를 자주 당황하게 만들지요.

장면 3

–민수: 뛸 거야! 나 뛸 거라구. 우이잉~ 먼저 뛰고 싶어!

체육 시간이었어요. 모두들 선생님의 호루라기 소리를 기다리고 있는데 민수가 먼저 뛰겠다고 마구 고집을 부리고 있잖아요.

민수를 보는 친구들의 표정 좀 보세요.

–호빵맨: 어휴~! 점심 땐 내 반찬까지 뺏어 먹더니.

–투덜이: 저걸 한 대 쥐어박어? 차라리 혼자 모래놀이나 하지…….

–재우: 민수 저렇게 고집 피우면 안 되는데…….

–원식: 쳇! 오늘도 그냥 안 넘어가는구먼.

–동이: 민수야! 너 자꾸 왜 그러니~

장면 4

호루룩! 출발!

어! 그런데 이게 어떻게 된 일이죠? 달리기를 시작한 민수가 자꾸 엉뚱한 곳으로 가는 거예요.

–재우: 민수야! 그쪽이 아니야. 민수야, 민수야!

–민수: 나는 달린다. 달려! 내가 일등이다. 으샤으샤!

민수가 계속 반대쪽으로 가네요. 저러다 지구 끝까지 가면 어떡하죠, 여러분!

장면 5

하지만 다행히 그런 일은 없었어요.

우리 반 재우가 민수를 쫓아가 민수 손을 꼭 잡고 같이 뛰어 주었으니까요.

–재우: 민수야! 앞으로는 내 손 잡고 나랑 같이 뛰자.

–민수: 손 잡고? 으응.

손 잡고 뛴다. 같이 뛰니까 좋아!

–호빵맨: 어? 저러니까 민수도 제법 잘 뛰네.

–동이: 민수랑 같이 다니면 재우 녀석 지각은 안 하겠다야!

–다른 아동들: 하하하!

우리 반 재우 정말 멋지죠?

장면 6

또 이런 일도 있었어요.

그날은 우리 반 모두 며칠 후에 있을 학예회 준비를 하고 있었어요.

행운을 가져다준다는~ (곡명: 네잎 클로버)

어? 그런데 민수만 혼자 있네요.

–민수: 심심해. 나도 같이 하고 싶은데…….

장면 7

–민수: 산토끼, 토끼야. 꽥꽥꽥. 나비야, 나비야.
우아아아! 우으으우웅!

–친구1: 야! 시끄러워! 우리 노래 연습하는 거 안 보이니?

–친구2: 저걸 그냥 때려 줄까 보다.

–친구3: 민수 쟤 왜 또 저러니?

민수 너무 얄밉죠?

글쎄 우리가 열심히 연습하는데 큰 소리를 지르며 방해를 하는 거 있죠?

장면 8

처음엔 우리도 화가 많이 났죠. 그런데 알고 보니 민수도 우리에게 화가 나 있었던 거래요.

–민수: 나도 노래하고 싶어. 학예회에 나가고 싶단 말야.

친구들이 자기만 쏙 빼고 합창연습을 하고 있으니 화가 날 만도 했을 거예요. 그래서 우리는 민수도 함께 참여할 수 있는 방법을 생각해 보기로 했어요.

–똘똘이: 합창 때 민수가 할 만한 일을 생각해 보자.

–현정: 노래를 같이 하게 되면 분명 합창을 망치게 되지 않을까? 민수는 자기 맘대로 부르잖아. 노래도 잘 못하고…….

–은주: 이건 어때? 민수 말야 징 치기를 좋아하잖아. 그러니까 우리 반 합창의 시작과 끝을 알리는 징을 쳐 달라고 하는 거야.

–친구들: 그래. 그게 좋겠다.

이렇게 해서 민수는 학예회 때 징을 치기로 했어요. 과연 민수가 제대로 해냈을까요?

장면 9

징징징!!! 이게 무슨 소리냐고요?

이건 학예회 때 민수가 쳤던 징소리예요. 징징징!!!

–친구들: 민수야, 아무 때나 치면 안 돼! 민수야, 그만해!!

그래서 어떻게 됐냐고요? 우리 반 합창을 망쳐 버렸지 뭐예요. 얼마나 연습을 많이 했는데……. 모두들 속상해했어요. 하지만 속상한 우리 맘과는 달리 민수는 아주 재밌는 모양이에요.

민수의 저 즐거워하는 모습을 보세요.

–민수: 재밌다. 이히~! 징 치기는 정말 재밌어. 얘들아! 나 잘 치지?

장면 10

민수가 이렇게 우리들의 친구가 되기까지는 시간이 좀 걸렸어요.

처음엔 모두 민수를 이상한 아이라고만 생각했어요.

–민수: 아! 나갈 거야, 나가고 싶어. 모래놀이하고 싶어.

–똘똘이: 민수야! 뛰면 안 돼. 여긴 교실이야. 공부해야지.

–투덜이: 왜 저런 애가 우리 반에 있어야 하는 거지?

–미현: 어휴, 시끄러워. 거울이나 봐야지.

수업 시간에 자리에서 일어나 교실을 돌아다닌다거나 소리를 지르면서 공부를 방해하곤 했어요.

장면 11

한번은 수업 중에 민수가 짝꿍인 미현이 공책에 마구 낙서를 한 적이 있었어요.

–미현: 아앙! 선생님, 민수가 제 공책에 낙서해요. 으아앙!!!

–재우: 민수야, 그러면 안 돼!

–호빵맨: 큰일이다. 미현이가 무지 속상하겠는걸.

–동이: 민수야, 그건 네 공책이 아니야.

–민수: 씩씩! 나도 공부해. 나도 공부할 거란 말야.

그 시간에 우리들은 선생님께서 칠판에 써 놓으신 내용을 열심히 공책에 옮겨 적고 있던 중이었어요. 모두들 민수의 행동에 당황했답니다. 대체 민수가 왜 그랬을까요?

장면 12

이 꿈틀꿈틀한 글씨 보이죠? 이게 바로 민수 글씨예요.

처음엔 민수도 우리들처럼 칠판에 적힌 내용을 옮겨 적으려고 했는데 그게 잘 안 됐나 봐요.

민수는 책도 잘 못 읽고 글씨도 천천히 쓰거든요.

그래서 미현이의 공책에 심술을 부렸던 거래요.

–민수: 사과, 나무, 친구. 친구, 좋아! 연필, 끄으응!! 힘들어!

우리가 보기엔 무척 쉬워 보이는데…….

장면 13

지금도 민수가 짝꿍의 공책에 낙서를 하냐구요?

이젠 안 그래요. 왜냐하면 민수는 따라하기 힘든 공부 대신에 민수가 할 수 있는 공부를 하거든요.

–민수: 공부한다. 나도 공부해. 나무, 학교, 친구.

친구들은 민수 공책에 단어를 써 주기도 하고, 어려운 말을 쉽게 얘기해 주기도 해요.

어때요? 제법 예뻐졌죠?

–미현: 오호! 글씨가 많이 늘었네? 쉬는 시간에 또 써 줘야지.

장면 14

콩! 콩! 콩!

웬 콩이냐구요?

이건 민수네 모둠에서 키운 콩이에요. 자연 관찰 시간에 선생님이 그러셨어요.

–선생님: 올 한 해 동안 각 모둠에서는 맘에 드는 식물을 하나 골라 키우도록 하세요.

장면 15

–동이: 커다란 토마토를 키우자.

–호빵맨: 커다란 토마토 좋지. 와! 맛있겠다. 쩝쩝쩝!

–은주: 우리 모둠에선 콩이 좋겠어.

–똘똘이: 수박을 키워 친구들과 나눠 먹으면 어떨까?

–미현: 예쁜 나팔꽃을 심어야지. 나처럼 예쁜 나팔꽃. 호호호!

–원식: 내 얼굴의 주근깨 같은 딸기를 한번 심어 봐?

모두들 다양한 식물을 심기로 했어요. 민수네 모둠에서는 결국 콩을 심기로 했고요.

장면 16

유난히 흙을 좋아하는 민수는 밭에 물 주는 일을 맡게 되었어요.

어! 어! 그런데 민수가 물을 너무 많이 주는 것 같네요.

–민수: 빨리 자라라. 물 주면 잘 자란댔어. 우후후후!

곧 싹이 나올 거야. 이히히!!

어휴~! 어쩌죠?

–해설: 민수야, 그건 금붕어가 아냐!

장면 17

아이, 참! 역시 물을 너무 많이 줬나 봐요.

–친구들: 우아! 싹이 났다! 야호! 신난다!

다른 모둠에서는 모두 싹이 났는데 민수네 모둠만 엉망이네요.

민수는 물을 많이 주면 식물이 빨리 자랄 거라고 생각했나 봐요. 모두들 실망한 표정 좀 보세요.

–민수: 아앙! 싹 보여 줘. 이잉! 내 콩, 내 콩.

–똘똘이: 이거 처음부터 다시 해야겠는데…….

–투덜이: 쳇! 이럴 줄 알았다. 그래도 민수 녀석 물 하난 엄청 열심히 줬는데……. 나보다 실망이 클 거야.

–은주: 우리 민수에게 물 주는 법부터 가르쳐 주자.

–친구들: 그래! 그래! 다시 시작하자.

장면 18

민수네 모둠은 처음부터 다시 시작했어요.

–은주: 흙을 더 붓고 씨를 다시 심으면 꼭 싹이 날 거야.

–민수: 물은 조금씩 조심조심. 그래.

–투덜이: 민수도 저렇게 열심히 하는데 나는 옆에서 벌레라도 잡아야겠군.

–똘똘이: 잡초도 뽑아 주고, 와! 벌써 이만큼이나 자랐네!

민수네 모둠에서도 곧 싹이 나오고 예쁜 콩이 싱싱하게 자랐어요.

장면 19

이건 비밀인데요. 민수는 저 콩으로 김이 모락모락 나는 맛있는 콩밥을 해서 우리들과 나누어 먹을 생각이래요.

모두가 힘을 합쳐 소중히 키운 콩처럼 민수와 우리들은 언제까지나 좋은 친구로 남을 거예요.

출처: 〈우리 친구 민수〉 홍성환 그림, 김민정 · 김은화 · 박현정 글.

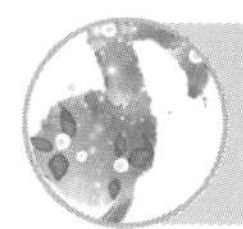

바른 대화법 알기

<table>
<tr><td rowspan="2">활동 목표</td><td rowspan="2">• 잘못된 대화법과 올바른 대화법을 구분할 수 있다.</td><td>학년</td><td>5~6학년</td></tr>
<tr><td>차시</td><td>1~2/7</td></tr>
<tr><td>단계</td><td>활 동 내 용</td><td>시간</td><td>자료(▶) 및 유의점(※)</td></tr>
<tr><td>도입</td><td>• 마음의 귀마개
- 이야기를 들어 줄 한 친구를 초대해 볼게요. 이 친구는 시끄러운 음악이 나오는 헤드폰을 낄 거예요. 여러분이 하고 싶은 질문을 하고 이 친구가 잘 대답할 수 있는지 해 봐요. 동작은 하지 않고 오로지 말로만 대화를 시도하는 거예요.
- 귀마개를 했던 친구에게 인터뷰를 해 볼까요? 잘 듣지 못하는데 다른 사람들의 말을 알아들으려니 어땠나요?
- 그럼 질문을 했던 여러분에게 물어볼까요? 잘 알아듣지 못하니 마음이 어땠나요?
- 네, 듣지 못하는 사람이나 말하려고 하는 사람 모두 답답함을 느낀 것 같습니다. 들을 수 있어도 마음에 귀마개가 있는 경우에도 대화가 어려울 수 있을 거예요. 오늘은 다른 사람의 말을 제대로 들어 주는 것이 얼마나 중요한지 알아볼 거예요.</td><td>5′</td><td>▶헤드폰, 시끄러운 음악 파일</td></tr>
<tr><td>전개</td><td>• 기분 상하는 말말말
- 지금 선생님이 들려주는 말을 들어 보세요. 이 말을 들으면 어떤 기분이 드는지 말해 보세요.
① 너 방 안 치우면 알아서 해. 이번 시험 못 보기만 해. (강요, 명령하는 말투)
② 네가 그렇지 뭐. 그렇게 대충하다 그럴 줄 알았다. 너 잘났다. (빈정거림, 조롱하는 말투)
③ 그렇게 게을러서 어디에 써먹냐? 커서 뭐가 되려고 그러냐? 네가 잘못해서 그런 거지.(비난하는 말투)
④ 아니 왜 그랬어? 도대체 이유가 뭐야? 누가 그랬는데? 넌 대체 뭘 한 거야? (캐묻기, 심문하는 말투)
⑤ 네 언니는 안 그러는데 넌 왜 그러니? 네 형 반만큼이라도 따라가면 좋겠다. 네 친구들은 다 똑똑하네. (다른 사람과 비교하는 말투)
- 그럼 여러분이 들은 말 중에 기분이 나빴던 말은 어떤 것이 있나요? 혹은 여러분이 말을 했는데 상대방이 어떤 태도를 보일 때 기분이 좋지 않은가요?</td><td>10′</td><td>※말을 먼저 들려주고 왜 기분이 나쁜지를 묻는다. 아이들의 답변에서 찾아 어떤 부정적 측면이 있는지 정확히 알려준다.</td></tr>
</table>

	• 내 말을 들어 주오 – 지금부터 나누어 주는 대본은 앞에서 우리가 말한 여러 가지 잘못된 대화를 하는 경우입니다. 각 모둠에게 나누어 주는 학습지 중 '내 말을 들어 주오' 부분을 읽고 역할을 정해 즉흥극을 해 보겠습니다. 즉흥극을 하는 중간에 선생님이 "얼음"을 외치면 배우들은 동작을 멈춥니다. – (즉흥극의 끝부분에서 교사는 얼음을 외치고 기분 나쁜 말을 들은 친구에게 인터뷰를 한다. 지금 기분이 어떤지, 왜 기분이 나쁜지 물어본다. 역할을 하지 않았던 모둠의 다른 친구들이나 극을 본 친구들에게도 이런 말을 들은 사람이 왜 기분이 나쁜지 물어볼 수도 있다.) – 지금까지 여러분이 한 즉흥극에서 왜 기분이 나쁜지 이야기해 보았습니다. 상황1은 '비난', 상황2는 '명령, 강요', 상황 3은 '비교, 캐묻기' 상황4는 '무시, 말 끊기' 상황5는 '오해' 상황 6은 '빈정거림, 조롱, 헐뜯기' 등으로 인해 기분이 나쁜 경우입니다.	20′	▶활동자료 2-15 (상황별로 각 모둠에 잘라 준다) ※말의 어떤 요소 때문에 기분이 나쁜지 파악할 수 있도록 돕는다.
전개	• 시간을 돌려라 – 모둠별로 나누어 준 학습지를 다시 봅니다. '시간을 돌려라' 부분에 비어 있는 대화 칸이 있습니다. 여기에 상대방이 기분 나쁘지 않게 나의 의견이나 생각을 어떻게 말할 것인지 모둠원과 의논하여 써 보세요. – 각 모둠이 나와 바르지 못한 대화의 상황과 바른 대화의 상황 두 개를 모두 역할극으로 발표합니다. 단, 모둠원이 모두 역할극에 참여할 수 있도록 역할을 만들어 보세요. 사람이 아니라 극에 나오는 배경이나 소품 역할을 해도 좋습니다. – 시간을 돌리는 주문을 함께 만들어 볼까요? 우리가 만든 시간을 돌리는 주문을 바르지 못한 대화의 상황이 끝나면 다 같이 큰 소리로 외쳐 주세요. 친구들이 주문을 외치면 발표 모둠은 바른 대화의 상황극을 바로 보여 주세요. – 모둠별로 나와 발표를 해 보세요. – 발표한 모둠의 대화가 어떻게 바뀌었나요? (앞의 상황과 어떻게 다른지 차이점을 설명하게 한다. 즉흥극을 하는 중에 교사는 '얼음'을 외치고 배우에게 어떤 느낌이 드는지 물어볼 수도 있다.)	35′	▶활동자료 2-15 (학습지 중 '시간을 돌려라' 작성) ※역할극을 하기 힘들어하는 친구들은 배경이나 소품 등의 역할을 주어 모두가 참여할 수 있도록 격려한다.

정리	• 정리 - 상대방과 기분 좋은 대화를 하기 위해서는 어떤 태도를 가져야 할까요? 여러분은 어떤 태도를 가지고 있는 사람과 대화하는 것이 즐겁나요? 바르게 듣는 자세와 말하는 방법을 모두 말해 봅시다. ① 상대방의 눈을 쳐다본다. ② 말을 끝까지 듣고 나서 말한다. ③ 가끔 고개를 끄덕이거나 '응, 그래서, 그래?' 등의 말을 해 준다. ④ 상대방의 기분을 생각하여 말한다(피해야 할 말하기 태도인 명령, 비난, 조롱, 캐묻기, 빈정거림, 비교, 무시 등의 말투를 쓰지 않는다). - 짝을 바라보며 연습을 해 보세요.	10′	

활동자료 2-15

	내 말을 들어 주오	시간을 돌려라
상황 1	태연: 우리 모둠 빨리 내야 할 것 같아. 효연: 미안, 빨리 하려고 했는데 그만……. 윤아: 너 땜에 우리 모둠이 젤 늦었잖아. 유리: 하여간 재랑 모둠하면 안 된다니까. 서현: 거북이도 너보다는 낫겠다. 수영: 그냥 우리가 할게. 넌 빠지는 게 도와주는 거다. 효연: ______________________	태연: 우리 모둠 빨리 내야 할 것 같아. 효연: 미안, 빨리 하려고 했는데 그만……. 윤아: 유리: 서현: 수영:
	내 말을 들어 주오	시간을 돌려라
상황 2	수영: 내일 친구 생일파티 갈 거야. 엄마: 영어 학원 가야 하잖아. 수영: 하루만 빠지면 안 돼? 엄마: 너 학원 안 가기만 해 봐. 알아서 해. 가만 안 둘 거야. 수영: ______________________	수영: 내일 친구 생일파티 갈 거야. 엄마: 영어 학원 가야 하잖아. 수영: 하루만 빠지면 안 돼? 엄마: 수영: 엄마: 수영:
	내 말을 들어 주오	시간을 돌려라
상황 3	선생님: 이거 네가 낸 숙제 맞지? 승리: 네. 선생님: 자료 조사 열심히 안 했니? 승리: 시간이 좀 부족했어요. 선생님: 다른 애들은 다 잘해 왔는데 너만 시간이 부족하니? 너는 늘 핑계를 대는구나. 승리: ______________________	선생님: 이거 네가 낸 숙제 맞지? 승리: 네. 선생님: 자료 조사 열심히 안 했니? 승리: 시간이 좀 부족했어요. 선생님: 승리: 선생님:

	내 말을 들어 주오	시간을 돌려라
상황 4	민이: 엄마, 다녀오셨어요? 피곤하시……. 엄마: 너 숙제 없니? 민이: 있는데 아직 다 못 했어요. 엄마, 배고파요. 엄마: 숙제부터 빨리 끝내. 민이: 오늘 학교에서 친구가……. 엄마: 뭐? 근데 네 방은 그게 뭐니? 민이: ______ 엄마: ______	민이: 엄마, 다녀오셨어요? 피곤하시겠어요. 엄마: 민이: 엄마: 민이:
	내 말을 들어 주오	시간을 돌려라
상황 5	대성: 태양아, 넌 시험 잘 봐서 좋겠다. 태양: 대성아, 너도 열심히 하면 다음엔 잘 볼 거야. 대성: 난 열심히 안 했다고 그러는 거냐? 태양: 아니 그게 아니고……. 대성: 너 잘났다. 태양: ______	대성: 태양아, 넌 시험 잘 봐서 좋겠다. 태양: 대성아, 너도 열심히 하면 다음엔 잘 볼 거야. 대성: 태양: 대성: 태양:
	내 말을 들어 주오	시간을 돌려라
상황 6	윤아: 너 새 옷 샀니? 유리: 응, 어제. 어때? 윤아: 옷은 예쁜데 네 얼굴이 까매서 색깔이 안 어울려. 유리: 잘 맞춰 입으면 괜찮지 않을까? 윤아: 너의 문제점은 네 외모에 너무 자신감을 가진다는 거야. 유리: ______	윤아: 너 새 옷 샀니? 유리: 응, 어제. 어때? 윤아: 유리: 윤아: 유리:

긍정적으로 이야기하기

활동 목표	• 상대방의 감정을 존중하여 긍정적인 말하기를 할 수 있다.	학년	5~6학년
		차시	3/7
단계	활 동 내 용	시간	자료(▶) 및 유의점(※)
도입	• 물은 답을 알고 있다 - 다음 동영상을 함께 봅시다. (포털 사이트에서 '물은 답을 알고 있다' 로 검색) - 이렇게 말은 물이나 동물, 식물에게도 중요하게 작용합니다. 말을 주요 의사소통수단으로 사용하는 '사람' 에게는 말은 더 중요하겠지요? • 오늘의 활동 소개 - 오늘은 다른 사람의 기분이 상하지 않도록 하면서 내 감정을 솔직히 말하는 대화법에 대해 알아보도록 해요.	5′	▶ '물은 답을 알고 있다' 동영상 또는 〈물은 답을 알고 있다〉 에모토 마사루, 더난출판
전개	• 긍정적으로 이야기하기 - 지난 시간에 '우리가 듣고 싶은 말' 의 공통점을 찾아볼 수 있었지요? 기분을 공감해 주기, 관심을 가지고 질문하기, 자기 입장 설명하기, 부드럽게 말하기 등등이 있었지요. - 긍정적인 말을 하는 방법에는 이외에도 몇 가지가 더 있답니다. - 첫 번째는 우선 다른 사람의 말을 잘 들어주는 것입니다. 두 번째는 말을 할 때 '너' 라고 시작하지 않고 '나' 로 시작하는 것입니다. '너' 라고 시작하면 비난이나 명령을 하는 말이 되는 경우가 많아서 싸움이 시작되기 쉽지만, '나' 로 시작하게 되면 그렇지 않습니다. 이렇게 '나' 로 시작하는 대화법을 영어로는 'I-Message', 우리말로는 '나 대화법' 이라고 한답니다.	15′	

전개	• 나 대화법으로 이야기하기 - 우선 상황을 하나 정해 볼게요. 친구들이 방 정리를 다 해놓았는데 동생이나 형이 와서 순식간에 어지럽혔어요. 그럴 때 '너'가 주어가 되도록 말을 한다면 "너 정말 이럴래!" "너 때문에……." 등등의 거친 말이 나오겠지요? - 일단 자신이 화가 났거나 남을 비난하고 싶은 말을 하고 싶을 때 잠깐 멈추고 생각을 해 봅니다. - 나 대화법의 1단계는 상황을 그냥 있는 그대로 설명해 보는 것입니다. 내가 생각하는 것을 말로 해 보는 것이지요. "내가 조금 아까 치워 놨는데 또 어질러졌네." - 2단계는 선택합니다. 정말 화가 났다면 화가 난 내 기분, 감정을 설명해요. "이렇게 어질러진 것을 보니 좀 화가 난다." 화가 덜 났다면 다음 단계로 넘어갑니다. - 3단계는 내가 바라는 것을 잘 생각해 보고 요청하는 것입니다. 내가 바라는 것이 지금 당장 방을 치워 주는 것인지, 이번엔 어쩔 수 없으니 다음에는 어지럽히지 않았으면 좋겠는지 잘 생각해 보고 말해 보세요. "다 놀고 치워 줬으면 좋겠어." 라든가 "다음부터는 어지럽히지 않으면 좋겠다."와 같이 '~하면 좋겠다.' '~하면 고맙겠어.'라는 말로 끝내면 말이 부드러워집니다. - 마지막은 요청한 일을 상대방이 해 주었을 때, 곧바로 "고마워." 하고 감사를 표시하는 일이에요. - 여러 가지 상황으로 나 대화법을 한번 연습해 볼까요? [상황 1] 너무 더운 날 친구와 게임방을 가기로 했습니다. 그런데 친구가 20분이나 늦게 왔네요. 〈나 대화법〉 1단계: 나 너를 20분이나 기다렸어. 2단계: 너무 더운데 기다리려니까 짜증도 나고 화도 났어. 3단계: 다음부터 약속시간 좀 지켜 주었으면 좋겠어.	15′	▶활동자료 2-16 (나 대화법으로 말하기) ▶활동자료 2-17 (이렇게 말해 보아요)

전개	[상황 2] 수업 시간에 실수로 잘못 발표했는데 수원이가 "넌 그것도 모르냐?" 라고 말하네요. 〈나 대화법〉 1단계: 내가 잘못 생각해서 발표 잘못한 건 맞아. 2단계: 그런데 네 말을 들으니 더 창피하고 화가 나. 3단계: 다음부터는 그런 얘기하지 않았으면 좋겠어. - 학습지의 다른 상황들을 보면서 짝과 함께 '나 대화법' 으로 써 보고 간단한 역할극도 해 봅시다.		
정리	• 쪽지편지 쓰기 - 우리는 우리가 알지 못하는 사이에도 다른 사람의 마음을 상하게 하는 경우가 많습니다. 그런 경우를 잘 떠올려 보고 그 사람에게 짧은 편지를 써 보도록 해요. 여러분이 기분 상하게 했던 친구에게 사과의 마음을 전달해도 좋아요. 오늘 배운 '나 대화법' 을 사용해서 그때 어떤 기분인지 표현해 보도록 합니다. - 편지를 그 사람에게 전해 주도록 해요. 직접 전해 주기 어려운 경우에는 선생님에게 주면 선생님이 대신 전달해 주겠습니다.	5′	▶활동자료 2-18 (친구야, 그때는 말야)

서다우 TIP

나 대화법(I-Message)

I-Message는 고든(Gordon)이 주장한 의사소통 방식으로 긍정적인 말하기 기법으로 많이 활용됩니다. 나 대화법은 수용할 수 없는 행동에 대한 비난이나 비평 없는 서술(당신이 ~하면), 그 행동이 당신에게 미치는 구체적인 영향(나는 ~점에서 피해를 입는다), 상대방의 행동이나 또는 구체적인 영향에 대한 당신의 감정이나 느낌(내 기분은 ~하다)으로 표현하는 화법입니다. 그러나 우리나라 어법과 달라 낯설고, 요소에 모두 맞추어 말하다 보면 자연스럽지 못합니다. 그러므로 처음 대화를 시작할 때 자신의 현재 감정을 표현하는 말로 먼저 시작하고, 다른 사람을 비난하는 말을 하지 않도록 하는 것을 연습하도록 하는 것이 더욱 실제적일 것입니다.

'나 대화법'의 초점은 문법이 아니라 자신의 기분을 표현하는 것에 있다는 것을 학생들에게 알려 주세요. 상황을 객관적으로 직시하고 자신의 기분을 명시하는 것만으로도 본인이 스스로 자기 감정을 조절할 수 있는 경우가 많습니다. 부드럽게 자신의 기분을 표현하고, 요구하는 바를 표현하는 것을 연습하는 것이 필요합니다. 형식상으로는 '나 대화법' 같지만 실제 내용에서는 '너 대화법'인 경우가 있으므로 유의해야 합니다. 예를 들어 "나는 네가 잘못했다고 생각해." "내가 봐도 그건 아닌 것 같아." 등과 같이 자신의 생각이나 경험을 기준으로 상대방을 비난하기보다 자신의 감정, 즉 기분을 다른 사람에게 전달하는 것이 다른 사람의 이해를 얻기가 쉽습니다.

이러한 긍정적인 말하기는 지속적인 훈련과정을 통해 습득됩니다. 학급 게시판에 활동자료를 여러 장 묶어 게시해 놓고 특정 상황에서 할 수 있는 긍정적인 말하기를 포스트잇으로 붙이기 등의 수업연계활동을 통해 학급에서 지속적으로 실천할 수 있는 기회를 만들면 좋겠습니다.

이렇게 말해 보아요!

(3)학년 (3)반 이름: 이준희, 손현영

상황을 읽고 '나 대화법'으로 말해봅시다.

상황	'너'대화법	'나'대화법
오랜만에 영수와 게임방에 가기로 했는데, 영수는 약속시간에서 20분이나 지나서 도착했어요.	"너는 왜 매일 그렇게 약속을 안 지키니?"	20분이나 늦게왔네. 나 조금 화났어 다음부터는 빨리 왔으면 좋겠어
청소시간입니다. 자기가 맡은 청소를 안하고 놀던 수희가 청소가 끝난 나에게 와서 자기 청소를 같이 하자고 조릅니다.	"너 혼자 알아서 해"	나는 내 청소 다했어. 그런 부탁 들으니까 조금 짜증이 난다. 네 일은 네가 했으면 좀 좋겠어
수업 시간에 발표를 하는데 실수로 생각을 잘못 이야기했어요. 수원이가 잘난척을 하며 '그것도 모르냐?' 말했어요.	"너나 잘 해"	나 좀 실수한거야. 그 이야기 들으니까 조금 속상해. 그런 말 않 해 주었으면 좋겠어

활동자료 2-16

나 대화법(I-Message)으로 말하기

1. 상황을 있는 그대로 이야기합니다.

2. 선택해요.
• 너무 화가 많이 났을 때: 내 감정을 이야기해요.
• 화가 그렇게 많이 나지 않았을 때: 다음 단계로

3. 내가 무엇을 바라는지 잘 생각해 보고 요청하세요.
(~해 주면 좋겠어/~해 주면 고맙겠다/~해 주면 도움이 되겠어.)

4. 고마워~! (요청이 받아들여졌을 때 바로)

나 대화법(I-Message)으로 말하기

1. 상황을 있는 그대로 이야기합니다.

2. 선택해요.
• 너무 화가 많이 났을 때: 내 감정을 이야기해요.
• 화가 그렇게 많이 나지 않았을 때: 다음 단계로

3. 내가 무엇을 바라는지 잘 생각해 보고 요청하세요.
(~해 주면 좋겠어/~해 주면 고맙겠다/~해 주면 도움이 되겠어.)

4. 고마워~! (요청이 받아들여졌을 때 바로)

활동자료 2-17

이렇게 말해 보아요!

이름:

상황을 읽고 '나 대화법' 으로 말해 봅시다.

상 황	너 대화법	나 대화법
무척 더운 날 영수와 게임방에 가기로 했는데, 영수가 약속시간에서 20분이나 지나서 도착했어요.	"너는 왜 매일 그렇게 약속을 안 지키니?"	
수업 시간에 발표를 하는데 실수로 생각을 잘못 이야기했어요. 수원이가 "그것도 모르냐?" 라고 말하네요.	"너나 잘해."	
짝꿍이 빌려 달라는 말도 하지 않고 내 지우개를 가져다가 쓰네요.	"야, 너 왜 내 지우개를 아무 말도 안 하고 쓰는 거야?"	
쉬는 시간에 반 친구 중 한 명이 교실에서 마구 뛰어다니면서 소리를 지릅니다. 나는 책을 읽고 싶은데 말입니다.	"야, 시끄러워! 뛰어다니지 좀 마라!"	
모둠에서 협동화를 그리기로 했어요. 그런데 한 친구는 같이 그림을 그리지 않고 다른 종이에 낙서만 하고 있어요.	"야, 너만 놀고 있으면 어떻게 해!"	

활동자료 2-18

쪽지편지 쓰기

친구에게 그동안 하지 못했던 말, 하고 싶은 말을 간단히 적어서 보내 보세요.

에게

가

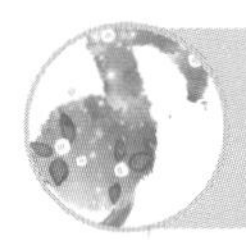

다양한 의사소통 방법 알기 I

활동 목표	• 언어 이외의 모든 사람들이 쉽게 의사소통할 수 있는 다양한 방법을 안다.	학년	5~6학년
		차시	4/7
단계	활 동 내 용	시간	자료(▶) 및 유의점(※)
도입	• 오래된 이야기 – 오늘은 선생님이 아주 오래된 그림들을 보여 주겠습니다. 어떤 그림인지, 무엇을 나타내는 그림인지 한번 보세요. (동굴벽화와 상형문자 그림을 실물화상기로 보여 준다.) – 첫 번째, 두 번째 그림은 프랑스에 있는 동굴에서 발견된 벽화입니다. 라스코 동굴벽화라고 하지요. 무슨 그림인가요? 네, 소, 말 등을 그린 그림이지요. 금방 알아볼 수 있나요? 만 7천 년 전에 그린 그림인데도 바로 알아볼 수 있었지요. 그리고 세 번째 그림은 이집트의 상형문자 그림입니다. 상형문자는 그림으로 나타낸 고대 문자이지요. 네 번째 그림은 중국의 고대 상형문자인 둥바문자입니다. 수천 년 전의 문자임에도 우리가 그 의미를 알 수 있습니다. – 우리는 주로 말이나 글로 서로의 생각을 전달합니다. 말이 없다면, 글이 없다면 어떻게 의사소통을 할 수 있을까요? 말과 글 이외에도 다양한 방법으로 우리는 의사소통을 할 수 있습니다. 예를 들면 그림, 수화, 몸짓과 같은 방법입니다. 앞에서 본 것처럼 아주 오래전에 선조들이 남긴 그림을 알아볼 수 있고, 그들의 생각과 생활을 짐작해 볼 수 있습니다. 오늘은 우리가 흔히 말이나 글로 의사소통을 하는 방법 이외의 다른 방법을 경험해 보도록 하겠습니다.	5′	▶활동자료 2-19(오래된 이야기) ▶실물화상기 ※인터넷으로 그림을 검색하면 쉽게 찾을 수 있다.
전개	• 말이 필요 없다! 픽토그램 – 다음에 보여 주는 그림들을 보고 그림의 의미를 말해 보세요.(활동 자료 2-20의 그림을 실물화상기로 하나씩 보여 주거나 인터넷에서 '픽토그램'을 이미지를 검색하여 보여 준다.) – 그림을 보고 쉽게 그 의미를 알 수 있었지요? 글자를 읽지 못하는 사람, 외국인도 쉽게 의미를 알 수 있는 그림들이었어요.	10′	▶활동자료 2-20(말이 필요 없다! 픽토그램) ▶실물화상기 또는 인터넷에서 픽토그램 검색

전개	- 이런 그림들을 픽토그램이라고 합니다. 픽토그램은 'picture'와 전보라는 뜻을 가진 'telegram'의 합성어예요. 픽토그램은 사물, 시설, 행동 등을 상징적인 그림으로 나타내어 모든 사람들이 빠르고 쉽게 이해할 수 있도록 만든 일종의 상징문자예요. 픽토그램으로 만든 간단한 카툰 하나를 볼까요? 말이나 글 없이도 내용이 잘 전달되는지 보세요(픽토그램 동영상을 보여 준다).	10′	▶pictogram animation-after you(유투브에서 픽토그램으로 검색)
	• 우리가 만드는 픽토그램! - 앞에서 본 것처럼 단어뿐만 아니라 상황을 픽토그램으로 나타낼 수 있습니다. 이제 우리만의 픽토그램을 만들어 보겠습니다. 각 모둠별로 각기 다른 장소를 제시하겠습니다. 그 장소에서 필요하다고 생각되는 픽토그램을 만들어 보세요. 예를 들어 백화점에서 필요한 픽토그램을 만든다면, 엘리베이터 위치, 애완견 동반 금지 등을 픽토그램으로 만들 수 있습니다. 재미있는 픽토그램을 만든다면 과다한 쇼핑 환영, 떼쓰기 금지 등을 만들어 볼 수 있겠네요. - 모둠원들과 함께 만들어 보세요.(모둠별로 각기 다른 상황을 제시하고 학습지(활동자료 2-21)를 나눠 준다. 상황으로는 음식점, 학교, 공원, 지하철, 극장, 화장실, 우리 집 등을 제시한다.) - 우리 친구들이 만든 픽토그램을 다 같이 보도록 하겠습니다. 친구들의 픽토그램을 보고 어떤 내용인지 한눈에 알 수 있을까요? - (모둠의 작품들을 하나씩 실물화상기로 보여 주고 어떤 내용인지 학생들이 맞혀 보게 한다.)	23′	▶활동자료 2-21(우리가 만드는 픽토그램) ▶실물화상기
정리	• 정리하기 - 오늘은 말과 글이 아닌 그림으로 다른 사람과 의사소통할 수 있는 방법을 알아보았습니다. 모든 사람이 쉽게 알 수 있도록 간단한 그림으로 나타내는 픽토그램에 대해 알아보았지요? 픽토그램은 특별히 글을 읽지 못하는 사람, 장애가 있는 사람, 외국인뿐만 아니라 모든 사람들이 어떤 사물, 시설, 상황에 대해 쉽게 알고 접근할 수 있도록 한 것이랍니다. - 우리 친구들이 이번 시간을 통해 다양한 사람들과 다양한 방법으로 의사소통할 수 있다는 것을 알 수 있는 시간이 되었기를 바랍니다.	2′	

서다우 TIP

- 모둠별로 픽토그램을 그리는 활동을 할 때 장애아동은 색칠을 하거나 모둠원이 그려 놓은 선을 따라 진하게 그리는 역할을 줄 수 있다.
- 학생들이 픽토그램을 그리는 것을 어려워하면 인터넷에서 검색하여 픽토그램의 더 많은 예를 보여 줄 수 있다.

활동자료 2-19

오래된 이야기

라스코 동굴벽화

라스코 동굴벽화

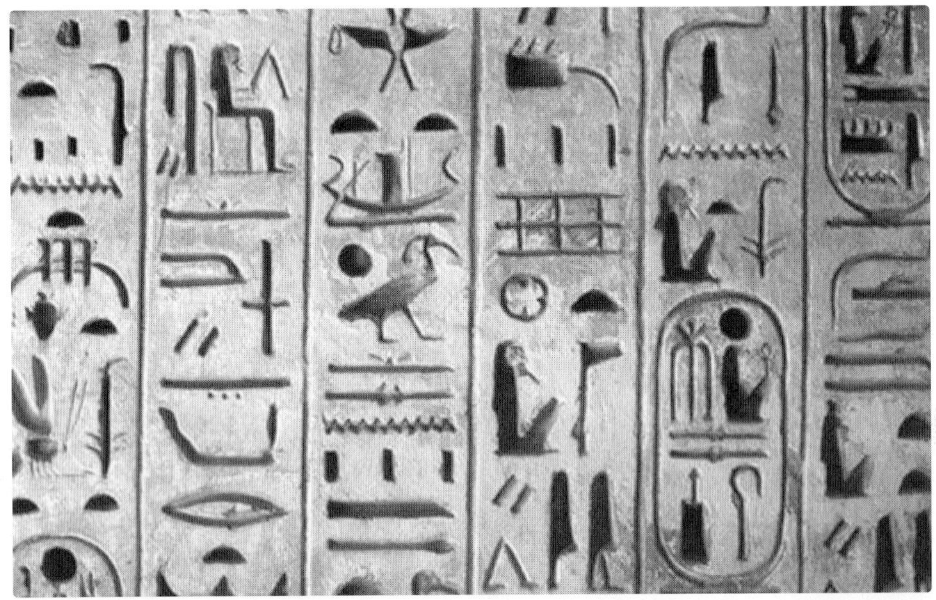

이집트 상형문자

중국 고대 동바문자

활동자료 2-20

말이 필요 없다! 픽토그램

다음 픽토그램을 하나씩 보여 주세요.

화장실

양식당

어린이 동반 화장실

야영장

가방 주의

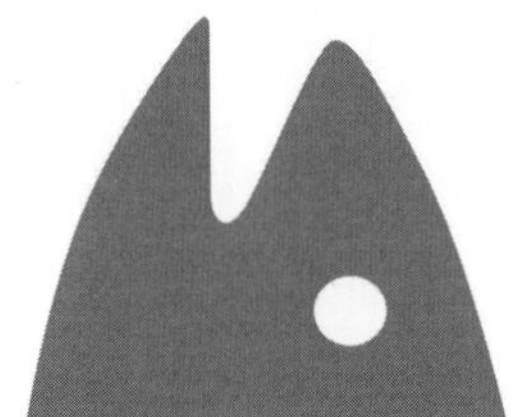

영화 〈죠스〉 포스터

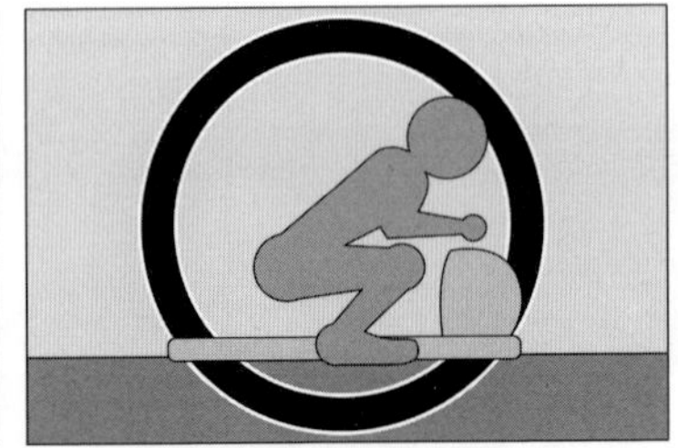

올바른 화장실 사용법

애완견 배설물 치우기

활동자료 2-21

우리가 만드는 픽토그램

이름:

제 목 :

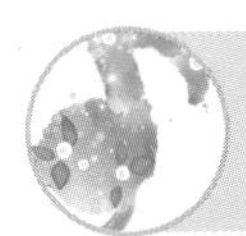

다양한 의사소통 방법 알기 2

활동 목표	• 수화의 특징을 이해하고 간단한 수화를 익힐 수 있다.	학년	5~6학년
		차시	5/7
단계	활 동 내 용	시간	자료(▶) 및 유의점(※)
도입	• 짧은 이야기: 야구 심판의 멋진 몸짓 – 여러분, 야구 경기 본 적 있나요? 야구 좋아하는 친구들 많지요? 오늘은 먼저 선생님이 야구와 관련된 이야기를 들려 줄 거예요. 야구 경기에서 투수가 공을 던지면 심판은 “스트라이크” 혹은 “볼” 이라고 말하면서 손을 사용합니다. 공을 치고 달려가는 주자가 “아웃”인지 “세이프”인지도 멋진 동작으로 알려줍니다. 원래 야구에서 심판은 손짓이나 동작 없이 말로만 판정을 했다고 해요. 그러면 언제부터 야구 심판들은 말과 함께 손짓과 동작을 사용했을까요? 1888년에 더미 호이라는 청각장애인 야구선수가 메이저리그에 데뷔했어요. 호이 선수는 청각장애 때문에 심판의 판정 소리를 들을 수 없었어요. 그래서 호이는 3루 코치에게 손으로 심판의 판정을 알려 달라고 했어요. 이 방법을 이용해서 빌 클렘이라는 심판이 최초로 손동작과 함께 판정을 하게 되었답니다. 지금은 심판들의 멋진 동작이 야구 보는 재미를 더해 줍니다. – 심판들이 판정을 손동작과 함께 알려 주면 어떤 점이 좋을까요? 자신의 생각을 말해 봅시다. – 심판이 손동작이나 몸짓과 함께 판정을 하면, 소리가 들리지 않아도 우리는 쉽게 판정을 알아볼 수 있겠죠. 그리고 심판들도 소리를 크게 지르지 않아도 되고요. 청각장애가 있는 야구 선수들도 게임하는 데 불편하지 않겠지요. 여러분들이 말한 대로 동작으로 판정을 알려 주게 되면서 여러 가지 좋은 점이 많아졌네요. • 오늘의 활동 소개 – 오늘은 소리를 듣는 데 어려움이 있어서 말로 이야기를 나누기 어려운 청각장애인들이 의사소통을 위해 사용하는 수화를 배우고 수화 노래도 배워 봅시다.	5′	▶활동자료 2-22(야구 심판의 멋진 몸짓) ※ 학생들이 다양한 의견을 말하면서 음성 이외의 다양한 의사소통 방법의 장점을 인식할 기회를 준다.

전개	• 수화 – 이번 시간에는 가족과 관련된 수화를 배울 거예요. – 먼저 수화는 주로 두 손을 사용하고 손의 모양이나 방향을 정확하게 해야 합니다. 잘 보고 따라 해 보세요. – 오늘 배울 단어는 가족과 관련된 단어들입니다. [집, 가족, 나, 엄마, 아빠, 좋다, 사랑하다, 말하다, 즐겁다, 일하다, 정말(진짜), 마음(가슴)] – '집' 은 손을 펴서 손끝을 모아 지붕 모양을 만드세요. – '가족' 은 집을 한 후에 오른손의 엄지와 새끼손가락을 펴고 좌우로 움직이면 됩니다. – '엄마' 는 오른 주먹의 검지를 펴서 끝 바닥을 코 오른쪽에 댔다가 떼며 검지를 접고 새끼손가락을 펴서 세웁니다. – '아빠' 는 오른 주먹의 검지를 펴서 끝을 코 오른쪽에 댔다가 떼며 검지를 접고 엄지를 펴서 위로 세웁니다. – '좋아하다' 는 오른 주먹을 코 앞에 대고 앞쪽으로 약간 움직입니다. – '사랑' 은 왼손을 주먹을 쥐어 세우고 오른손을 폅니다. 오른손 손바닥을 왼손 주먹 위에 대고 오른손만 오른쪽으로 돌립니다. – '말' 은 오른 주먹의 검지를 펴서 세워 옆면은 입 앞에서 앞뒤로 왔다갔다 합니다. 양손을 같이 해도 됩니다. – '즐겁다' 는 두 손의 엄지, 검지, 중지를 펴고 양쪽 가슴 앞에 대고 서로 엇갈리게 두 번 올렸다 내립니다. – '일' 은 손바닥이 위로 향하게 편 두 손을 양옆으로 붙였다 벌리는 동작을 두 번 반복합니다. – '정말(진짜)' 은 오른손을 펴고 손바닥이 왼쪽으로 향하게 하여 턱 앞 중앙에 댑니다. – '마음' 은 '가슴' 과 같습니다. 왼손을 모두 펴서 손등이 밖으로 향하게 하여 가슴 앞에 둡니다. 오른손은 검지를 펴고 왼손 등에 한 번 대고 왼손 바닥에 한 번 댑니다.	15′	▶수화 단어 PPT 학지사(hakjisa.co.kr)-자료실-부록자료실 ▶활동자료 2-23 (수화자료)

전개	• 수화 노래: 참 좋은 말 – 우리가 배운 수화 단어를 잘 기억할 수 있도록 수화 노래를 배워 봅시다. 오늘 배울 수화 동요는 '참 좋은 말' 이에요. – 먼저, 노래를 듣고 가사를 기억해 보세요. – 동영상을 보면서 따라 해 봅시다.	10′	▶ '참 좋은 말 수화' 동영상-유투브에서 검색
정리	• 정리하기 – 마지막으로, '참 좋은 말' 을 수화로 부르면서 오늘 수업을 마치도록 하겠습니다. 한 주 동안 쉬는 시간에 동영상을 보면서 열심히 연습해 보세요.	5′	

서다우 TIP

- 수화는 손의 모양이나 방향에 따라 의미가 달라질 수 있다. 각 단어를 나타내는 수화 동작을 정확히 익힐 수 있도록 한다.
- 수화 참고 사이트
  - 사랑의 수화교실(suhwa.jbedu.kr)
  - 국립국어원: 한국수화사전(http://222.122.196.111)
  - 서울특별시 장애인복지 홈페이지(friend.seoul.go.kr)〉생활정보〉수화표준사전

활동자료 2-22

야구 심판의 멋진 몸짓

다음은 야구와 관련된 이야기입니다. 선생님께서 들려주시는 이야기를 듣고 생각해 보는 시간을 가져 봅시다.

야구 경기에서 투수가 공을 던지면 심판은 "스트라이크" 혹은 "볼"이라고 하면서 손을 사용합니다. 공을 치고 달려가는 주자가 "아웃"인지 "세이프"인지도 멋진 동작으로 알려줍니다. 원래 야구에서 심판은 손짓이나 동작 없이 말로만 판정을 했다고 해요. 그러면 언제부터 야구 심판들은 말과 함께 손짓과 동작을 사용했을까요? 1888년에 더미 호이라는 청각장애인 야구선수가 메이저리그에 데뷔했어요. 호이 선수는 청각장애 때문에 심판의 판정 소리를 들을 수 없었어요. 그래서 호이는 3루 코치에게 손으로 심판의 판정을 알려 달라고 했어요. 이 방법을 이용해서 빌 클렘이라는 심판이 최초로 손동작과 함께 판정을 하게 되었답니다. 지금은 심판들의 멋진 동작이 야구 보는 재미를 더해 줍니다.

야구 심판이 소리로만 판정을 알려줄 때와 비교했을 때, 손동작이나 몸짓을 함께 사용하면 어떤 점이 좋을까요?

____

____

____

____

활동자료 2-23

수화로 말해요!

단 어	그 림	설 명
집		두 손을 펴고 손끝을 맞대어 좌우로 비스듬히 세운다.
가족		두 손의 손끝을 맞대어 좌우로 비스듬히 세운 다음, 왼손은 그대로 두고, 오른손은 주먹을 쥐고 엄지와 새끼손가락을 펴서 세워 손목을 좌우로 약간 흔들며 오른쪽으로 약간 이동시킨다.
엄마		오른 주먹의 검지를 펴서 끝 바닥을 코 오른쪽에 댔다가 떼며 검지를 접고 새끼손가락을 펴서 세운다.
아빠		오른 주먹의 검지를 펴서 끝을 코 오른쪽에 댔다가 떼며 검지를 접고 엄지를 펴서 세운다.
좋아하다		오른 주먹을 코에 앞에 대고 앞쪽으로 약간 움직인다.
사랑(하다)		왼손은 주먹을 쥐어 세우고 오른손을 편다. 오른손 손바닥을 왼손 주먹 위에 대고 오른손만 오른쪽으로 돌린다.

단 어	그 림	설 명
말(하다)		오른 주먹의 검지를 펴서 세워 옆면을 입 앞에서 앞뒤로 왔다갔다 한다. 양손을 같이 해도 된다.
즐겁다		두 손의 엄지 · 검지 · 중지를 펴고 양쪽 가슴 앞에 대고 서로 엇갈리게 두 번 올렸다 내린다.
일(하다)		손바닥이 위로 향하게 편 두 손을 양옆으로 붙였다 벌리는 동작을 두 번 반복한다.
정말(진짜)		오른손을 펴고 손바닥이 왼쪽으로 향하게 하여 턱 앞 중앙에 댄다.
마음(가슴)		왼손은 모두 펴서 손등이 밖으로 향하게 하여 가슴 앞에 둔다. 오른손은 검지를 펴고 왼손 등에 한 번 대고 왼손 바닥에 한 번 댄다.

다양한 의사소통 방법 알기 3

<table>
<tr><td>활동 목표</td><td rowspan="2">• 한글 지화를 익히고 자신의 이름을 지화로 나타낼 수 있다.</td><td>학년</td><td>5~6학년</td></tr>
<tr><td></td><td>차시</td><td>6/7</td></tr>
<tr><td>단계</td><td>활 동 내 용</td><td>시간</td><td>자료(▶) 및 유의점(※)</td></tr>
<tr><td>도입</td><td>• 수화 퀴즈
- 지난 시간에 이어서 오늘은 지화를 배울 거예요. 지화를 배우기 전에 수화와 관련된 퀴즈를 풀어 보면서 우리가 수화를 사용할 때 유의해야 할 점이나 기본적인 예절에 대해서 알아보도록 합시다.
- 오늘의 수화 퀴즈는 ○× 게임으로 우리 반 수화왕을 뽑습니다. 문제를 듣고 맞다고 생각하면 ○, 틀리다고 생각하면 × 쪽에 가서 서세요.
- 마지막 문제까지 모두 맞춘 친구는 우리 반 수화왕이 되는 거예요.
(PPT 자료를 활용하여 1~6번까지의 퀴즈를 풀어 본다.)

• 오늘의 활동 소개
- 오늘은 내 이름을 나타낼 수 있는 지화를 배우는 시간을 가질 거예요.</td><td>5′</td><td>▶수화 퀴즈 PPT
학지사(hakjisa.co.kr)-자료실-부록자료실
▶활동자료 2-24(수화)

※ 칠판을 반으로 나누어 한쪽에는 ○, 한쪽에는 ×표시를 한다.</td></tr>
<tr><td rowspan="2">전개</td><td>• 지화
- 지화는 수화로 나타낼 수 있는 단어가 없을 때 사용합니다. 영어로 나타낼 수 없는 김치나 불고기는 영어로도 그대로 쓰는 것과 같습니다. 건물이나 사람의 이름 같은 것은 수화 단어로 정해져 있지 않기 때문에 지화를 사용하여 나타낼 수 있습니다.
- 선생님이 나눠 준 자료를 보면서 먼저 한글 자음과 모음을 나타내는 지화를 배워 봅시다.</td><td>15′</td><td>▶한글 지화 PPT
▶수화 퀴즈 PPT
학지사(hakjisa.co.kr)-자료실-부록자료실
▶활동자료 2-25(한글지화)</td></tr>
<tr><td>• 지화로 이름 쓰기
- 선생님이 먼저 선생님 소개를 해 볼게요. “나의 이름은 ○○○입니다.”
- 이번에는 여러분이 자신의 이름을 지화로 써 보는 연습을 해 보세요. 잘되는 친구들은 가족이나 선생님 이름도 연습해 보세요.</td><td>10′</td><td></td></tr>
</table>

전개	• 자기 소개하기 - 간단한 대화를 통해 자기소개를 해 봅시다. - 먼저 "당신의 이름은 무엇입니까?" "나의 이름은 ○○○입니다."를 수화로 배워 봅시다. - 이번에는 두 명이 짝이 되어 자기소개를 해 보세요. - 자기 이름을 연습한 친구들은 여러 가지 단어들을 지화로 연습해 봅시다. 예) 우리 학교 이름을 지화로 써 봅시다. 담임 선생님의 성함을 지화로 써 봅시다. 나의 단짝 친구의 이름을 지화로 써 봅시다. 부모님의 성함을 지화로 써 봅시다.	5′	
정리	• 정리하기 - 선생님이 수화를 열심히 배운 ○학년 ○반에게 마지막으로 전 세계가 공용으로 사용하는 수화를 배우는 것으로 수화 수업을 마치겠습니다. - 수화 퀴즈에서 배운 것처럼 수화도 나라마다 다릅니다. 하지만 세계의 모든 사람들이 함께 사용하는 수화가 있습니다. 중지와 약지만 접고 나머지 손가락은 모두 펴면 세계의 모든 사람들이 사용하는 "I Love You"라는 뜻을 나타내는 수화가 됩니다. - 오늘 수업은 모두 함께 "I Love You"를 수화로 하면서 끝냅시다.	5′	

서다우 TIP

- ○×퀴즈는 간단히 모든 학생이 서서 시작하고, 기호 ○는 팔로 머리 위에서 원을 만들어 표시하고 ×는 가슴 앞에서 두 팔을 엇갈리게 하여 나타내도록 할 수 있다. 틀린 학생은 자리에 앉고 일어나 있는 학생끼리 다음 문제를 풀어 마지막까지 남은 학생이 수화왕이 되도록 진행할 수도 있다.
- 지화는 손가락의 위치나 방향이 중요하다. 손가락의 위치나 방향을 정확히 익힐 수 있도록 지도한다.
- 손가락을 접거나 펴는 것이 원활하지 않은 학생들의 경우, 반대편 손으로 접어야 하는 손가락을 접을 수 있도록 잡아 주어도 된다.
- 지화로 글자를 쓸 때는 초 · 중 · 종성의 위치대로 상하좌우 조금씩 움직여 준다.
- 수화 참고 사이트
  - 사랑의 수화교실(suhwa.jbedu.kr)
  - 국립국어원: 한국수화사전(http://222.122.196.111)
  - 서울특별시 장애인복지 홈페이지(friend.seoul.go.kr)〉생활정보〉수화표준사전

활동자료 2-24

수화 OX퀴즈

문제	정답	설명
1. 수화는 노래를 할 때 함께 하는 율동이다.	×	수화는 단순한 율동이 아니라 한국어나 영어와 같이 사람들이 의사소통을 하기 위해 반드시 필요한 언어입니다.
2. 수화는 나라마다 다르다.	○	수화는 나라마다 다릅니다.
3. 수화에도 사투리가 있다.	○	수화도 사용하는 지역에 따라 조금씩 다를 수 있습니다.
4. 수화로 이야기할 때 강약, 자세, 속도, 얼굴 표정도 중요하다.	○	우리가 말을 할 때도 상대방의 표정, 억양, 자세가 중요한 것과 같습니다.
5. 수화에는 높임말이 있다.	×	수화에는 높임말이 없기 때문에 상대방이 친구인지 어른인지에 따라 자세를 적절하게 취하는 것이 중요합니다.
6. 수화는 청각장애인끼리 사용하는 것이다.	×	수화를 읽고 사용할 수 있다면 일반인들도 청각장애인과 자유롭게 의사소통을 할 수 있습니다.

활동자료 2-25

한글 지화

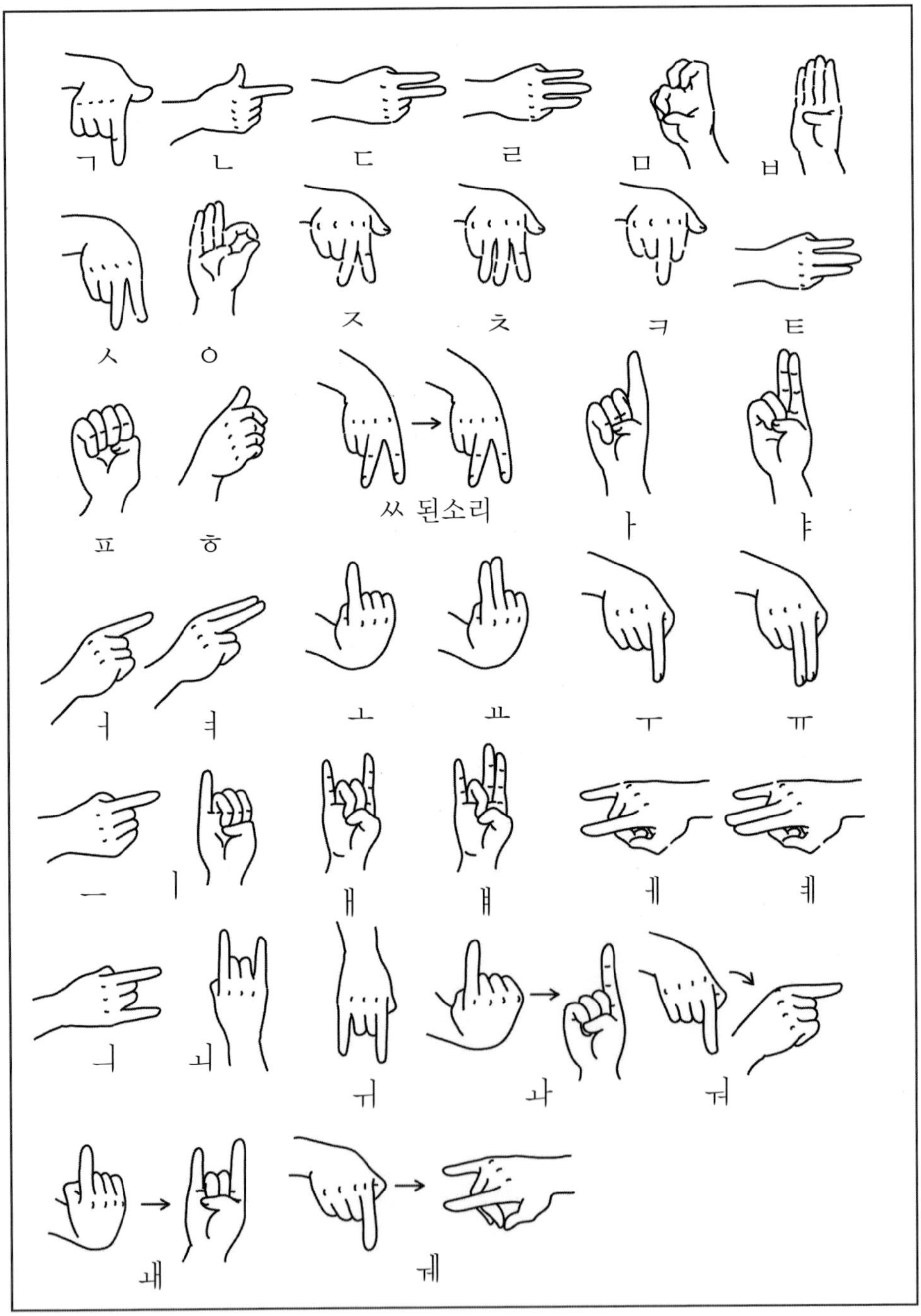

ㄱ ㄴ ㄷ ㄹ ㅁ ㅂ

ㅅ ㅇ ㅈ ㅊ ㅋ ㅌ

ㅍ ㅎ ㅆ 된소리 ㅏ ㅑ

ㅓ ㅕ ㅗ ㅛ ㅜ ㅠ

ㅡ ㅣ ㅐ ㅒ ㅔ ㅖ

ㅢ ㅚ ㅟ ㅘ ㅝ

ㅙ ㅞ

* 된소리는 ㅆ처럼 동작을 두 번 반복한다.

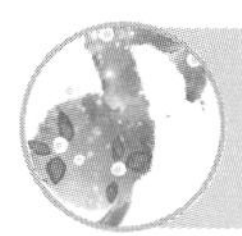

다양한 의사소통 방법 알기 4

활동 목표	• 울음소리와 같이 간단한 표현들도 의사소통의 하나의 방법임을 알고 간단한 의사소통의 예를 찾아본다.	학년	5~6학년
		차시	7/7
단계	활 동 내 용	시간	자료(▶) 및 유의점(※)
도입	• 다양한 의사소통 방법 - 우리는 지난 6시간 동안 생각과 느낌을 말이 아닌 그림이나, 음악, 몸짓이나 수화로도 표현할 수 있다는 것을 알게 되었어요. • 오늘의 활동 소개 - 오늘은 말은 물론이고 수화나 몸짓으로도 표현하는 것이 어려운 이들은 어떤 방법으로 자신의 생각과 느낌을 표현할 수 있을지 알아보도록 하겠습니다.	2′	
전개	• 다양한 방법으로 말하기 - 말이나 수화, 몸짓으로도 표현하는 것이 어려운 이들은 어떤 방법으로 자신의 생각과 느낌을 표현할 수 있을까요? 잠깐 어떤 방법이 있을지 생각해 보도록 해요(잠시 생각할 시간을 주고, 자신의 생각을 이야기해 볼 수 있도록 한다). - 그렇다면 말을 하지 못하는 아주 어린 아기들은 어떻게 의사소통을 하나요? - 네, 울음으로 자신을 표현합니다. - 아기는 언제 울지요? 아기는 배가 고플 때, 잠이 올 때, 몸이 아플 때, 앉은 자리가 불편할 때도 울지요. - 우리 주변에는 아기가 아니지만 자신의 생각과 느낌을 말로 표현하는 데 어려움이 있는 친구들이 있어요. 그 친구들도 소리를 지르거나 우는 것으로 자신의 생각과 느낌을 표현하기도 합니다. - 그냥 아무 이유 없이 우는 것이 아니라 무엇인가를 표현하기 위해서 우는 것일 수 있다는 것입니다.	3′	

전개	• 무슨 말을 하고 싶은 걸까? - 지금부터는 말을 잘 못하거나 말로 자신의 생각이나 느낌을 표현하는 데 어려움을 갖는 친구들에 대해 이야기해 보려고 해요. - 선생님이 그림을 하나씩 보여 주겠습니다. 그림의 상황을 잘 살펴보고 이 친구가 하고 싶어 하는 말을 추측해 보도록 해요. - 민수는 과연 어떤 말을 하고 싶었던 걸까요? (아이들의 의견을 충분히 들어 준다.) - 그래요. 우리가 생각한 것처럼 이 친구들은 모두 이런 말들을 하고 싶은 것이에요. 다만 여러분처럼 말로 표현이 잘 안 되는 것뿐입니다.	10′	▶활동자료 2-26~29 (우리가 만약 민수 친구라면?) ▶실물화상기 ※ 활동자료 2-26~29의 그림 중 학급에서 일어날 만한 상황을 2~3개 정도 선정하여 실물화상기로 하나씩 보여 주며, 상황을 간단히 설명해 준다.
	• 우리가 만약 민수 친구라면? - 이번에는 이런 경우에 우리는 어떻게 하면 좋을지 방법을 고민해 보는 시간을 갖도록 하겠습니다. (모둠별로 한 장면씩 나누어 준다.) - 모둠별로 토의한 내용을 발표하여 봅시다. - 지금까지 여러 가지 의견이 나왔는데요. 이 중에서 가장 좋은 방법은 무엇일지 세 가지 정도로 정해 봅시다.	20′	▶활동자료 2-26~29(우리가 만약 민수 친구라면?) ▶실물화상기
정리	• 수화로 '감사합니다' 인사하기 - 오늘은 우리 친구들의 특이한 행동들이 할 말이 있어서 나타날 수 있다는 것을 알았어요. - 앞으로 이렇게 울거나, 우리와는 다른 행동을 보이는 친구를 보면 무엇인가 할 말이 있는지 좀 더 관심을 가지고 살펴보도록 해요. - 지난 시간에 배웠던 수화로 '감사합니다' 인사를 하면서 마치도록 해요. 선생님을 따라 해 보세요.	5′	

서다우 TIP

- 이 지도안은 그림 자료의 민수처럼 학급에서 문제행동을 보이는 장애학생이 있거나, 교사가 필요하다고 판단되는 경우에 선택적으로 활용하도록 한다.
- 그림은 저학년 프로그램에도 다른 장면이 제시되어 있으므로(p. 184~185), 학급 상황에 맞게 적절한 그림을 2~3장면 정도 선택하여 사용한다.
- 문제행동의 여러 가지 기능: 장애학생들이 보이는 문제행동은 자신의 의도나 요구를 전달하려는 의사소통의 기능을 가지고 있는 경우가 많다. 문제행동이 가진 기능은 매우 다양하지만 대체적으로 관심 끌기, 회피하기, 원하는 것 얻기, 감각 조절하기(외부 자극에 대처하여 자신을 안정시키기 위해서), 놀이와 오락(무료함을 달래기 위해서)의 기능을 갖는다.
  예를 들어, 어떤 학생이 꼬집거나 때리는 공격행동을 보였다면, 다음의 의미를 전달하고 있는 것일 수 있다.
  - 관심 끌기: 나에게 관심을 보여 주세요, 도와주세요.
  - 회피하기: 수학은 싫어요, 그림 그리기 싫어요, 쉬고 싶어요. 말하기 싫어요, 쳐다보지 말아요, 시키지 말아요.
  - 원하는 것 얻기: 컴퓨터 하고 싶어요, 과자 주세요.
  - 감각 조절하기: 너무 시끄러워요, 너무 더워요.
  - 놀이와 오락: 이렇게 하면 기분이 좋아져요.

출처: 박승희 · 장혜성 · 나수현 · 신소니아(2008). 장애관련종사자의 특수교육입문. 서울: 학지사.

☆ **우리가 만약 민수의 친구라면?**
… **모둠의 친구들과 이야기를 나누고 이어질 이야기를 만들어 써 봅시다.**

자연관찰시간에 선생님께서 각 모둠별로 마음에 드는 식물을 하나 골라 키우라고 하셨어요. 우리 모둠은 콩을 키우기로 하고, 민수는 물 주는 일을 맡게 되었지요. 그런데 민수가 물을 너무 많이 준 거 있죠?

▽

민수야, 물을 많이 주는 것은 좋치만 지금 너 저럼
그렇게 많이 주는 것은 안좋아.
이렇게 하는 것은 어떨까?
민수는 흙을 좋아하니까 씨 심는 것을 해봐.
먼저 흙을 파고 씨를 그 안에 담아.
그리고 민수야, 우리 골고루 하루에 한통씩만 줘서
예쁜 싹을 키우자.

활동자료 2-26

우리가 만약 민수 친구라면?

이름:

학예회 연습을 하고 있었어요. 민수는 혼자서 창문을 내다보다가 소리를 지르네요. 우린 민수 소리 때문에 연습을 계속할 수 없었어요. 민수는 무슨 말을 하고 싶은 걸까요?

❖ 민수가 하고 싶었던 말

❖ 우리가 만약 민수 친구라면?

출처: 〈우리 친구 민수〉 홍성환 그림, 김민정 · 김은화 · 박현정 글.

활동자료 2-27

우리가 만약 민수 친구라면?

이름:

수학 시간이에요. 민수가 갑자기 짝꿍 은지의 공책을 가져다가 낙서를 했어요. 은지와 친구들은 모두 당황했어요. 민수는 무슨 말을 하고 싶은 걸까요?

❖ 민수가 하고 싶었던 말

❖ 우리가 만약 민수 친구라면?

출처: 〈우리 친구 민수〉 홍성환 그림, 김민정 · 김은화 · 박현정 글.

활동자료 2-28

우리가 만약 민수 친구라면?

이름:

자연 관찰 시간에 선생님께서 각 모둠별로 마음에 드는 식물을 하나씩 골라 키우라고 하셨어요. 우리 모둠은 콩을 키우기로 하고, 열심히 심었어요. 그런데 민수가 밭에 물을 부어버려서 온통 물바다가 되었어요. 민수는 무슨 말을 하고 싶은 걸까요?

❖ 민수가 하고 싶었던 말

❖ 우리가 만약 민수 친구라면?

출처: 〈우리 친구 민수〉 홍성환 그림, 김민정 · 김은화 · 박현정 글.

활동자료 2-29

우리가 만약 민수 친구라면?

이름:

학예회 때였어요. 우리 반 친구들은 그동안 연습한 합창을 하려고 무대에 올라섰는데, 민수가 갑자기 징을 치는 거예요. 민수는 무슨 말을 하고 싶은 걸까요?

❖ 민수가 하고 싶었던 말

❖ 우리가 만약 민수 친구라면?

출처: 〈우리 친구 민수〉 홍성환 그림, 김민정 · 김은화 · 박현정 글.

다르고도 같은 우리
-차이와 차별-

〈다르고도 같은 우리: 차이와 차별〉에 대해 공부하다 보면 아이들이 참 많이 억울해합니다.

"저는 뚱뚱해서 차별받았어요."

"전 둘째라서 집에서 찬밥 신세예요."

"전 여자라서 축구에 안 껴 줘요."

"공부를 못해서 차별받아요."

억울한 마음들이 봇물 터지듯 나옵니다. 그 과정을 거친 아이들은 스스로를 비추어 보게 됩니다.

'친구들에게 나는 어땠지?'

〈차이와 차별〉에서는 아이들의 응어리졌던 마음을 풀어 주면서 한편으로는 자신의 행동을 비추어 보는 기회를 가질 수 있습니다. 서로 다른 점을 가지고 있다는 것이 얼마나 당연한 일인지도 생각해 보고 나와 다른 점을 가진 사람이 '틀린' 것은 아니라는 것도 깊이 생각해 볼 수 있을 겁니다.

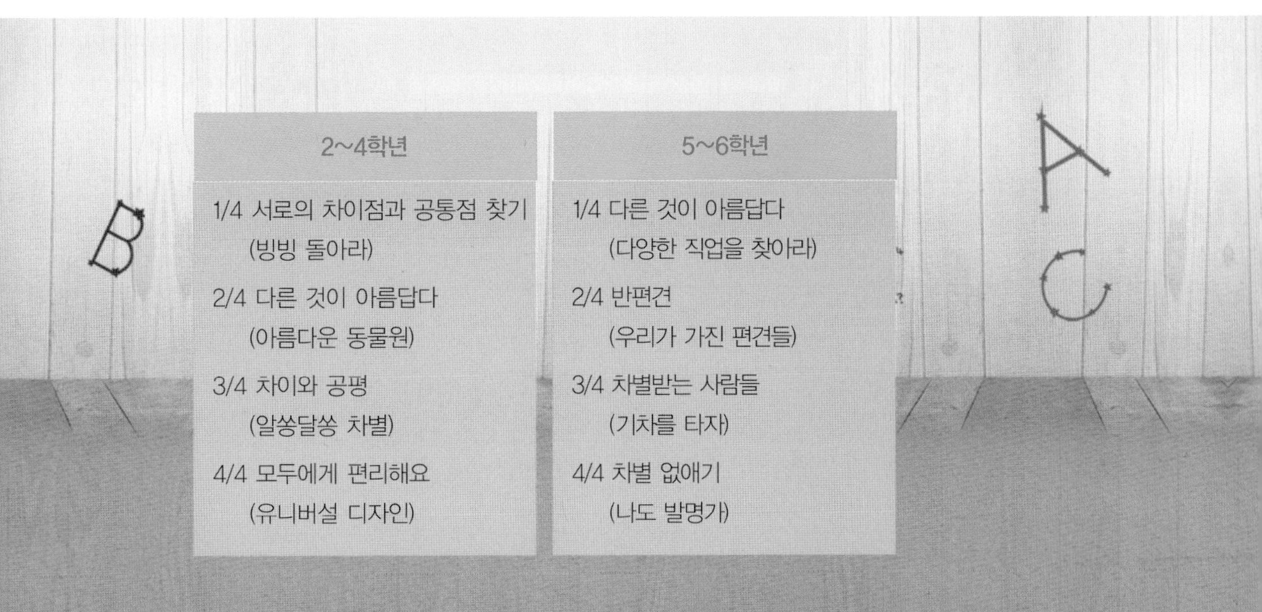

2~4학년	5~6학년
1/4 서로의 차이점과 공통점 찾기 (빙빙 돌아라)	1/4 다른 것이 아름답다 (다양한 직업을 찾아라)
2/4 다른 것이 아름답다 (아름다운 동물원)	2/4 반편견 (우리가 가진 편견들)
3/4 차이와 공평 (알쏭달쏭 차별)	3/4 차별받는 사람들 (기차를 타자)
4/4 모두에게 편리해요 (유니버설 디자인)	4/4 차별 없애기 (나도 발명가)

서로의 차이점과 공통점 찾기

활동 목표	• 서로의 차이점과 공통점을 알아본다.	학년	2~4학년
		차시	1/4
단계	활 동 내 용	시간	자료(▶) 및 유의점(※)
도입	• 몸풀기 체조 – 체조 및 달리기로 몸을 간단히 풀어 준다. • 오늘의 활동 소개 – 지금 자신의 앞뒤, 좌우에 있는 친구들을 둘러보세요. 자신과 무엇이 같은가요? 무엇이 다르지요? 이렇게 서서는 잘 모르겠지요? 나와 공통점과 차이점이 있는 친구들이 얼마나 많은지, 어떤 공통점과 차이점이 있는지 게임을 하면서 알아볼까요?	5′	※ 운동장, 강당 등 넓은 장소를 이용하여 활기차게 진행한다.
전개	• 세 박자 콩콩콩 – 둘씩 마주 보고 서세요. – 선생님을 보고 한 소절씩 따라 하면서 노래에 맞추어 동작을 함께 해 보세요. – 오른발을 들고(오른발을 두 번 옆으로 들었다 놓는다) / 왼발을 들고(왼발을 두 번 옆으로 들었다 놓는다) / 앞으로 갔다(앞으로 한 번 모둠뛰기) / 뒤로 갔다(뒤로 한 번 모둠뛰기) / 콩콩콩! (세 번 모둠뛰기) 가위바위보! (가위바위보) – 가위바위보에서 진 사람은 이긴 사람의 허리를 잡고 뒤에 서세요. – 이긴 사람들끼리 마주 보고 서서, 다시 노래를 부르며 동작을 해 보는 거예요. (계속 반복해 나가면 4명, 8명, 16명 등으로 줄이 생긴다. 한 줄이 되었을 때 맨 앞사람과 맨 끝 사람이 자연스럽게 손을 잡아 원을 만든다.)	15′	▶세 박자 콩콩콩 동영상 학지사(hakjisa.co.kr)-자료실-부록자료실 ※ 노래와 동작은 게임을 통해 익숙해지지만 천천히 설명하고 충분히 연습하도록 한다.
	• 빙빙 돌아라 – 다 같이 손을 잡고 '빙빙 돌아라' 노래를 부르며 게임을 할 거예요. 돌다가 선생님이 마지막에 주문을 하면, 내 오른쪽에 있는 사람이 그 주문에 맞으면 손을 끌어서 원의 가운데로 내보내 주세요. 자, 시작해 볼까요?		

전개	- 손을 잡고 오른쪽으로 빙빙 돌아라/ 손을 잡고 왼쪽으로 빙빙 돌아라/ 뒤로 살짝 물러섰다 앞으로 다시 들어가/ 손뼉 치며 ~나와라. (~부분은 교사가 주문을 한다. 예: 안경 쓴 사람, 청바지 입은 사람, 머리 묶은 사람, 흰 옷 입은 사람 등) - 지금까지는 옆 사람이 보면 알 수 있는 걸 말했어요. 이제 보이지 않는 것을 말할 거예요. 선생님이나 친구가 주문을 하면, 스스로 주문에 맞을 경우 앞으로 나오도록 하세요. (예: 숭인동 사는 사람, 출석 번호 짝수, 흰 팬티 입은 사람, 여자 친구 있는 사람, 혈액형이 A형인 사람, 인기 가수(이름)나 인기 드라마 좋아하는 사람 등) - 이제 노래를 부르다가 선생님이 주문을 하면 옆 사람이랑 손을 놓고, 공통점을 가진 사람들끼리 모여 보세요. (예: 출석 번호가 같은 숫자로 끝나는 사람, ○학년 때 같은 반이었던 사람, 남자-여자 등을 부른 후 마지막은 '○반 모여라'로 끝낸다.) 장애학생은 짝과 함께 활동하도록 한다. 보이지 않는 공통점 부분은 교사가 짝에게 "○○도 한단다."라고 말해 준다.	15′	
정리	• 차이점과 공통점을 모두 가진 우리 반 친구들 - 모두 자리에 앉으세요. 지금까지 여러 가지 주문을 해서 같은 특징을 가진 사람들끼리 모였다가 흩어지는 게임을 해 봤지요? 모인 사람들은 서로 공통점을 가지고 있는 것이었고, 반대로 말하면 차이점을 가지고 있는 것이었어요. 이런 수십 가지의 공통점과 차이점을 가진 사람들을 이렇게 한자리에 모이게 한 마지막 주문은 뭐였지요? ○학년 ○반이었지요? 함께 지내고 있는 우리 반 친구들은 이렇게 다양한 공통점과 차이점을 가지고 있어요. 서로가 가진 공통점과 차이점을 알아가고, 서로 인정해 주면서 조화롭게 지낼 수 있는 ○학년 ○반이 되기를 바랍니다.	5′	

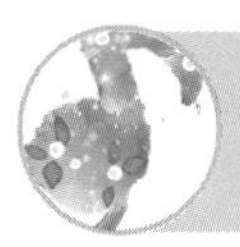

다른 것이 아름답다

활동 목표	• 여러 동물들이 어울려 있는 아름다운 동물원을 꾸며 본다.	학년	2~4학년
		차시	2/4
단계	활 동 내 용	시간	자료(▶) 및 유의점(※)
도입	• 꿈속의 이상한 동물원 – 자, 선생님이 이제부터 이야기를 들려줄 거예요. 잘 들어 보세요. 철수네 반 친구들이 동물원으로 소풍을 갔어요. 김밥이랑 과자를 잔뜩 싸들고 설레는 마음으로 동물원에 도착했지요. 동물원에 들어가자마자 목이 긴 기린이 보였어요. 철수와 친구들은 신나게 기린을 구경하고 다음 우리로 갔어요. 그런데 그 우리 안에도 기린이 있는 거예요. 철수와 친구들은 고개를 갸우뚱거리며 다음 우리에도 가 봤어요. 그랬더니 앗, 그곳에도 기린들만 있는 것이 아니겠어요? 동물원 안의 모든 우리에 기린만 있는 거예요. 모두들 놀랍고 무서워서 도망을 쳤어요. 철수도 땀을 뻘뻘 흘리며 도망을 치다가 잠에서 깼어요. 꿈이었던 거예요. 철수는 다행이라고 생각하며 가슴을 쓸어내렸어요.	5′	▶궁금증과 긴장감을 유지하며 이야기를 전개한다.
전개	• 이상한 동물원 – 철수와 친구들은 왜 놀랐을까요? 동물원에 기린만 있다면 어떨 것 같나요? – 동물원에는 어떤 동물들이 있나요? 생각나는 대로 얘기해 보세요. (학생들이 부르면 칠판에 쓴다.) – 여러분은 이 중에서 어떤 동물을 좋아하나요? (학생들이 좋아하는 동물 이름에 분필로 동그라미를 하거나 자석을 붙여 표시한다.) – 그럼, 어떤 동물을 싫어하나요? 싫어하는 동물을 모두 빼 봅시다. (표시를 하거나 지운다.) 장애학생에게 그림카드나 글자카드를 미리 제시하여 동물 이름을 말하도록 하고 좋아하는 동물에 자석을 붙이도록 한다.	10′	

전개	- 자, 이제 어떤 동물이 남았나요? 어떤 사람은 호랑이를 싫어하고 어떤 사람은 뱀을 싫어해요. 이렇게 사람들이 싫어하는 동물들을 모두 없애 버린다면 어떻게 될까요? 철수가 갔던 동물원처럼, 여러분이 좋아하는 동물만 동물원에 있다고 생각해 보세요. 어떨 것 같나요? (발표하도록 한다.) • 우리가 가고 싶은 아름다운 동물원 - 그럼 이제, 우리가 가고 싶은 동물원을 꾸며 보기로 해요. 여러분은 어떤 동물원에 가고 싶은가요? - 선생님이 여러 가지 동물 그림을 준비했어요. (활동자료 3-1의 여러 가지 동물 그림을 하나씩 보여 주고 학생들이 가져갈 수 있도록 늘어놓는다.) 이 중에서 자신이 원하는 동물을 가져가서 예쁘게 색칠하고 오려서, 칠판의 전지에 붙여 아름다운 동물원을 만들어 보도록 해요. - 그런데 동물원에 우리가 좋아하는 동물 ○○만 있다면 아름다운 동물원이 될 수 있을까요? 맞아요. 꿈속의 이상한 동물원이 되어 버리겠죠? - 그러니까 우리가 가고 싶은 아름다운 동물원을 꾸미기 위해 다양한 동물들을 골고루 가져갔으면 좋겠어요.	20′	▶활동자료 3-1(아름다운 동물원) ▶전지, 풀, 가위, 색연필 등
정리	• 아름다운 우리 반 - 철수가 꿈에서 본 동물원처럼 동물원에 같은 동물만 있다면 정말 이상하겠지요? 우리 반에 □□와 똑같이 생긴 사람이 35명 있다고 생각해 보면 기분이 어때요? ☆☆이도 있고, ♤♤이도 있고, 서로 다른 모두가 함께 어울려서 만들어진 것이 우리 반이에요. 모두가 모여 있기 때문에 아름다운 ○학년 ○반이랍니다.	5′	※ □□이는 가급적 학급에서 긍정적인 이미지를 가진 학생을 예로 들도록 한다.

서다우 TIP

- 먼저 끝난 학생들은 동물 그림을 하나씩 더 가져가 색칠하거나, 끝내지 못한 친구들을 도와 준다. 동물원을 구경하는 사람, 가게, 꽃이나 나무 등 동물원을 꾸미는 역할을 주어도 좋다.
- 자신이 원하는 동물이 없을 경우, 종이에 그려 넣게 하는 것도 좋다.
- 시간 절약을 위하여 대강의 동물원 모습을 미리 그려 줄 수 있다.

활동자료 3-1

아름다운 동물원

서로 다른 동물들이 모두 모이면 아름다운 동물원이 될 거예요.
아름다운 동물원에 들어갈 나의 동물을 예쁘게 색칠해 보세요.

아름다운 동물원

서로 다른 동물들이 모두 모이면 아름다운 동물원이 될 거예요.
아름다운 동물원에 들어갈 나의 동물을 예쁘게 색칠해 보세요.

아름다운 동물원

서로 다른 동물들이 모두 모이면 아름다운 동물원이 될 거예요.
아름다운 동물원에 들어갈 나의 동물을 예쁘게 색칠해 보세요.

아름다운 동물원

서로 다른 동물들이 모두 모이면 아름다운 동물원이 될 거예요.
아름다운 동물원에 들어갈 나의 동물을 예쁘게 색칠해 보세요.

아름다운 동물원

서로 다른 동물들이 모두 모이면 아름다운 동물원이 될 거예요.

아름다운 동물원에 들어갈 나의 동물을 예쁘게 색칠해 보세요.

아름다운 동물원

서로 다른 동물들이 모두 모이면 아름다운 동물원이 될 거예요.
아름다운 동물원에 들어갈 나의 동물을 예쁘게 색칠해 보세요.

아름다운 동물원

서로 다른 동물들이 모두 모이면 아름다운 동물원이 될 거예요.

아름다운 동물원에 들어갈 나의 동물을 예쁘게 색칠해 보세요.

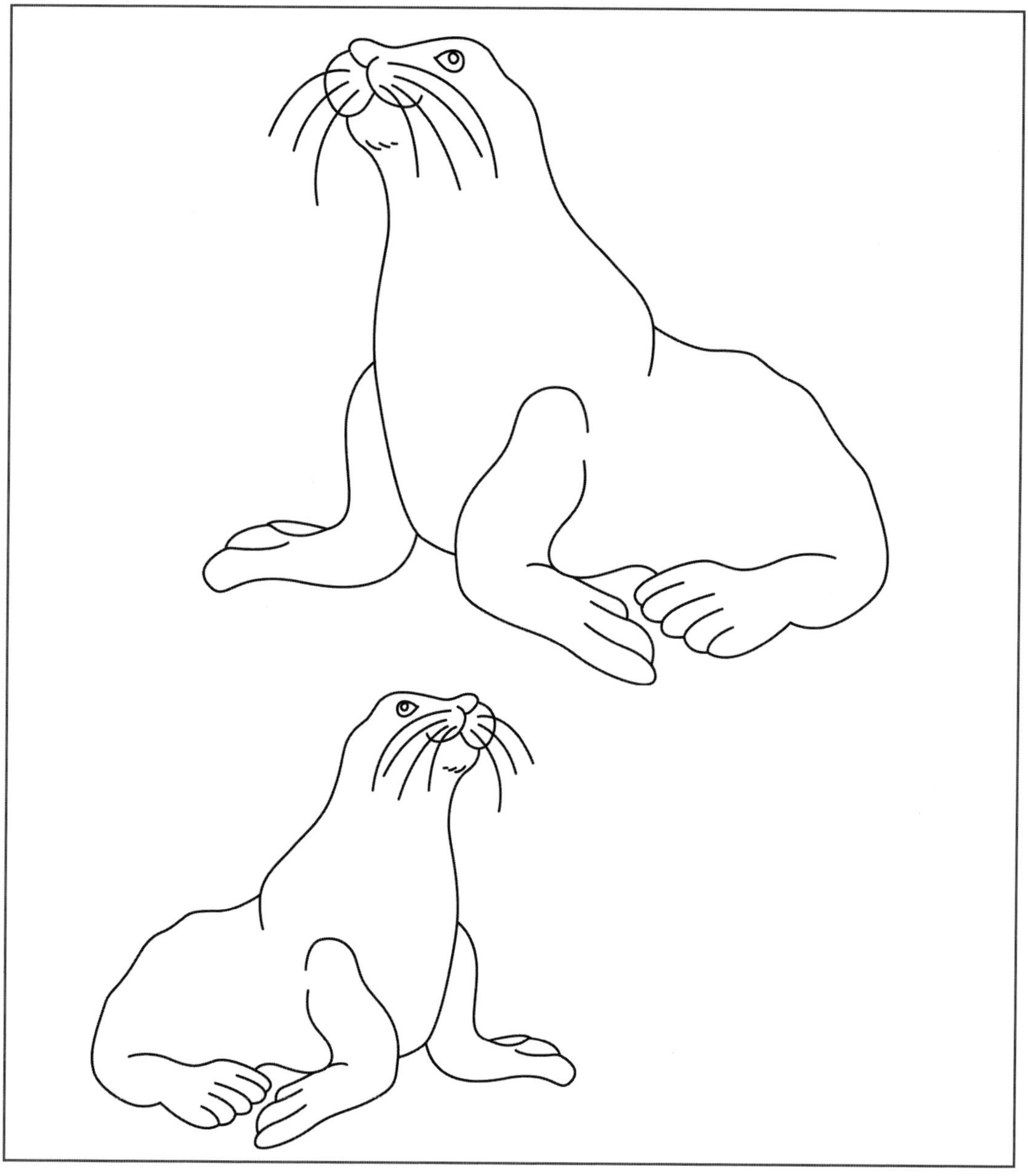

아름다운 동물원

서로 다른 동물들이 모두 모이면 아름다운 동물원이 될 거예요.
아름다운 동물원에 들어갈 나의 동물을 예쁘게 색칠해 보세요.

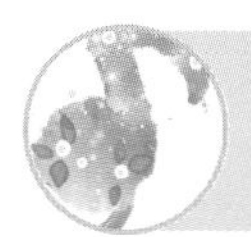

차이와 공평

<table>
<tr><td rowspan="2">활동 목표</td><td rowspan="2">• 사례를 통해 차별을 해소하는 다양한 방법을 안다.</td><td>학년</td><td>2~4학년</td></tr>
<tr><td>차시</td><td>3/4</td></tr>
<tr><td>단계</td><td>활 동 내 용</td><td>시간</td><td>자료(▶) 및 유의점(※)</td></tr>
<tr><td>도입</td><td>• 차별이 무엇일까요?
- 자, 만화 하나를 같이 볼까요?
- 어떤 상황의 이야기인가요?
- 네, 두 사람이 약속 시간에 늦었는데, 얼굴이 예쁜 친구에게는 괜찮다고 하면서 못생긴 친구에게는 늦었다고 화를 내고 있습니다. 외모가 다르다고 이렇게 행동하는 것은 옳을까요?
- 이런 것을 '차별' 이라고 합니다.

• 오늘의 활동 소개
- 오늘은 여러 가지 차별 상황을 살펴보고 어떻게 하면 차별을 없앨 수 있는지 이야기 나눠 보도록 합니다.</td><td>5′</td><td>▶활동자료 3-2
(차별이란?)</td></tr>
<tr><td>전개</td><td>• 맞아, 맞아!
- 여러분은 어리기 때문에 어른들이 무시하거나 차별한다고 느꼈던 적이 있나요? 언제였나요? (자유롭게 이야기하도록 한다.)
- 여러 친구들이 이야기한 것들과 자기가 생각한 것을 적어 볼까요? (활동자료 3-3을 나누어 준다.)
- 모두 채웠으면 발표를 해 보기로 해요. 한 명이 일어서서 한 가지씩 이야기를 하고 난 다음에 선생님이 "하나, 둘, 셋!"을 외치면 친구의 이야기와 똑같은 것을 느꼈던 친구들은 동시에 박수를 두 번 치면서 "맞아, 맞아!"라고 외쳐 주는 거예요.

장애학생은 칸 안에 기분 나빴던 일들에 대해 그림을 그리도록 하거나 무시나 차별받았을 때의 느낌을 간단한 단어로 써 넣도록 한다.</td><td>10′</td><td>▶활동자료 3-3
(이럴 땐 정말 기분 나빠요!)</td></tr>
</table>

전개	• 알쏭달쏭한 차별 – 자, 다음은 여러 가지 차별에 대한 그림입니다. 과연 차별이 맞을까요? 그럼 누가 어떤 차별을 받고 있는 걸까요? 한번 같이 살펴봅시다. 그림 1(책 나르기) 그림 2(달리기) 그림 3(깍두기) 그림 4(화장실) 그림 5(장애인주차장) 그림 6(노약자석) 그림 7(애완견 출입 금지) – 그림에서 보이는 상황은 모두 차별이 아니라 오히려 차별을 없애기 위한 다양한 노력입니다.	15′	▶활동자료 3-4(알쏭달쏭한 차별) 또는 알쏭달쏭한 차별 PPT 학지사(hakjisa.co.kr)-자료실-부록자료실 ▶실물화상기 ※ 실물화상기로 그림을 보여 줄 때는 위의 문제 상황 그림만 먼저 보여 주고 아이들의 의견을 들어 본 후 아래 그림과 해설을 보여 준다.
정리	• 차이와 차별 – 앞에서 살펴본 경우 외에도 차이로 인한 차별을 없애거나 줄이기 위한 노력을 많이 하고 있습니다. – 예를 들어 시력이 너무 좋지 않아서 무엇을 읽는 것이 어렵고 시간이 많이 걸리는 학생은 어떻게 배려하면 좋을까요?(학생들의 의견을 몇 가지 들어 본다.) – 맞아요. 항상 앞자리에 앉게 할 수도 있지요. – 이런 학생을 위해 크게 만든 확대교과서가 따로 있답니다. 또 시험 시간을 더 많이 주기도 하는데 시력의 차이로 인해 차별받지 않도록 하기 위함입니다. – 장애로 인한 능력의 차이, 여자와 남자의 차이, 나이의 차이 등 우리는 서로 다른 점이 많습니다. 단지 다르기 때문에 항상 손해를 본다면 억울하겠지요. 차이가 차별이 되지 않도록 주의해야 합니다.	10′	

활동자료 3-2

차별이란

얘들아---- 미안!!
뭐냐, 넌!!
못생긴 게
시간개념도 없냐!
10분이나 기다렸잖아.

얘.....얘들아---- 미안......
엇....
샛별이도 이제 온 거야?

차 많이 막혔지?
그럴 수도 있지 뭐, 괜찮아.
괜찮아!
저.....정말?
예쁜 애는 30분이든 1시간이든
얼마든지 기다려 줄 수 있지.
....

흣
세상은 아름다운 것
같아.
너한테는 그렇겠지..

활동자료 3-3

이럴 땐 정말 기분 나빠요!

이름:

1

2

활동자료 3-4

알쏭달쏭한 차별

〈1〉 책 나르기

* 힘센 사람이 많이 들고 가는 것은 차별이 아니에요.

〈2〉 달리기

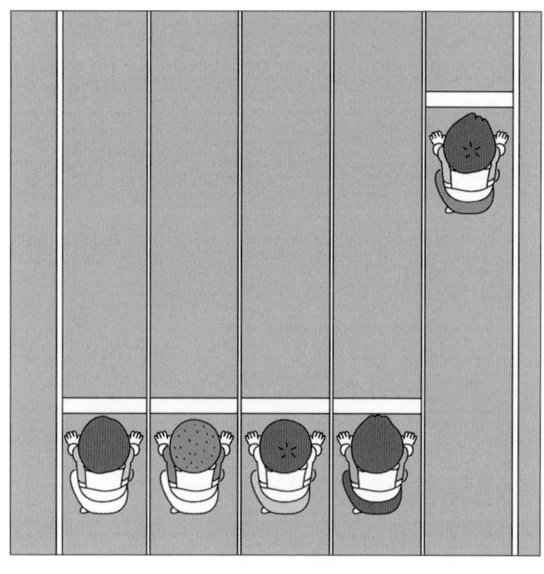

*다리를 잘 쓸 수 없는 사람은 달리기에 불리하므로 공평하게 출발선을 앞쪽으로 정해 주는 것은 차별이 아니에요.

〈3〉 깍두기

*나이가 어리거나 놀이를 잘 못하는 친구를 놀이에서 빼지 않고 어느 팀에나 끼워 주어 깍두기를 하도록 하면 다 같이 놀 수 있어요.

〈4〉 화장실

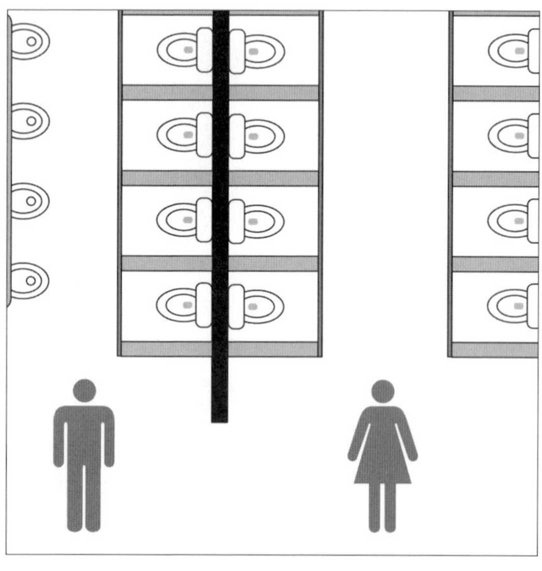

↓

*여자는 남자와 달리 모두 칸 안에 들어가야 하므로 남녀 화장실의 칸 수가 똑같으면 오히려 불공평해요.

〈5〉 장애인주차장

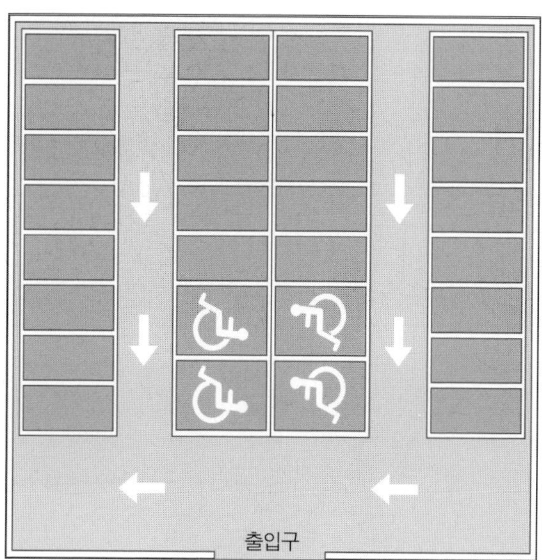

*장애인은 스스로 이동하기 어렵기 때문에 물건을 멀리 나르기가 불편해서 입구와 가까운 곳에 주차를 해야 해요. 또 휠체어를 싣거나 내리려면 주차 공간이 넓어야 합니다.

〈6〉 노약자석

↓

*노인, 임산부, 장애인 등 대중교통을 이용할 때 남보다 약한 사람을 위해 자리를 마련해 두는 것은 좋은 배려입니다.

〈7〉 애완견 출입 금지

*안내견은 시각장애인에게 꼭 필요하기 때문에 애완견 출입 금지 규칙에서 예외가 됩니다. 안내견을 들어가지 못하게 하면 차별이 되지요.

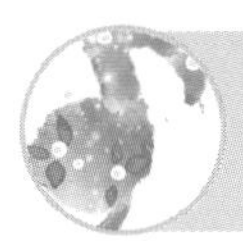

모두에게 편리해요

활동 목표	• 편의시설이나 보조기구로 불편함이 줄어들 수 있음을 안다. • 모두에게 편리한 유니버설 디자인의 사례를 알아본다.	학년	2~4학년
		차시	4/4
단계	활 동 내 용	시간	자료(▶) 및 유의점(※)
도입	• Inclusion makes everyone happy 동영상 보기 – 오늘은 먼저 짧은 동영상을 하나 보도록 하겠습니다. ※Inclusion makes everyone happy(1:01) – 유투브 검색	5′	▶동영상 자료
전개	• 아기와 엄마의 예술의 전당 나들이 – 지금부터 어떤 아기 엄마의 이야기를 들려주려고 해요. 아기 엄마는 모처럼 아기를 데리고 공연을 보러 가려고 했는데, 여러 가지 어려움이 많았다고 하네요. 여러분이 이 아주머니의 어려움을 해결할 수 있는 방법을 잘 생각해 보세요. 아기는 이제 막 돌을 지났어요. 아기와 함께 있는 시간은 너무 행복하지만, 아기 엄마는 집에만 있으려니 너무 답답해서 친구들과 예술의 전당으로 공연을 보러 가기로 했다네요. 지하철역까지는 너무 멀어서 버스를 타고 가기로 했어요. 아이를 유모차에 태우고 버스를 기다리고 있는데 5분 만에 버스가 오네요. 반가운 마음에 타려고 했지만 탈 수가 없었어요. – 아기 엄마는 왜 버스를 타지 못했을까요? (아이들이 자유롭게 발표하게 한다. 버스의 계단이 너무 좁고 높아서 탈 수 없었다는 이야기가 나오도록 하고 어떻게 하면 버스를 타고 갈 수 있을지 아이들에게 물어봐서 다양한 의견들이 나오도록 한다.) 아기 엄마가 버스를 포기하고 택시 승강장으로 발걸음을 옮기는 순간 다른 버스가 한 대 왔어요. 그런데 이번엔 버스를 탈 수 있었어요.	15′	

전개	– 어떻게 가능했을까요? (아이들이 자유롭게 발표하도록 한다. 저상버스가 와서 탈 수 있었다고 이야기해 준다. 저상버스 사진을 준비하여 보여 주면 더 효과적이다.) 드디어 예술의 전당에 도착했어요. 오랜만에 만난 친구들과 바이올린 연주회 티켓을 샀지요. 그런데 공연장에 들어가려고 하니 아이를 데리고 들어갈 수 없다고 하네요. 만 7세 이하의 어린이들은 공연장 입장이 안 된대요. 여기까지 와서 그냥 돌아갈 수도 없고 어떻게 하지요? – 아이들이 자유롭게 여러 가지 방안을 발표하도록 한다. 한참을 곤란하게 서 있으니 멀리서 안내하시는 분이 아기 엄마에게 다가오며 "무엇을 도와드릴까요?"라고 물었어요. 아기 엄마는 사정을 이야기하니 아기를 돌봐주는 놀이방이 있다며 안내해 주더라고요. 놀이방에 가 보니 선생님들도 계시고 아이들이 놀 수 있는 다양한 장난감이며 책도 있었어요. 간식도 주시구요. 덕분에 아기 엄마는 친구와 좋은 공연을 볼 수 있었답니다. – 이처럼 우리 주변에는 모든 사람들이 편리하게 이용할 수 있도록 도와주는 물건이나 공간이 있어요. 만약 저상버스가 없었다면 아기 엄마는 오랜만에 아기와 함께 한 나들이를 포기하고 집으로 돌아가거나, 지하철을 타러 멀리까지 가든지, 아니면 비싼 택시를 타야 했겠죠. 또 아기를 봐주는 놀이방이 없었다면 먼 곳까지 어렵게 가서 공연도 못 보고 실망하며 돌아왔을 거예요.		▶저상버스 사진 자료 ▶공연장 놀이방 사진
	• 모두에게 편리한 유니버설 디자인 – 혹시 '유니버설 디자인(Universal Design)'이라는 말을 들어 본 적이 있나요? – 포스터를 보세요. ※유니버설 디자인 공모전 포스터 : 한국장애인인권포럼 홈–사업소개–UD www.ableForum.com – 어떤 사람들을 위한 디자인인 것 같나요? – 네, 유니버설 디자인은 아기 엄마, 임산부, 휠체어 장애인, 유모차를 끌고 가는 사람, 시각장애인, 노인, 그리고 건강한 사람까지 '모두를 위한 디자인(Design for All)'을 말해요.	10′	▶활동자료 3–8 (유니버설 디자인 공모전 포스터)

전개	- 지금부터 선생님이 '유니버설 디자인의 예'를 보여 주려고 합니다. 그런데 그 전에 먼저 우리 주변의 다양한 도구나 시설들을 보여 줄 거예요. 모두를 위해 디자인한다면 어떻게 하면 좋을지 생각해 보세요. - 선생님이 보여 주는 사진은 무엇인가요? (유니버설 디자인이 적용되지 않은 시설이나 도구들의 사진을 제시한다.) - 혹시 이 시설로 인해서 불편함을 겪는 사람은 없을까요? - 그럼 어떻게 해결할 수 있을까요? (학생들의 의견을 충분히 들어 본 후, 유니버설 디자인을 적용한 사진을 제시한다.) - 유니버설 디자인을 적용하니 모두가 편리하고 안전하게 사용할 수 있겠네요.		▶유니버설 디자인의 예 PPT ※서다우 TIP을 참고하여 포털사이트에서 '유니버설 디자인'을 검색하면 다양하고 재미있는 아이디어를 많이 찾을 수 있다.
정리	• 정리 - 오늘은 '모두를 위한 디자인, 유니버설 디자인'에 대해 생각해 보았습니다. - 오늘의 수업을 하고 느낀 점을 발표해 줄 수 있는 친구가 있나요? (아이들의 의견 중에서 수업을 정리해도 좋다.) - 앞으로 우리 주변에서 불편한 점이 있다면, 불편한 사람이 있다면, 어떻게 변화시키면 모든 사람이 편리하게 이용할 수 있을지 생각해 보도록 해요. 여러분 중에서 미래에 유니버설 디자인을 적용한 훌륭한 디자이너가 나오기를 기대해 봅니다.	5′	

서다우 TIP

• 유니버설 디자인(Universal Design)이란 모두를 위한 디자인(Design for All)으로, 기존 제품이나 시설이 다수의 일반인들에게 맞추어져 있는 것과는 다르게, 장애를 가진 사람, 노약자, 어린이, 임산부 등 사회적 소수까지 포함하고 연령, 국적, 성별 등에 관계없이 모든 사람들이 평등하고 편리하게 쓸 수 있는 디자인이다.

• 수업을 하다 보면 유니버설 디자인은 곧 장애인을 위한 디자인이라고 오해하는 아이들이 많은데, 장애인뿐 아니라 모든 사람들을 위한 디자인이며, 곧 나에게도 편리한 디자인임을 알도록 한다.

예를 들어, 경사로는 휠체어를 탄 장애인, 관절이 불편하신 할머니와 할아버지, 아이들, 무거운 짐을 운반하는 택배아저씨 등도 편하게 이용할 수 있다. 사람들은 경사로가 장애인에게 편리하다고 생각하지만 건물에 경사로가 있으면 많은 사람들이 편리하게 이용할 수 있다.

• 유니버설 디자인의 예

- 저상버스: 노약자, 장애인, 무겁거나 큰 짐을 들고 타는 사람, 아기 엄마, 임산부 등
- 지하철의 점자블록: 시각장애인에게는 길 안내의 역할, 일반사람에게는 안전선의 역할을 하기도 함 ("지금 열차가 도착하오니 승객 여러분께서는 안전선 밖으로 물러나 주시기 바랍니다.")
- 드럼형 세탁기: 기존의 세탁기는 세탁통이 너무 깊어서 키가 작거나 허리가 아픈 사람, 임산부들이 사용하는 데 어려움이 있었음. 이를 개선하기 위해서 드럼형 세탁기가 등장함. 요즘은 높이 조절을 위한 받침이 있거나 앞면이 경사가 진 드럼형 세탁기도 나옴
- 낮은 세면대: 키가 작은 사람, 어린이, 휠체어를 사용하는 사람에게 유용함
- 다양한 높이의 손잡이: 모두가 편리하게 사용할 수 있음
- 지하철의 휠체어석(의자가 없는 공간): 휠체어를 탄 사람, 유모차를 가지고 탄 사람, 부피가 큰 짐을 갖고 타는 사람, 자전거를 들고 지하철을 타는 사람 등
- 지폐 점자 구별코드: 시각장애인들은 돈을 구별, 위조방지 장치의 역할도 함
- 돋보기가 달려 있는 쇼핑카트: 눈이 나쁜 사람, 돋보기를 가져오지 않은 사람, 노인 등
- 스틱형 방문 손잡이: 예전의 둥근형 방문 손잡이보다 쉽게 문을 열 수 있어 손이 불편한 사람뿐 아니라 어린아이들도 쉽게 사용할 수 있음
- 그 외에도 경사로, 무빙워크, 엘리베이터의 낮은 버튼, 링플러그 등이 있다.

활동자료 3-8

유니버설 디자인 공모전 포스터

출처: 사단법인 한국장애인권포럼(www.ableforum.com)

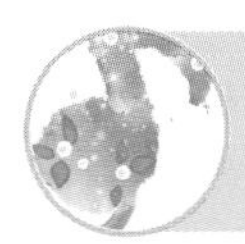

다른 것이 아름답다

활동 목표	• 다른 것들끼리 어울리는 것이 자연스럽다는 것을 인식한다.	학년	5~6학년
		차시	1/4
단계	활 동 내 용	시간	자료(▶) 및 유의점(※)
도입	• 의사마을 이야기 – 선생님이 이야기를 하나 들려줄 거예요, 잘 들어 보세요. 어느 마을에 강도가 들었어요. 강도를 당한 사람들은 112에 신고를 했어요. 그런데 달려온 사람들은 의사였어요. 다급한 사람들은 119에도 전화를 했어요. 그랬더니 또 흰 가운을 입은 의사들이 달려오는 거예요.	5′	※ 궁금증과 긴장감을 유지하며 이야기를 전개한다.
전개	• 의사마을의 비밀 – 왜 이 마을에서는 의사들만 달려왔을까요? (학생들이 서로 상상하여 대답해 보도록 한다.) – 100년 전만 해도 이 마을 사람들은 다양한 직업을 가지고 있었어요. 그런데 의사가 좋은 직업이라고 생각한 마을의 모든 사람들이 자식들을 의사가 되도록 한 거예요. 그래서 그 마을에는 의사들만 있게 되었던 거예요. – 여러분은 어떤 것이 좋은 직업이라고 생각해요? – 그러면, 세상에 (학생들이 말한 것 중에서 예시를 들며) 하나의 직업을 가진 사람만 있다면 어떻게 될까요? – 우리가 사는 곳에 이 마을처럼 의사만 있으면 어떤 문제점이 있을까요? 이 사건은 어떻게 해결될 수 있을까요? (추측하여 발표해 보도록 한다.)	5′	※ 좋은 직업에 대해 질문할 때 교사의 의견이 반영되지 않도록 한다.
	• 다양한 직업을 찾아라 – 오늘은 선생님과 ○학년 ○반 친구들이 여러 가지 직업을 알아보는 게임을 할 거예요. – 이 게임은 선생님과 여러분 전체의 대결인데요. 선생님이 먼저 직업 하나를 말하면 여러분은 한 명씩 차례대로 직업을 말하는 거예요. – 앞에서 나온 직업은 다시 말할 수 없고, 더 이상 생각나지 않으면 지게 됩니다. (나오는 직업들을 모두 칠판에 쓴다.)	10′	

전개	• 다른 것이 아름답다 – 이번엔 여기에 적힌 직업들 중에서 각자 자신이 어른이 되었을 때 되고 싶은 직업을 한 가지씩 정해 보세요. 그리고 그 직업을 갖게 되었을 때 꼭 하고 싶은 일을 적어 보세요. 그리고 그 직업을 가지고 산다면 자신이 가진 재능을 다른 사람들과 어떻게 나눌 수 있을지에 대해서도 함께 생각해 보세요. – (몇몇 학생들의 발표를 듣는다.) – 여러분의 생각처럼, 우리 사회의 다양한 직업들은 모두 우리의 생활을 풍요롭게 하기 때문에 소중하답니다. – 세상에는 여기에 적힌 것보다 더 많은 직업들이 있답니다. 여러분도 성장하게 되면 다양한 직업을 갖게 되겠지요. 어떤 직업이든지 꼭 필요한 곳에서 열심히 일하고 있는 많은 사람들이 있기 때문에 이 세상이 조화롭게 잘 돌아갈 수 있답니다.	15′	▶활동자료 3-6(다른 것이 아름답다) ※ 재능기부에 대하여 간단하게 살펴보는 것도 좋다. 재능을 나눕시다 www.volunteerkorea.or.kr/index_vol.html
정리	• 우리는 서로 다른 꽃씨 – (실물화상기로 씨앗을 보여 주며) 이것이 무엇일까요? 네, 씨앗이에요. (여러 가지 꽃씨를 보여 준다.) – 지금 보여 준 것들은 다 씨앗이라는 공통점을 가지고 있지요? 하지만 이 씨앗들은 나중에 모두 다른 꽃을 피우게 될 거예요. 여러분도 마찬가지로 서로 다른 개성과 능력을 가지고 있어요. 우리 반 35명이 **와 똑같은 꿈을 가졌다고 생각해 보면 기분이 어때요? – 서로 다른 다양한 씨앗을 가지고 있는 특별한 사람들이 모여 있는 곳이 우리 반이랍니다. 서로 다른 씨앗을 가진 옆 사람을 인정하고 소중히 대해 주세요.	5′	※ 또는 씨앗 사진들로 대체하여 보여 준다. ▶여러 가지 꽃씨 ▶실물화상기

서다우 TIP

- 교사가 학생들에게 조금 생소하거나 알기 어려운 직업들을 미리 조사하여 게임을 하면 학생들에게 다양한 직업의 종류를 알 수 있는 계기가 된다.
- 게임이 너무 길어지거나 짧은 시간에 끝나 버리지 않도록 교사가 적절하게 게임을 끝내거나 힌트를 준다.
- 교사와 학생이 이기는 것에 초점을 두는 것이 아니라 다양한 직업을 찾아볼 수 있도록 하는 데 초점을 두어 학생들 간의 적절한 협력을 촉진한다.
- 장애학생의 경우에는 몇 가지 직업 카드를 미리 만들어 주거나 짝과 협력하여 게임에 참여할 수 있도록 한다.
- 다양한 직업의 예시

  수의사, 만화가, 작곡가, 스님, 대통령, 탐정, 타일시공사, 해양생물학자, 사진작가, 큐레이터, 외교관, 화폐교환원, 의상디자이너, 작가, 바이올리니스트, 발레리노, 모델, 기자, 파일럿, 파티쉐, 파티플래너, 택배기사, 세탁소 사장님, 국과수 해부학자, 쇼핑호스트, 비서, 우유배달원, 국회의원, 개그맨, 경호원, 하수구 청소부, 이삿짐센터 기사, 사육사, 미용사, 대변인, 자동차 딜러, 코디네이터, 프로듀서, 무속인, 운전기사, 항공기정비사, 자동차정비사, 목욕관리사, 방송작가, 주택관리사, 네일아티스트, 병아리감별사, 계산원(대형마트), 연예인 매니저, 조련사, 중장비기사, 간호조무사, 특수교육보조원, 과학보조원, 영양사, 산모도우미, 공인중개사, 프로 게이머, 광고 디자이너, 메이크업아티스트, 군인, 지휘자, 가구 디자이너, 푸드 스타일리스트, 양봉기술자, 요리사, 조율가, 악기 수리사, 텔레마케터, 학원 선생님, 약사 등

활동자료 3-6

다른 것이 아름답다

이름:

1. 내가 커서 갖고 싶은 직업은?

2. 그 직업을 갖게 된다면 나는 어떤 일을 할 수 있을까?

3. 그 직업을 갖게 되었을 때 다른 사람들을 위해 나의 재능을 기부하는 방법은?

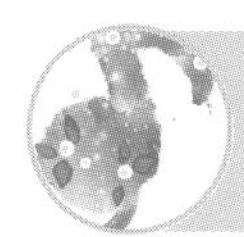

반편견

<table>
<tr><td>활동
목표</td><td rowspan="2">• 우리가 일반적으로 가지는 편견에 대해 알아보고 공정한 생각이 무엇인지 알 수 있다.</td><td>학년</td><td>5~6학년</td></tr>
<tr><td></td><td>차시</td><td>2/4</td></tr>
<tr><td>단계</td><td>활 동 내 용</td><td>시간</td><td>자료(▶) 및 유의점(※)</td></tr>
<tr><td>도입</td><td>• 내 마음이 가는 곳은?
– 지금부터 우리의 생각에 관해 알아보려고 합니다. 화면을 잘 보고 손을 들어 선택해 주세요.
1. 잠을 더 많이 잘 것 같은 사람은?
2. 약속을 더 잘 지킬 것 같은 사람은?
3. 영어 선생님으로 오셨으면 하는 분은?
4. 월급이 더 많을 것 같은 사람은?
5. 마라톤을 잘 뛸 것 같은 사람은?

– 여러분이 지금 선택한 문항은 여러분의 편견지수를 알아보는 것이었습니다.
– '편견' 이란 무엇일까요?
– 편견이란 '한쪽으로 치우친 공정하지 못한 생각' 혹은 '어떤 사물이나 현상에 대해 사실상의 근거 없이 지니고 있는 완고한 의견' 입니다. 우리가 흔히 가지고 있는 편견은 어떤 것이 있을까요?</td><td>5′</td><td>▶내 마음이 가는 곳은? PPT 서울경인특수학급교사연구회(cafe.naver.com/tesis1992)-서다우-서다우란

※ 편견의 말뜻을 이해하기 위한 과정이므로 자유롭게 발표하는 것을 들어보고 적절하게 이해했는지 교사가 덧붙여준다.</td></tr>
<tr><td>전개</td><td>• 우리가 가지는 편견들
지금부터 몇 개의 영상을 살펴보겠습니다. 사람들의 편견에 관한 실험 영상입니다. 어떤 편견을 가지고 대하는지 생각하며 영상을 시청해 봅시다.
① 외국인에 대한 편견(다큐프라임/ 인간의 두 얼굴 Ⅱ)
– 백인과 동남아인이 한국사람에게 길을 묻는 실험. 대부분의 사람들이 백인에게는 친절하게 답해 주고 동남아인은 무시하고 지나감(5:10)

※구글에서 '인간의 두 얼굴 외국인' 으로 검색
– 이 영상에서 사람들이 가지고 있는 편견은 어떤 것이 있을까요?</td><td>30′</td><td>▶외국인에 대한 편견 동영상</td></tr>
</table>

전개	– 백인이 동남아인보다 더 좋다. 백인이 더 사회적 지위가 높을 것이다. 동남아인은 위험할 것이다. 동남아인은 불법체류자일 것이다. 백인이 더 좋은 사람일 것이다 등. ② 아름다운 세상, 편견(다큐프라임/ 인간의 두 얼굴Ⅱ) – 부유한 환경에 있을 때와 어려운 환경에 있을 때 아이의 사진을 본 두 집단이 아이가 시험 보는 동영상을 본 후 아이에 대한 평가를 다르게 함. 같은 아이인데도 부유한 환경에 있는 사진을 본 집단은 언어적 수준이 높고, 공부를 잘할 것이라고 생각하였고, 반대의 경우 아이가 지적능력이 떨어진다고 평가함(4:44) ※ 구글에서 '인간의 두 얼굴 생각의 왜곡' 으로 검색 – 이 영상에서 사람들이 가지고 있는 편견은 어떤 것이 있을까요? – 집안 형편이 어려운 아이는 머리가 나쁠 것이다. 부유한 가정의 아이는 공부를 잘할 것이다. 집안 형편이 어려우면 발달이 늦을 것이다. 부유한 가정의 아이는 말을 잘할 것이다 등. ③ 외모에 대한 편견(다큐프라임/ 인간의 두 얼굴) – 옷을 정장으로 잘 차려입었을 때와 그렇지 않을 때 직업과 연봉, 이성으로서의 매력도, 성격에 관한 평가가 다름을 보여 주는 영상임(7:36) ※구글에서 '인간의 두 얼굴 외모' 로 검색 – 이 영상에서 사람들이 가지고 있는 편견은 어떤 것이 있을까요? – 멋있는 외모를 가진 사람은 직업이 좋을 것이다. 연봉이 높을 것이다. 성격이 좋을 것이다. 사귀고 싶다.		▶빈부격차에 대한 편견 동영상 ▶외모에 대한 편견 동영상
정리	• 정리하기 – 오늘은 우리가 가진 '편견' 에 대하여 생각해 보는 시간을 가졌습니다. – 여러분은 오늘 수업을 하며 어떤 생각을 했나요? (몇 명의 발표를 들어본다.) – 편견은 우리가 이성적 판단을 잘 하지 못하는 어린 시절 내 주변의 사람들이 갖고 있던 생각을 그대로 받아들여 생기는 경우가 많습니다. 한번 생긴 편견은 잘 없어지지 않습니다. 편견을 갖는다는 것은 좁은 눈으로 세상을 바라보고 좁은 마음으로 세상을 이해한다는 뜻입니다. – 편견을 없애는 방법은 나와 다른 의견을 가진 사람과 열린 마음으로 대화를 하는 것입니다.	5′	

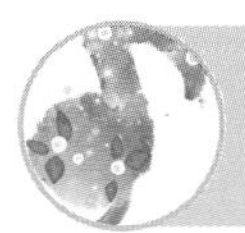

차별받는 사람들

활동 목표	• 차별이란 무엇인지에 대해 생각해 본다. • 차별이 부당하다는 것을 알고 해결책을 생각해 본다.	학년	5~6학년
		차시	3/4
단계	활 동 내 용	시간	자료(▶) 및 유의점(※)
도입	• 벚꽃 여행 – 진해에 벚꽃 구경을 가 본 적이 있나요? 진해는 우리나라에서 벚꽃 여행으로 아주 유명한 곳이지요. – 진해 벚꽃 구경을 가려면 무엇을 타고 갈 수 있을까요? 자가용이나 버스를 이용할 수도 있고 낭만적인 기차 여행도 좋을 것 같아요.	2′	
	• 기차를 타자 – 지금부터 선생님이 동영상을 하나 보여 줄 건데요. 진해 벚꽃 구경을 가는 사람들의 이야기입니다. 어떤 일들이 벌어지는지 함께 보도록 하지요. ※기차를 타자(13:00): 국가인권위원회 인권작품공모전-2011년 일반부 장려상(www.humangongmo.kr)	13′	▶기차를 타자 동영상
전개	• 기차 여행과 차별 – 이들이 휠체어 장애인으로 진해역을 처음 이용한 역사적인 인물들이 되었던 이유는 무엇인가요? (진해역에는 휠체어를 사용할 수 있는 시설이 없었기 때문에) – 이들이 식사를 할 때 맛있는 음식점이나 분위기가 좋은 음식점 또는 가격이 싼 음식점을 선택하지 못했던 이유는 무엇인가요? (휠체어가 들어갈 수 있는 경사로가 설치된 음식점에만 갈 수 있었기 때문에) – 내가 만약 평생 낭만적인 기차 여행을 할 수 없다거나, 맛있고 분위기 좋은 음식점에 갈 수 없다면 어떨까요? – 기차 여행이란 특별한 사람들만 누려야 할 권리인가요? – 기차의 출입문을 넓게, 그리고 경사로로 만든다면 또 다른 어떤 사람들에게 편리함을 줄까요? – 이들은 기차 여행 외에 또 어떤 때에 불편함을 느낄까요?	5′	

전개	• 차별받는 사람들 - 휠체어를 타는 장애인들 외에도 우리 사회에는 많은 사람들과 조금 다르다는 이유로 차별을 받는 사람들이 있어요. 어떤 사람들일까요? - 지금부터 나누어 주는 활동지에 이 사람들은 어떤 경우에 불편을 겪을지, 또 어떻게 하면 그 불편함을 줄일 수 있을지 생각하여 적어 보세요. (각자 다른 상황들—유모차를 끌고 가는 아기 엄마, 노인, 앞이 보이지 않는 사람, 소리가 들리지 않는 사람, 왼손잡이인 사람 등—을 제시한다.) - 그럼 서로의 생각을 나누어 봅시다. 유모차를 끌고 가는 아기 엄마는 어떤 경우에 불편함을 느낄까요? 그때의 기분은 어떨까요? 불편함을 줄이기 위한 해결 방안은 없을까요? (각각의 상황에 대하여 의견을 공유해 본다.)	15′	▶활동자료 3-7 (차별받는 사람들)
정리	• 차별 없는 세상을 위한 배려 - 여러분이 학습지와 다른 친구들의 발표를 통해 본 대로, 우리 사회에는 어르신이나 아기 엄마, 임산부, 장애인, 외국인, 희귀병 질환자, 왼손잡이, 북한이탈주민 등 사회의 배려가 더 필요한 사람들이 있어요. 그러나 충분한 배려를 하지 않음으로 인해서 차별을 받는 경우가 생각보다 많이 있습니다. - 나이가 많거나, 신체의 일부가 조금 다르게 생겼거나, 피부색이 다른 사람을 보았을 때, 나와 다르다고 해서 이상하게 바라보거나 피하지 말고 똑같이 대해 주세요. 또한 다른 사람의 입장을 생각해 보고 필요한 것들을 생각해 볼 수 있는 여러분이 되기를 바랍니다.	5′	

활동자료 3-7

차별받는 사람들

이름:

아래의 사람은 언제, 어떤 불편함을 가지고 살아가고 있을까요?
어떻게 해야 불편하지 않을까요?
그 사람의 입장이 되어 생각을 써 봅시다.

유모차를 끌고 가는 아기 엄마

이럴 때 불편해요!

① 지하철 계단을 내려갈 때

②

③

기분은 어떨까요?

해결책은?

차별받는 사람들

이름:

아래의 사람은 언제, 어떤 불편함을 가지고 살아가고 있을까요?
어떻게 해야 불편하지 않을까요?
그 사람의 입장이 되어 생각을 써 봅시다.

할머니, 할아버지

이럴 때 불편해요!

① 육교를 건널 때

②

③

기분은 어떨까요?

해결책은?

차별받는 사람들

이름:

아래의 사람은 언제, 어떤 불편함을 가지고 살아가고 있을까요?
어떻게 해야 불편하지 않을까요?
그 사람의 입장이 되어 생각을 써 봅시다.

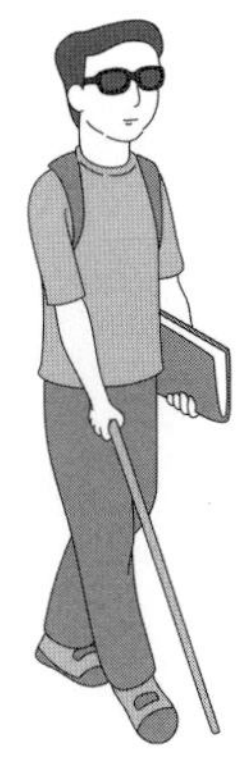

앞이 보이지 않는 사람

이럴 때 불편해요!

① 횡단보도를 건널 때

②

③

기분은 어떨까요?

해결책은?

차별받는 사람들

이름:

아래의 사람은 언제, 어떤 불편함을 가지고 살아가고 있을까요?
어떻게 해야 불편하지 않을까요?
그 사람의 입장이 되어 생각을 써 봅시다.

소리가 들리지 않는 베토벤

이럴 때 불편해요!

① 알람 소리가 들리지 않을 때

②

③

기분은 어떨까요?

해결책은?

차별받는 사람들

이름:

아래의 사람은 언제, 어떤 불편함을 가지고 살아가고 있을까요?
어떻게 해야 불편하지 않을까요?
그 사람의 입장이 되어 생각을 써 봅시다.

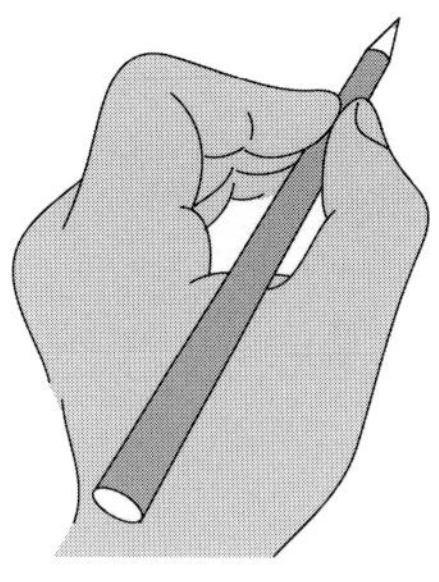

왼손잡이인 사람

이럴 때 불편해요!

① 화장실에서 비데를 사용할 때

②

③

기분은 어떨까요?

해결책은?

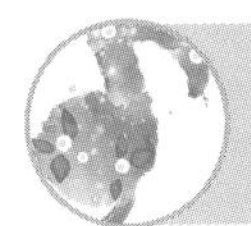

차별 없애기

활동 목표	• 장애인이나 주변 사람들의 불편함을 생각해 보고 장애를 보완할 수 있는 물건을 고안해 본다.	학년	5~6학년
		차시	4/4
단계	활 동 내 용	시간	자료(▶) 및 유의점(※)
도입	• 동화책 〈주머니 없는 캥거루 케이티〉 읽기 - 오늘은 선생님이 〈주머니 없는 캥거루 케이티〉라는 동화책을 읽어 주겠습니다. (실물화상기로 책을 보여 주며 읽어 준다.) - 주머니가 없는 캥거루 케이티의 고민은 무엇이었나요? 네, 주머니가 없어 아기 프레디를 돌보는 일이 쉽지 않았지요. 그래서 주머니 없는 캥거루 케이티는 어떻게 하였나요? 그리고 아기 프레디를 어떻게 돌보게 되었나요? - 네, 주머니가 많이 달린 앞치마를 목수에게 얻어 아기를 주머니에 넣어 키울 수 있게 되었지요. 그뿐 아니라 다른 동물의 아기들까지도 주머니에 넣어 돌볼 수 있게 되었습니다.	10′	▶〈주머니 없는 캥거루 케이티〉, 에이미 페인, 비룡소 ▶실물화상기
전개	• 보조공학이란 - 케이티는 다른 엄마 캥거루처럼 주머니가 없어 아기를 돌보는 데 어려움이 있었습니다. 그렇지만 주머니가 달린 앞치마를 얻어 아기 프레디를 잘 돌볼 수 있게 되었지요. 오늘은 우리 주변에서 케이티의 앞치마와 같은 역할을 하는 것들이 있는지 알아보겠습니다. 케이티의 앞치마처럼 장애가 있거나 도움이 필요한 사람들에게 아주 유용한 물건들을 보여 줄게요. 다음 동영상을 같이 보세요. ※ 장애인을 위한 보조공학(6:28) - 유투브 검색 - 동영상을 통해 장애인이 편리하고 안전하게 생활할 수 있도록 하는 다양한 보조공학기기를 보았습니다. 보조공학이 무엇인지도 설명을 들었지요. 이렇게 보조공학은 장애인이 장애로 인해 혼자서 생활하기 어렵거나 할 수 없었던 일들을 가능하게 해 주어 우리처럼 가능한 한 독립적인 생활을 할 수 있도록 해 줍니다.	10′	▶장애인을 위한 보조공학 동영상

전개	• 나도 발명가 - 앞에서 본 것처럼 우리 주변에는 불편함을 덜어 주는 다양한 물건이 있습니다. 이런 물건들을 잘 활용한다면 장애는 더 이상 장애가 아닐 수 있습니다. 우리도 발명가가 되어 우리 주변 사람들에게 도움이 될 수 있는 물건을 만들어 봅시다. 아주 거창하고 최첨단이 아니어도 됩니다. 일상생활 속에서 자주 사용하지만 불편을 느낄 수 있는 물건을 발명하는 것도 좋습니다. 먼저 누구를 위해 만들 것인지 생각해 보세요. 어떻게 사용하는지 설명을 써 보고 그림도 그려 보세요. 발명품의 이름을 적어 주는 것도 잊지 마세요. - (활동자료 3-5를 나눠 준다.) - 이제 나의 발명품 개발 설명회를 해 보도록 하겠습니다. 발명품의 이름, 사용할 사람, 사용 방법 등을 설명해 주세요.(3~4명의 학생이 발표할 수 있도록 한다.)	15′	▶활동자료 3-5 (나도 발명가)
정리	• 정리하기 - 여러분들의 발명품 설명서는 모두가 볼 수 있도록 게시판에 붙여 놓도록 하겠습니다. - 이번 시간에는 우리 친구들이 다른 사람들의 장애와 불편을 고려하여 편리한 발명품들을 만들어 보았습니다. 이렇게 편리한 물건을 고안하고 사용할 수 있도록 하는 것은 장애인의 장애가 되지 않고 어디든 갈 수 있고 누구하고든 이야기할 수 있고 다른 사람의 도움을 받지 않거나 더 적게 받으며 생활할 수 있도록 합니다. 그리고 장애인뿐만 아니라 모든 사람들이 편리하게 사용할 수 있어 우리 모두에게 편리함을 제공하기도 합니다.	5′	

활동자료 3-5

나도 발명가!

이름:

내 발명품의 그림을 그려 보고 무엇을 위해, 누구를 위해 필요한 것인지 설명을 해 보세요.

❖발명품 명: ______________________________

❖사용하는 사람: ______________________________

❖사용 설명서: ______________________________

____

____

____

____

⊘ 나도 발명가 ⌛

내 발명품의 그림을 그려 보고 무엇을 위해, 누구를 위해 필요한 것인지 설명을 해보세요.

▸ 발명품 명 : 자석 지팡이 & 보도블럭

▸ 사용하는 사람 : 시각장애인

▸ 사용 설명서 : 그냥 울퉁불퉁 하면 일반 보도블과 구별하기 힘드니까, 지팡이 끝과, 시각장애인이 쓰는 노란 보도 블럭을 약한 자석으로 만들어 달라붙게 하면 잘 구별할 수 있어.

나도 발명가

최수정

내 발명품의 그림을 그려 보고 무엇을 위해, 누구를 위해 필요한 것인지 설명을 해보세요.

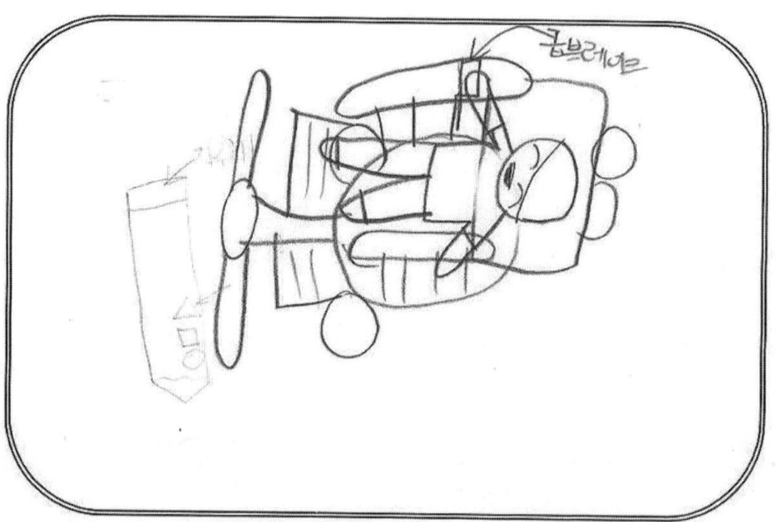

▸ 발명품 명 : 달려라 자전거!

▸ 사용하는 사람 : 몸이 불편한 사람

▸ 사용 설명서 :

꼭 손잡이를 안잡아도 되고 맨위에는 넘어지지 않게 보조바퀴 2개 누워서가는 평평한 침대랑 평평한 손잡이 편한 발 받침대 조그만 스위치를 누르면 브레이크를 해서 멈출수도 있습니다.

이윤서

나도 발명가

내 발명품의 그림을 그려 보고 무엇을 위해, 누구를 위해 필요한 것인지 설명을 해보세요.

- 발명품 명 : 수화선생님 로봇트
- 사용하는 사람 : 청각장애인
- 사용 설명서 : 수화를 하는 선생님이 있으면 청각 장애인도 글이나 숫자를 알수 있습니다.

함께하는 즐거움
–협동–

“협동이요? 서로서로 돕는 거요.”

“뭉치면 살고 흩어지면 죽는다!”

〈함께하는 즐거움: 협동〉은 아이들의 머릿속에 이미 자리 잡고 있는 ‘협동’이라는 것에 대해 새롭게 생각해 볼 수 있도록 도와줍니다. 〈협동〉에 대해 공부하는 동안 아이들은 서로 도우며 지내는 친구, 이웃들의 이야기를 통해 돕는 사람과 도와주는 사람 모두가 행복해진다는 소중한 사실을 자연스럽게 깨닫게 될 것입니다.

나아가 직접 몸과 마음을 합해서 해결해야 하는 놀이 상황에서 결국 우리 모두, 우리 반 친구들 모두가 얼마나 소중하며 꼭 필요한 사람인지에 대해 가슴으로 느끼게 됩니다.

아이들은 〈협동〉 시간에 힘을 합쳐 건져 올린 『으뜸 헤엄이』를 평생 가슴속에 간직하며 살아갈 것입니다.

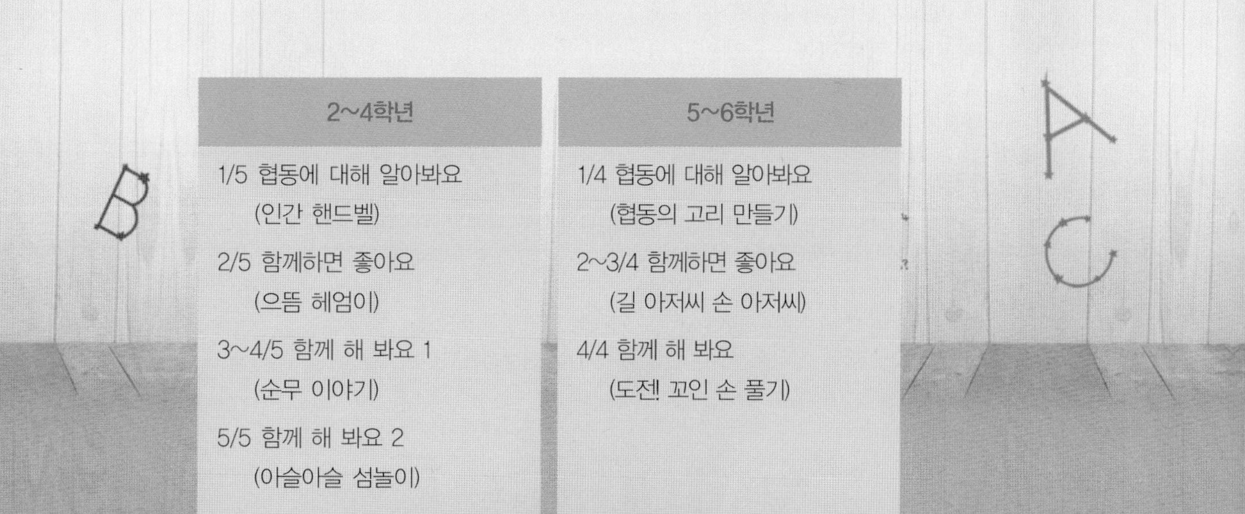

2~4학년	5~6학년
1/5 협동에 대해 알아봐요 (인간 핸드벨)	1/4 협동에 대해 알아봐요 (협동의 고리 만들기)
2/5 함께하면 좋아요 (으뜸 헤엄이)	2~3/4 함께하면 좋아요 (길 아저씨 손 아저씨)
3~4/5 함께 해 봐요 1 (순무 이야기)	4/4 함께 해 봐요 (도전! 꼬인 손 풀기)
5/5 함께 해 봐요 2 (아슬아슬 섬놀이)	

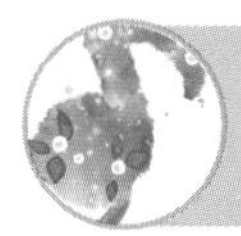

협동에 대해 알아봐요

활동 목표	• 짝과 협동하여 활동에 참여한다. • 반 구성원들이 협동하여 간단한 핸드벨 연주를 할 수 있다.	학년	2~4학년
		차시	1/5
단계	활 동 내 용	시간	자료(▶) 및 유의점(※)
도입	• 둘이서 한 몸: 짝박수 – 오늘은 협동에 대해서 알아볼 거예요. 협동이 무엇인지, 협동을 하면 어떤 점들이 좋은지 알아보도록 합시다. 우선 간단한 게임으로 옆에 있는 짝과 마음을 맞춰 보는 시간을 갖도록 해요. 둘씩 짝을 정해 보세요. – 짝이랑 팔짱을 끼세요. – 이제 둘이서 한 몸이 되었습니다. 그럼 이제 선생님이 지시하는 대로 마음을 맞추어서 박수를 쳐 봅시다. 준비됐나요? 예: 박수 세 번 시작! 박수 다섯 번 시작! (교사의 지시에 맞춰서 박수를 친다.) – 정말 짝끼리 마음이 잘 맞네요. • 둘이서 한마음: 모양 따라 하기 – 이번에는 한 사람은 선생님의 오른쪽이 되고 한 사람은 선생님의 왼쪽이 되어 선생님의 몸짓을 따라 해 보는 게임이에요. 예: 별 반짝반짝, 기지개 펴기 (아이들이 따라 하는 수준에 따라 뒤로 갈수록 대칭되지 않는 몸동작도 실시해 본다.) – 하트 만들기로 마무리한다.	10′	※ 처음에 아이들이 이해를 못하면 한 명을 앞으로 불러내어 교사와 함께 시범을 보이는 것도 좋다.
전개	• 천국의 젓가락 – 지금부터 선생님이 옛날 이야기 하나를 들려주고 간단한 퀴즈를 내 볼게요. 잘 듣고 맞혀 보세요. 옛날 아주 먼 옛날에 한 사람이 천국과 지옥을 구경하게 되었습니다. 천국과 지옥 모두 소문과는 달리 식탁 위에 진수성찬과 키만큼 기다란 젓가락이 놓여 있는 것이었습니다. 그 사람은 깜짝 놀랐습니다. '아니, 소문으로 듣기로는 지옥은 먹을 것도 없고 불길이 솟구쳐 뜨겁다고 하더니 이렇게 맛있는 음식들이 한 상 가득 차려져 있을 줄이야.' 그런데 이상하게도 지옥의 사람들은 모두 피죽도 못 먹은 사람들처럼 뼈만 남아 있는 것이었습니다.	5′	※ 신문지 등을 말아서 천국의 젓가락을 만들어 진행하면 더 실감나는 수업을 할 수 있다.

전개	- 천국 사람들은 살이 뽀얗게 올랐는데 지옥 사람들은 왜 다 굶어 죽어 가고 있었을까요? - 맞아요. 천국의 사람들은 긴 젓가락을 이용해서 서로 입에 음식을 넣어 주었던 거예요. 그렇지만 지옥의 사람들은 서로 자기만 먹으려고 했던 것입니다. - 이처럼 서로 협동하여 지혜를 모으면 못할 것 같은 일들도 할 수 있습니다.		
	• 협동의 경험 나누기 - 이처럼 혼자 하는 것보다 둘이나 셋이 함께하면 좋은 것에는 무엇이 있을까요? 예: 무거운 물건 들기, 청소 등 - 이번에는 친구나 가족들과 협동해서 좋았던 경험을 이야기해 보기로 합시다.	5′	▶활동자료 4-1(협동의 경험 나누기) ※ 2학년은 활동지 대신 이야기 나누기만 할 수도 있다.
	• 인간 핸드벨 - 이번 시간에는 ○학년 ○반 친구들이 함께 인간 핸드벨이 되어서 아름다운 노래를 만들어 볼 거예요. - 1모둠은 도, 2모둠은 레, 3모둠은 미, 4모둠은 파, 5모둠은 솔, 6모둠은 라가 되어 봅시다. ① 각 음계별로 연습을 해 본다. 교사는 손짓으로 모둠을 표시해 준다. (먼저 1모둠부터 도, 2모둠 레, 3모둠 미…….) ② 각 음계별로 어느 정도 소리가 모이면 기본 3화음을 연습해 본다. (도미솔, 도파라, 시레솔) ③ '똑같아요' '학교종'과 같은 6음계나 5음계로 할 수 있는 노래를 교사의 수신호에 맞추어서 연습해 본다. 장애학생이 포함되어 있는 모둠의 경우에는 가장 빈도가 낮은 음계를 연주하도록 할 수 있다.	18′	※ 학교에 핸드벨이 있으면 활용해 본다.
정리	• 정리 - 오늘은 협동의 필요성에 대해서 배우고 반 친구들과 함께 인간 핸드벨 연주를 해 보았어요. 어때요? 친구들과 마음을 모으니 아름다운 노래를 연주할 수 있었죠? - 우리도 천국의 사람들처럼 서로서로 배려하고 보살펴 주는 ○학년 ○반 어린이가 되어야겠어요.	2′	

활동자료 4-1

협동의 경험 나누기

이름:

친구나 가족들 또는 다른 사람들과 협동했던 경험을 적어 봅시다.

언제	
어디서	
누구와	
어떻게	
그때의 나의 느낌이나 생각은?	
만약 함께하지 않았다면?	
나와 함께한 친구나 가족에게 한마디	
교실에서 함께 협동할 수 있는 일은?	

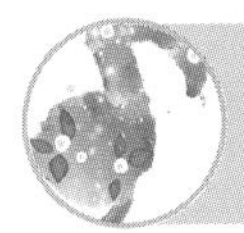

함께하면 좋아요

활동 목표	• 협동의 필요성을 인식한다. • 모둠원들이 협동하여 공동작품을 만들 수 있다.	학년	2~4학년
		차시	2/5
단계	활 동 내 용	시간	자료(▶) 및 유의점(※)
도입	• 자석놀이 – 둘씩 짝을 지어 보세요. 오늘은 우리가 자석이 되어 보는 거예요. – 자석놀이는 선생님의 지시에 따라 짝과 신체의 일부분이 자석이 끌어당기는 것처럼 맞대는 놀이예요. – 한번 해 볼까요? 손과 손! – 손과 손을 맞대었나요? 잘 듣고 자석이 되어 보세요. 예: 팔꿈치와 팔꿈치, 머리와 머리, 어깨와 어깨, 코와 코 등 (익숙해지면 신체의 부위를 서로 다르게 지시한다.) 예: 손과 코, 귀와 머리, 엉덩이와 손 등	5′	※ 아이들이 접촉을 싫어하는 경우 엄지손가락과 같이 쉽게 접근할 수 있는 활동으로 선택한다. ※ 평소 아이들과 잘 어울리지 못하는 아동에게 교사와 함께하는 시범조 역할을 부여할 수 있다.
전개	• 〈으뜸 헤엄이〉 동화 듣기 (동화책이나 플래시 동화 이용) – 지금부터 선생님이 이야기를 하나 들려줄 거예요. 잘 듣고 맞혀 보세요. – 으뜸 헤엄이 이야기를 들려준다. – 물고기 이야기를 끝까지 들려주지 말고 작은 물고기들이 큰 물고기를 물리치기 전 아이들에게 질문을 한다. – 작은 물고기들은 어떻게 큰 물고기를 물리칠 수 있었을까요? (아이들이 창의적으로 생각하여 답하도록 한다.)	5′	▶〈으뜸 헤엄이〉 레오 리오니, 마루벌 또는 플래시 학지사(hakjisa.co.kr)-자료실-부록자료실 ▶실물화상기
	• 〈으뜸 헤엄이〉 협동 작품 만들기 – 으뜸 헤엄이의 이야기를 잘 들었나요? 작은 물고기들이 지혜와 힘을 모아 큰 물고기의 위협에서 벗어났어요. 우리도 힘을 모아 커다란 물고기를 물리친 작은 물고기들을 만들어 봅시다. – 각자 나누어 주는 색종이로 작은 물고기들을 만들어 큰 물고기가 되도록 붙여 봅시다. – 색종이 접기를 해도 되고, 물고기 모양으로 그려서 오려도 좋겠어요. 또는 바닷속에 사는 여러 가지 바다 생물들이 모두 함께 힘을 모아도 좋겠네요. 오징어나 거북이, 조개 등을 만들어도 재미있을 것 같아요.	25′	▶전지, 색종이, 가위, 풀, 크레파스 등 ※ 시간 절약을 위해 미리 바다 그림을 준비해 놓아도 좋고, 작업을 마친 학생 중 몇 명에게 바다 꾸미기 역할을 주어도 좋다.

정리	• 작품 전시 - 거의 완성이 되었나요? 우리 반 친구들이 모두 힘을 모아 멋진 으뜸 헤엄이 이야기를 작품으로 만들었네요. - 오늘은 작은 물고기들이 지혜와 힘을 모아 큰 물고기를 물리치는 으뜸 헤엄이 이야기를 들었어요. 친구들이 만들어 놓은 그림을 보니 어떤가요? 다들 큰 물고기를 물리칠 수 있을 것 같나요? - 만약 우리 반 친구들에게 어려운 일이 생긴다면 으뜸 헤엄이와 물고기 친구들처럼 지혜와 힘을 모아 어려움을 극복해 나갈 수 있겠죠?	5′	

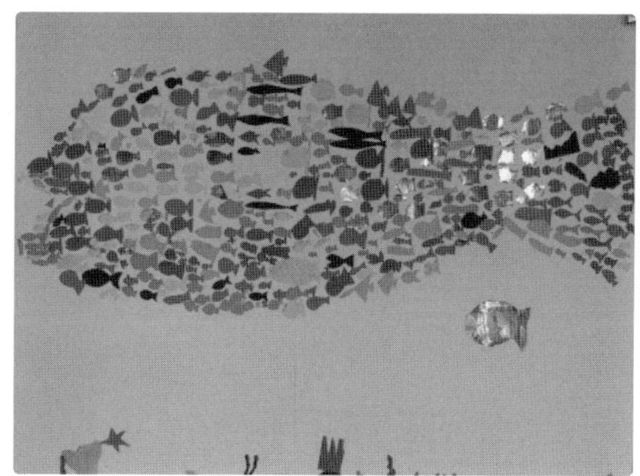

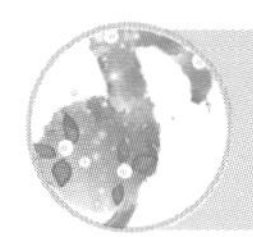

함께 해 봐요 Ⅰ

활동 목표	• 협동을 주제로 한 동화를 읽고 역할극을 할 수 있다.	학년	2~4학년
		차시	3~4/5
단계	활 동 내 용	시간	자료(▶) 및 유의점(※)
도입	• 〈커다란 순무〉 이야기 듣고 이야기 나누기 (그림책을 보여 주거나, 교사용 자료 4-1을 읽어 준다.) - 오늘은 러시아 민화를 들려주겠습니다. - 이야기 속에 누가 나옵니까? - 이야기 속 주인공들은 무엇을 하고 있나요? - 왜 무를 뽑지 못했을까요? - 무를 뽑기 위해 어떻게 했나요? - 결국 어떻게 무를 뽑게 된 걸까요?	10′	▶커다란 순무 플래시 동화 예스24〉채널예스〉동화〉한글동화〉명작 ch.yes24.com/Animation ▶〈커다란 순무〉 알릭 세이 톨스토이, 시공주니어 ▶교사용 자료 4-1(커다란 순무) 참고
전개	• 인물 설정하고 꾸미기 - 여러분이 할아버지라면 순무를 어떻게 뽑을 건가요? - 여기 민화에 나온 것처럼 손녀나 강아지, 고양이 말고 다른 인물을 생각해 봅시다. - 모둠원끼리 의논하여 순무를 뽑기 위해 도와줄 다른 인물이나 동물 등을 생각해 그림을 그려 보세요. - 순무를 뽑기 위해 잘 도울 수 있는 인물을 자유롭게 생각해 그려 보세요. - 역할극을 하기 위해 꼭 나와야 하는 인물(할아버지나 무)도 그림으로 그려 준비해 주세요. 그림을 잘 그리지 못하는 학생은 친구가 밑그림을 그려 주고 색칠을 하게 한다.	20′	▶도화지, 사인펜, 크레파스 등 ※시간이 부족하거나, 다른 인물들을 생각하기 힘들어하면 생략하고 등장인물 중에서만 선택해도 좋다.

전개	• 인물처럼 행동해 보기 – 앞에 무가 있다고 생각하고 할아버지처럼 힘껏 무 뽑는 몸짓을 해 볼까요? – 다른 사람을 불러 어떻게 함께 뽑았을까요? 모둠원끼리 생각해 몸짓으로 해 볼까요? • 모둠별로 커다란 순무 역할극 발표하기 – 이제부터는 우리가 커다란 순무 동극을 모둠별로 발표할 거예요. 누가 무를 할 것인지, 할아버지를 할 것인지, 도와주러 나올 순서는 어떻게 할 것인지, 어떤 동작으로 서로 도우며 무를 뽑을 것인지를 정해 봅시다. – (모둠별로 준비한 순무 역할극을 발표한다.)	40′	
정리	• 역할극을 보고 나서 소감 말하기 – 역할극을 해 보니 어떤 느낌이 드나요? – 다른 사람이 어려운 일이 있을 때 도와준 경험이 있나요? 혹은 내가 어려울 때 도움을 받은 적이 있나요? – 함께 힘을 합해 어려운 일을 해결하면 어떤 생각이 드나요?	10′	

서다우 TIP

- 이 수업은 2차시에 걸쳐 충분한 시간을 갖고 진행하도록 한다.
- 역할극에 잘 참여하지 못하는 친구도 모둠 내에서 참여할 수 있는 방법을 생각하도록 독려한다. 대사가 많지 않은 쉬운 역할을 주거나 순무 역할을 하도록 할 수도 있다.
- 장애학생이 혼자서 자신의 역할을 수행하기 힘든 경우는 '손녀는 강아지 두 마리를 불렀습니다.' '손녀는 강아지와 토끼를 불렀습니다.' 와 같이 이야기를 각색하여 학급 친구가 장애학생의 손을 잡고 함께 등장하도록 할 수 있다.
- 역할극이 잘 진행되지 않을 때는 교사가 다음 행동들을 간단하게 설명해 주면(내레이션) 좋다. 예를 들어, "할아버지와 할머니는 순무를 당겨도 뽑히질 않았어요. 그래서 할머니가 손녀를 불렀습니다."하면 할머니가 손녀를 부르는 역할을 하고, 손녀 역할을 맡은 아이가 등장한다.

교사용 자료 4-1

커다란 순무

러시아 민화

옛날옛날에 할아버지가 순무씨를 뿌렸습니다.
"순무야, 순무야. 무럭무럭 자라라."
순무는 정말 무럭무럭 자랐습니다. 커다랗고 높게 자랐습니다.
어느 날, 할아버지는 순무를 뽑으러 갔습니다.
"영차~!"
순무는 뽑히지 않았습니다. 할아버지는 할머니를 불렀습니다.
"할멈, 나 좀 도와주구려."
할아버지와 할머니는 순무를 뽑았습니다.
"영차, 영차!!"
순무는 뽑히지 않았습니다. 할머니는 손녀를 불렀습니다.
"얘야, 우리 좀 도와주거라."
할아버지와 할머니와 손녀는 순무를 뽑았습니다.
"영차, 영차, 영차!!!"
그래도 순무는 뽑히지 않았습니다. 손녀는 강아지를 불렀습니다.
"멍멍아, 우리 좀 도와줘."
할아버지와 할머니와 손녀와 강아지는 순무를 뽑았습니다.
"영차, 영차, 영차, 영차!!!!"
여전히 순무는 뽑히지 않았습니다. 강아지는 고양이를 불렀습니다.
"야옹아, 우리 좀 도와줘."
할아버지와 할머니와 손녀와 강아지와 고양이는 순무를 뽑았습니다.
"영차, 영차, 영차, 영차, 영차!!!!!"
그래도 순무는 뽑히지 않았습니다. 고양이는 생쥐를 불렀습니다.
"새앙쥐야, 우리 좀 도와줘."
할아버지와 할머니와 손녀와 강아지와 고양이와 생쥐는 순무를 뽑았습니다.
"영차, 영차, 영차, 영차, 영차, 영차!!!!!!"
드디어 커다랗고 길다랗고 달콤한 순무가 쑤~욱 뽑혔습니다.
"와, 커다란 순무다. 커다란 순무를 우리가 함께 뽑았다."

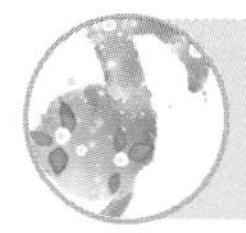

함께 해 봐요 2

<table>
<tr><td>활동
목표</td><td>• 친구들과 협동하는 즐거움을 느낄 수 있다.</td><td>학년</td><td>2~4학년</td></tr>
<tr><td></td><td></td><td>차시</td><td>5/5</td></tr>
<tr><td>단계</td><td>활 동 내 용</td><td>시간</td><td>자료(▶) 및 유의점(※)</td></tr>
<tr><td>도입</td><td>• 짝체조
– 간단하게 운동장을 돈 후 4열이나 6열, 8열로 줄을 선다.
– 아이들이 서로 짝을 이뤄서 할 수 있는 동작들로 체조를 한다.
예: 등 두드려 주기(안마하기), 앉아서 두 손 마주잡고 노 젓기, 서로 마주 보고 양손으로 상대방의 어깨를 잡고 몸 숙여 눌러 주기, 가운데 손잡고 몸 펴기 등

장애학생이 넓은 공간에서는 집중이 어렵다면 강당이나 다목적실에서 할 수도 있다.</td><td>10′</td><td></td></tr>
<tr><td>전개</td><td>• 팀 정하기: 세 박자 콩! 콩! 콩!
– 팀을 정하기 위해 간단한 게임을 한다.
– 자유롭게 돌아다니면서 “오른발을 들고, 왼발을 들고 앞으로 갔다 뒤로 갔다 콩, 콩, 콩! 가위, 바위, 보!” 노래를 부른 후 진 사람은 이긴 사람 뒤로 가서 허리를 잡고 선다.
– 2명씩 허리를 잡은 채로 같은 노래를 반복하여 불러 4명을 만든다.
– 위와 같은 방법으로 다시 8명을 만든다.</td><td>20′</td><td>※세 박자 콩콩콩 동영상
– 유투브에서 검색
※처음부터 놀이로 바로 들어가지 말고 줄별로 허리를 잡은 상태에서 노래와 동작 연습을 3-4회 해 본다.</td></tr>
<tr><td></td><td>• 아슬아슬 섬 놀이
– 6~8명씩 한 조가 되도록 한다.
– 신문지나 보자기 위에 모든 조원들이 올라가는 놀이로 신문지나 보자기를 반으로 접어 가면서 게임을 진행한다.
– 경우에 따라서 2, 3회 반복할 수 있다.
• 몸으로 모양이나 글자 만들기
– 팀원끼리 손을 잡고 노래를 부르다가 교사가 호각을 불거나 “그만”이라고 말하면 멈춰 교사의 지시에 따라 팀원들이 사물이나 글자 모양을 만든다.</td><td>45′</td><td>▶보자기 또는 신문지
※중간에 찢어지는 경우가 있으므로 여분의 신문지를 준비한다.
※팀의 우열을 겨루기 위한 것이 아니라 팀원 간의 협동을 목적으로 하는 놀이이므로 대부분의 모둠이 성공할 수 있는 정도까지만 진행한다.</td></tr>
</table>

전개	예: 고기잡이 노래를 부르며 돌다가 교사가 "그만! 나무 만들기!"라고 이야기하면 팀원끼리 상의하여 나무 모양을 만든다. (함께 만들기의 예 : 기차, 하트, 무궁화, 집, 동물원, 바다, 탑 쌓기 등) - 아이들이 익숙해지면 바람 부는 나무, 출렁이는 바다와 같이 보다 역동적인 지시를 해 본다.		※시간이 부족하다면 세 가지 놀이 중에서 교사가 두 가지만 선택하여 실시한다.
정리	- 마지막으로 넓은 바다, 커다란 원 등과 같이 반 전체가 하나가 될 수 있는 지시를 하여 반 아이들을 하나의 원으로 만든 후 반가나 구호, 인사를 하고 정리한다. - 간단하게 게임한 소감을 들어 본다.	5′	

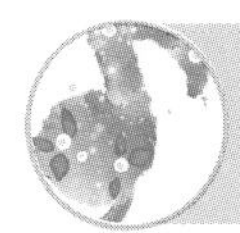

협동에 대해 알아봐요

활동 목표	• 다양한 사례를 통해 협동의 의미와 중요성을 알고 생활 속에서 실천하려는 마음을 기를 수 있다.	학년	5~6학년
		차시	1/4
단계	활 동 내 용	시간	자료(▶) 및 유의점(※)
도입	• 협동의 힘 – 태안기름유출사고 – 선생님이 지금부터 동영상 한 가지를 보여 줄 것입니다. 동영상을 보고 자신의 생각을 이야기해 봅시다. (태안기름유출사고 관련한 자원봉사자들의 동영상을 유튜브에서 검색하여 보여 준다.) – 선생님이 보여 준 동영상은 몇 년 전에 있었던 태안기름유출사고를 다룬 것입니다. 태안기름유출사고가 일어났을 때 모든 국민이 나서서 기름때를 제거하지 않았다면 어떤 일들이 생겼을까요? – 이처럼 여러 사람들이 힘을 모으면 불가능할 것 같은 일들도 해낼 수 있습니다.	8′	▶태안기름유출사고 동영상
전개	• 협동의 경험 나누기 – 오늘은 협동에 대해 알아볼 것입니다. 협동이 무엇일까요? (학생들의 의견을 들어본다.) – 자신이 협동했던 것도 좋고 기억에 남는 협동과 관련된 예도 좋습니다. 가정에서 협동할 수 있는 일, 학교에서 협동할 수 있는 일, 이웃 및 사회에서 협동할 수 있는 일들을 선생님이 나누어 주는 마인드맵에 적어 봅시다. 우선 하나씩만 적고 친구들이 발표하는 내용을 잘 듣고 첨가하여 완성합니다.(활동자료 4-2) – 자신의 마인드맵에 적은 내용을 발표하여 봅시다. 다른 학생들은 친구의 발표 내용을 잘 듣고 자신의 마인드맵에 적어 봅시다. (마인드맵을 준비하여 칠판에 붙이고 학생들이 발표하는 것을 마인드맵에 적어 본다.) – PPT나 OHP를 이용하여 협동하는 다양한 모습을 보여 준다.	15′	▶활동자료 4-2(협동의 경험 나누기) ※마인드맵을 이용하여 자신의 생각을 먼저 적어 보도록 한다. ▶운동회, 모둠활동 학예회, 봉사활동 등 학교 내외 활동을 하면서 찍어 둔 사진을 보여 주면서 협동의 의미를 되새겨 본다.

전개	• 협동의 고리 만들기 - 지금까지 협동하면 좋은 일들에 대해 이야기를 나누어 보았습니다. 협동하는 마음을 담아 ○학년 ○반의 협동의 고리를 만들어 보도록 하겠습니다. 선생님이 나누어 주는 종이에 가족, 친구, 이웃과 협동하여 하고 싶은 일들을 적어 보세요. 앞부분에는 자신의 이름을 적도록 합니다. - 다 적었으면 모둠별로 고리를 만들어서 하나로 연결해 보겠습니다. 고리를 만들 때에는 글을 쓴 부분이 밖으로 보이도록 연결해 주세요. - 모둠의 것이 다 연결되었으면 각 모둠의 마지막 사람이 다른 모둠과 연결하여 하나의 고리를 만들어 보겠습니다. 중간에 협동의 고리가 끊어지지 않게 단단히 붙여 주세요. - (협동의 고리가 완성되면 학생들에게 보여 주고 몇 가지 사례를 읽어 준다.)	12′	
정리	• 활동정리 - 여러분이 협동의 고리에 적은 것처럼 우리 주변에는 함께하면 좋은 일들이 참 많이 있습니다. 자신이 적은 것을 생각하면서 가족, 친구, 이웃들과 협동하는 기회를 가져 보도록 합니다. • 마음에 담기 〈지하철의 기적〉 - 오늘 수업을 정리하면서 협동의 힘이 얼마나 위대한지 동영상 한 편을 보도록 하겠습니다. 동영상을 보면서 협동의 가치를 다시 한 번 생각해 보는 기회가 되었으면 합니다. ※지하철의 기적(2:00) - 포털 사이트 검색. 사람들이 힘을 모아 열차를 밀어 지하철 승강장에 낀 사람의 생명을 구하는 내용	5′	▶지하철의 기적 동영상

서다우 TIP

- 협동에 대한 다양한 사례가 나오지 않을 경우 미리 준비한 PPT를 보면서 이야기를 나눈다.
  예: 가정–청소, 이사, 김장, 제사 음식 만들기, 캠핑 등
  학교–청소, 줄다리기, 연극, 합창, 모둠학습, 짐 나르기, 책장 정리하기 등
  사회–동네 눈 치우기, 아파트 계단 물청소, 바자회, 수해지역 빨래하기,
  농촌 품앗이, 두레, 붉은악마 카드섹션 응원 등
- 학생들의 모습이 담긴 체육대회, 학예회, 청소하는 모습 등의 사진을 첨가하여 PPT를 만들면 학생들의 흥미를 높일 수 있다.
- 종이는 A4색지를 3~4cm 간격을 두고 가로로 자른 정도면 적당하다. A4색지가 너무 얇아서 잘 끊어질 것 같다면 4절색상지, 색도화지 등을 이용한다. 풀을 이용해도 되지만 그림과 같이 양면테이프를 이용하면 학생들이 손쉽게 붙일 수 있으며 잘 끊어지지 않아 효과적이다. 교사도 학급 학생들과 함께 하고 싶은 것을 적어 샘플로 미리 보여 주면 좋은데 이 고리는 나중에 모둠별로 연결한 것을 마무리할 때 사용한다.

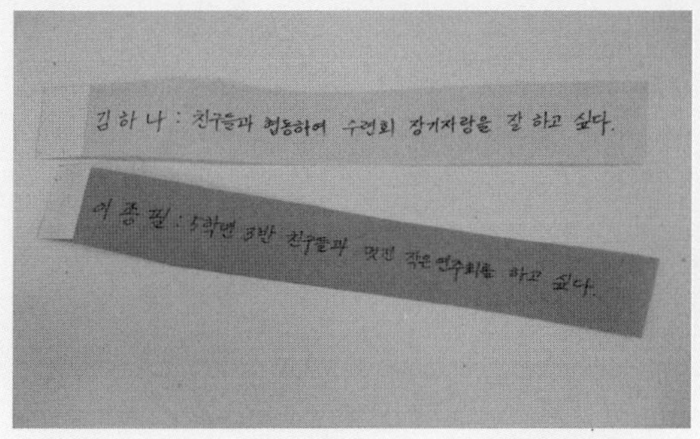

- 협동의 고리는 게시하여 학생들이 돌아가며 볼 수 있도록 한다.

활동자료 4-2

협동의 경험 나누기

이름:

가정

학교

이웃과 사회

함께하면 좋아요

<table>
<tr><td rowspan="2">활동 목표</td><td rowspan="2">• 협동의 필요성과 가치를 인식한다.</td><td>학년</td><td>5~6학년</td></tr>
<tr><td>차시</td><td>2~3/4</td></tr>
<tr><td>단계</td><td>활 동 내 용</td><td>시간</td><td>자료(▶) 및 유의점(※)</td></tr>
<tr><td>도입</td><td>• 〈길 아저씨 손 아저씨〉 이야기 듣기
– 오늘은 권정생 선생님의 이야기 한 편을 들려주려고 합니다.
– (표지를 보여 주며 상황을 예측해 보도록 한다.) 두 사람은 무엇을 하고 있습니까? 두 사람은 어떤 관계인 것 같습니까?
– 지금부터 길 아저씨 손 아저씨 이야기를 들려주겠습니다. (길 아저씨와 손 아저씨가 처음 만난 장면까지만 들려준다.)
– 길 아저씨는 어떤 사람이었습니까?
– 길 아저씨는 어떻게 지냈습니까?
– 손 아저씨는 어떤 사람이었습니까?
– 손 아저씨는 어떻게 지냈습니까?</td><td>10′</td><td>▶〈길 아저씨 손 아저씨〉 앞부분, 권정생, 국민서관 또는 〈길 아저씨 손 아저씨〉 미리보기(예스24)</td></tr>
<tr><td>전개</td><td>• 팬터마임을 통해 주인공의 느낌을 표현해 보기
– 지금부터 두 팀으로 나누어 길 아저씨와 손 아저씨 역할을 해 보려고 합니다. 선생님이 말을 하면 그 말에 따라 동작을 하는 겁니다.
– 다 같이 연습을 해 볼까요? 나는 땅속에 있습니다. 비가 촉촉이 오자 내 몸이 꿈틀꿈틀 움직이기 시작했어요. 따뜻한 햇살이 비추자 내 몸이 커지기 시작했어요. 드디어 땅을 밀어내고 밖으로 나왔어요. 밝은 햇살에 눈이 부시네요. (교사가 하는 말에 따라 동작을 하게 한다. 쑥스러워하며 잘하지 않을 경우 교사가 함께 동작을 하며 말을 한다.)
– 이번엔 진짜 길 아저씨 손 아저씨가 되어 봅니다. 반으로 나누어 한 팀만 손 아저씨가 되어 선생님의 말에 따라 동작을 하는 겁니다.

아랫마을 손 아저씨는 두 눈이 보이지 않았어요. 밥을 먹을 때도 손으로 더듬더듬 만져서 위치를 확인한 후 먹었어요. 그러다 뜨거운 것이 있으면 손을 데기도 했지요. 물건을 찾으려고 해도 방 안을 모두 더듬거리며 만져야 찾을 수 있었죠. 태어날 때부터 눈이 보이지 않았으니 다 자랄 때까지 부모님이 보살펴 주셨어요. 세월이 흘러 손 아저씨네 부모님은 세상을 떠나 버렸어요. 이제 어떻게 살아야 할까요?</td><td>20′</td><td></td></tr>
</table>

전개	- (동작을 모두 한 후에나 혹은 중간에 인터뷰 기법을 쓴다.) 손을 데거나 물건을 찾지 못할 때는 기분이 어떤가요? 어른이 될 때까지 부모님이 보살펴 주셨는데 부모님께 어떤 마음이 드나요? 부모님이 세상을 떠나자 어떤 생각이 드나요? - 나머지 한 팀은 길 아저씨가 되어 선생님의 말에 동작을 해 봅니다. 윗마을 길 아저씨는 두 다리가 불편했어요. 그래서 어릴 때부터 방 안에서 꼼짝 못하고 앉아서만 살았대요. 다른 방에 갈 때는 엉덩이를 밀며 갔어요. 화장실에 갈 수가 없어서 요강에 일을 봤지요. 냄새가 나긴 하지만 어쩔 수가 없었어요. 세월이 흘러 보살펴 주시던 부모님이 돌아가셨어요. 길 아저씨는 방 안에 꼼짝 않고 앉아서 슬프게 울고 있었어요. 두 다리를 못 쓰니까 아무 데도 나갈 수 없어서 막막할 수밖에요. - (길 아저씨 역할을 하는 친구들에게 묻는다.) 방에서 꼼짝하지 못하니 밖에 나가고 싶지 않았나요? 부모님이 요강을 치워 줄 때는 어떤 기분이 들었나요? 부모님이 돌아가셨을 때는 어땠나요?		
	• 대본을 읽고 대안을 마련해 대사 쓰기 - 지금부터 모둠별로 대본을 나누어 주겠습니다. 대본에는 길 아저씨와 손 아저씨가 만나는 장면까지 이야기가 쓰여 있습니다. 어떻게 난관을 헤쳐 나갈 것인지 의논을 하여 대본을 이어서 씁니다. - 다 썼으면 역할을 정해 연습을 해 봅니다.	20′	▶활동자료 4-3 (길 아저씨 손 아저씨 대본)
	• 모둠별로 나와서 발표해 보기 - 어떤 모둠이 길 아저씨와 손 아저씨가 가장 잘 협력해서 문제를 해결한 것 같나요? 왜 그렇게 생각하나요? - 두 아저씨의 어려움을 어떻게 극복한 것 같나요? - 오늘 길 아저씨와 손 아저씨 이야기 역할극을 해 보니 어떤 느낌이 들었나요?	20′	▶길 아저씨와 손 아저씨를 나타낼 수 있는 간단한 소품(예를 들면 손 아저씨의 안대, 길 아저씨의 지팡이)
정리	• 뒷부분 이야기 듣기 - 길 아저씨 손 아저씨의 나머지 이야기를 들어 봅시다. - 길 아저씨와 손 아저씨는 서로에게 어떤 사람입니까? - 여러분에게도 길 아저씨와 손 아저씨 같은 친구가 있습니까?	10′	▶〈길 아저씨 손 아저씨〉 뒷부분, 권정생, 국민서관 ▶활동자료 4-4(길 아저씨 손 아저씨 이야기)

활동자료 4-3

<길 아저씨 손 아저씨> 대본

해설: 옛날에 두 아저씨가 있었어요. 윗마을 길 아저씨는 두 다리가 불편했어요. 그래서 어릴 때부터 방 안에서 꼼짝 못하고 앉아서만 살았대요. 아랫마을 손 아저씨는 두 눈이 보이지 않았어요. 손 아저씨 역시 다 자랄 때까지 부모님의 보살핌으로 집 안에서만 더듬거리며 살아갔지요.

세월이 흘러 길 아저씨네 부모님도 손 아저씨네 부모님도 모두 세상을 떠나 버렸어요. 이제 두 사람은 어떻게 살아야 할까요. 손 아저씨는 지팡이를 짚고 더듬더듬 밖으로 구걸을 나왔어요.

손 아저씨　(지팡이를 짚으며 더듬더듬 걸어온다.) 밥 한 술만 주세요.

할머니　에그, 딱하기도 하지. 하지만 윗마을 길 총각에 비하면 괜찮은 편이야. 길 총각은 두 다리를 못 쓰니 방 안에서 꼼짝 못하고 앉아만 있다는구먼.

손 아저씨　할머니, 힘드시겠지만 저를 윗마을 길이한테 데려다 주시겠어요?

할머니　거기 가서 뭣 하게?

손 아저씨　무언가 서로 도울 일이 있을 것 같아서요.

할머니　둘 다 불편한 몸인데 무얼 어떻게 돕겠다는 거야?

손 아저씨　(할머니의 팔을 잡고 길 아저씨에게 따라 간다.) 여보게, 길이.

길 아저씨　난 다리가 불편해 나가지를 못한다네. 누군가?

손 아저씨　난 눈이 보이지 않는 손이라네. 우리 외롭고 어려운 사람끼리 함께 도와가며 살지 않겠는가?

길 아저씨　하지만 나는 걷지도 못하는데 어떻게 남을 도울 수 있겠나?

손 아저씨　나도 눈이 보이지 않아 여기까지 오는데 할머니 도움을 받을 수밖에 없었네. 그

래도 자네라면 나를 더 이해해 줄 수 있을 것 같아 왔는데.

길 아저씨 그래? 사실 나도 친구가 필요했어. 하지만 우리가 함께 살려면 뭔가 일을 해서 돈을 벌어야 하는데, 난 걷지 못하고 자네는 눈이 안 보이니 무엇을 하면 좋겠나?

손 아저씨 좋은 방법이 있네. 나는 눈이 안 보이고 다리가 튼튼하지만 자네는 다리가 불편하고 대신 눈이 잘 보이니 ______________________________

길 아저씨 그거 좋겠구먼. 나는 ______________________________하고 자네는 ______________________________하고 말이야.

손 아저씨 그렇게 해 보세나.

길 아저씨와 손 아저씨 (실제로 동작으로 해 본다.)

길 아저씨 역시 자네와 내가 함께하니 ______________________________

손 아저씨 그러게 말이야. 힘을 합치니 참으로 좋구먼.

활동자료 4-4

<길 아저씨 손 아저씨>

뒷부분 이야기

"여보게 우리 서로 도와 가면서 살도록 하세."

손 아저씨가 보이지 않는 눈으로 길 아저씨를 향해 웃었어요.

"하지만 나는 걷지도 못하는데 어떻게 남을 도울 수 있겠나."

"걱정 말게나. 다행히 나는 앞을 못 보지만 이렇게 두 어깨가 튼튼하니까 내가 자네를 업고 다니겠네."

길 아저씨는 금세 마음이 환하게 밝아졌어요. 그날부터 길 아저씨와 손 아저씨는 함께 한 몸처럼 살게 되었어요. 길 아저씨는 손 아저씨 등에 업혀 길을 잘 이끌어 주고 손 아저씨는 길 아저씨를 등에 업고 어디든 잘 걸어 다녔으니까요. 길 아저씨와 손 아저씨는 이 마을 저 마을 다니며 구걸을 했어요. 이따금 어느 집에서 일감을 주면 새끼도 꼬고 짚신도 삼았어요. 둘은 부지런히 일했어요.

봄이 오고,

여름이 가고,

가을이 가고,

겨울이 가고 세월이 많이 흘렀어요.

길 아저씨와 손 아저씨는 점점 솜씨가 늘어 온갖 물건을 만들었어요. 집 안에서 지게도 다듬고 바소쿠리와 봉태기도 만들고 멍석도 짜고 깨끗한 돗자리도 엮었어요. 길 아저씨와 손 아저씨도 이제는 남에게 기대지 않고 살아갈 수 있었어요.

사람들이 아저씨네 집에 물건을 사러 왔어요. 꼼꼼하고 솜씨 좋은 아저씨네 물건을 모두들 좋아했어요. 그렇게 두 아저씨는 사이좋게 이웃하고 함께 도우면서 오래오래 살았지요. 아주아주 행복하게요.

출처: 권정생(2006). 길 아저씨 손 아저씨. 국민서관에서 발췌.

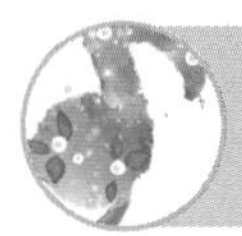

함께 해 봐요

활동 목표	• 친구들과 협동하는 즐거움을 느낄 수 있다.	학년	5~6학년
		차시	4/4
단계	활 동 내 용	시간	자료(▶) 및 유의점(※)
도입	• 도전! 꼬인 손 풀기 – 오늘은 아주 어려운 도전을 함께 해 보는 날입니다. – (먼저 반 전체가 둥글게 서서 간단한 체조로 몸을 풀어 준다.) – 모두 팔을 엑스자로 엇갈려서 옆 사람과 손을 잡으세요. 이제 친구와 잡은 손을 절대 놓지 마세요. 손을 잡은 채 어떤 방법으로든 꼬인 손을 풀어서 다시 원형으로 서는 거예요. 잊지 마세요. 손을 놓으면 안 돼요. 시~작! – (학생들이 자신과 친구의 몸을 이용해 손을 풀도록 하되 잘되지 않고 어려움을 느끼고 실패하도록 지켜본다.) – 어때요? 쉽지 않지요? 어떻게 하면 이 미션을 성공할 수 있을까요? 성공이 가능하긴 할까요? – 나와 친구를 믿고 마음을 합쳐 노력하면 아마 모두 성공할 수 있을 거예요. • 오늘의 활동목표 알기 – 오늘은 함께 협동하여 즐거운 여러 가지 놀이를 해 보겠습니다.	10′	※교사는 미리 동영상을 보고 꼬인 손 풀기 방법을 숙지한다. ▶꼬인 손 풀기 동영상(인터넷에서 꼬인 손 풀기 검색)
전개	• 꼬인 손 풀기를 배우자! – 먼저 2명씩 마주 보고 서세요. 내 팔을 엇갈려서 친구의 손을 잡습니다. 준비되었나요? 이제 잡은 손을 놓지 않은 채 꼬인 손을 풀어 보세요. 시~작! – 둘이 하니까 쉽죠? 이제 3명씩 모여서 해 봅시다. – (수를 늘려 가며 꼬인 손 풀기를 하다가 학생들이 스스로 풀지 못하는 때가 오면 요령을 가르쳐 준다.) 1. 모두 오른손을 위로 가게 팔을 엇갈려서 옆 친구의 손을 잡는다. 2. 동시에 오른팔을 들어 머리와 몸을 그 안으로 집어넣으며 꼬인 손을 푼다. 이때 모두 바깥을 보고 서게 된다. 3. 어느 곳이든 둘이 맞잡은 손을 들어 문을 만들게 한다. 4. 문의 반대편 학생들부터 손을 잡은 채 차례로 뒷걸음질치며 문을 통과하여 처음처럼 선다.	15′	※ 오른쪽이든 왼쪽이든 상관없으며 한 방향으로 일치하면 된다.

전개	- 어때요? 꼬인 손이 모두 풀렸습니다. 친구의 손을 서로서로 잘 잡아 주어 끝까지 손을 놓지 않는 것이 중요합니다. - 학생들이 요령을 익히면 수를 계속 늘려서 도전해 본다. 8~9명 정도까지 함께 꼬인 손 풀기를 한다. - (학생들이 능숙하게 잘하면 시간을 재서 도전하도록 한다.)		▶초시계
	• 훌라후프 전달하기 1. 교사는 가운데 서고 반 전체가 원 대형으로 서서 손을 잡는다. 2. 시작 지점을 정해 훌라후프를 팔에 걸어준다. 3. 손을 잡은 채로 오른쪽으로 훌라후프를 넘겨 주어 차례로 한 바퀴 돌아 시작 지점으로 돌아오면 마친다. - (스스로 혹은 친구의 도움을 받아 몸의 자세와 위치를 바꾸어 훌라후프를 전달한다. 학생들이 스스로 요령을 터득하도록 교사의 개입은 가능한 한 줄인다.) - (몇 번 연습한 후 정해진 시간 내에 협동하여 빨리 마치도록 격려한다.)	10′	▶훌라후프 1개, 초시계
정리	• 도전! 꼬인 손 풀기 - 자, 오늘은 서로를 믿고 협동해야 성공할 수 있는 놀이를 해 보았습니다. 서로 통한다는 느낌, 그래서 재빨리 성공했을 때 짜릿한 재미를 느껴 보았나요? - 그런데 처음에 꼬인 손 풀기를 했을 때는 더 꼬이기만 하고 성공하지 못했었지요? 지금 다시 도전하면 해낼 수 있을까요? 우리 마지막으로 전체 꼬인 손 풀기에 도전해 보면 어떨까요? - (반 전체가 하나가 되어 꼬인 손 풀기를 한다.) - (여유가 있으면 도전시간을 정해서 시도해 본다.)	5′	

서다우 TIP

- 꼬인 손 풀기를 할 때 처음에는 학생들 스스로 시행착오를 통해 요령을 익히도록 하고 못하겠다고 할 때쯤 놀이 방법을 지도한다.
- 학생들이 해내는 정도를 보고 15초, 10초 등 시간 제한을 두어 도전할 수 있게 한다.
- 교사는 꼬인 손 풀기 동영상을 인터넷으로 검색하여 미리 방법을 알아둔다.

서로를 이해하는 우리
-갈등해결-

아이들은 하루에도 몇 번씩 서로 다투기도 하고, 토라지기도 합니다. 그러다가 속이 상해 울기도 하고 선생님께 이르면서 심판을 해 달라고 달려오기도 합니다.

〈서로를 이해하는 우리: 갈등해결〉은 서로의 작은 오해에서 비롯된 갈등부터 큰 다툼에 이르기까지, 여러 상황에서 아이들이 슬기롭게 갈등 상황을 해결해 갈 수 있는 시간을 마련해 줍니다. 특히 고학년은 내면의 갈등을 풀어내고 친구의 고민도 들어 주며 서로를 이해하는 활동을 많이 해 볼 수 있습니다.

학교폭력 문제가 심각한 아이들이 열어 가는 평화로운 세상, 기대되지 않나요?

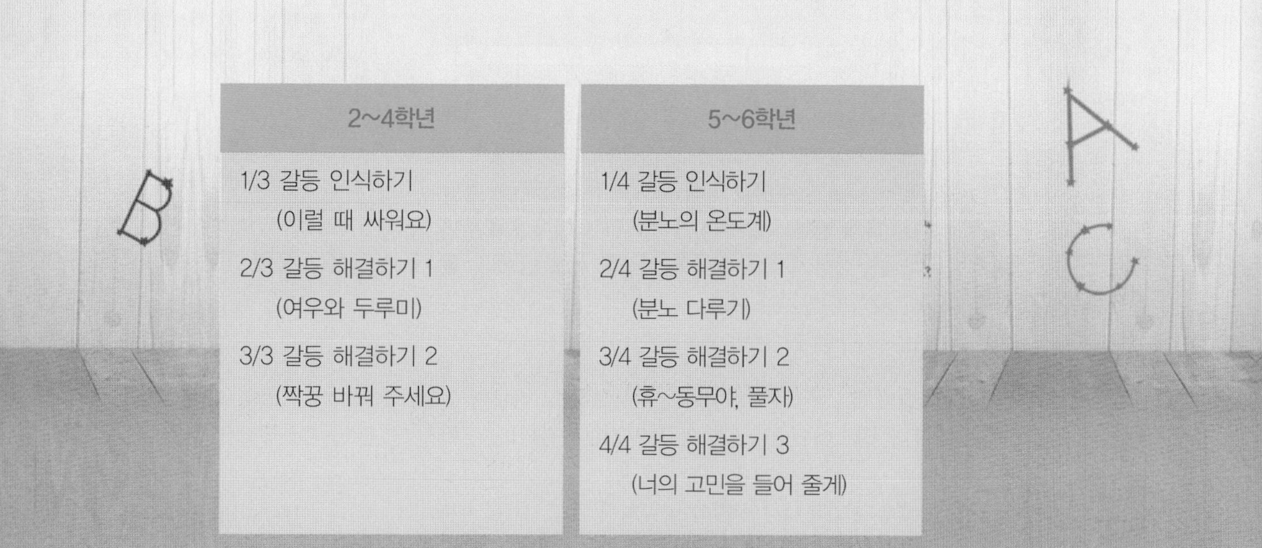

2~4학년	5~6학년
1/3 갈등 인식하기 (이럴 때 싸워요)	1/4 갈등 인식하기 (분노의 온도계)
2/3 갈등 해결하기 1 (여우와 두루미)	2/4 갈등 해결하기 1 (분노 다루기)
3/3 갈등 해결하기 2 (짝꿍 바꿔 주세요)	3/4 갈등 해결하기 2 (휴~동무야, 풀자)
	4/4 갈등 해결하기 3 (너의 고민을 들어 줄게)

갈등 인식하기

활동 목표	• 갈등이 무엇인지 알고 각자의 갈등에 대해 생각해 본다.	학년	2~4학년
		차시	1/3차시
단계	**활 동 내 용**	**시간**	**자료(▶) 및 유의점(※)**
도입	• 작은 연못 이야기 – 우선 선생님이 노래 하나를 들려주려고 합니다. 내용을 생각하면서 잘 들어 보세요. ※ 포털 사이트에서 '작은 연못 플래시' 로 검색 – 작은 연못에 무엇이 살고 있었나요? 둘 사이에 무슨 일이 일어났나요? 결국 연못은 어떻게 되었나요? – 네. 연못은 아무도 살 수 없는 곳이 되었어요. 다툼이 일어나면 결국 모두에게 피해가 돌아옵니다. 그런데 둘은 왜 싸웠을까요? (먹이나 공간을 차지하기 위해, 놀려서, 장난치다 등등 여러 가지 상황을 생각해 보게 한다.)	8′	▶작은 연못 플래시
전개	• 대한민국 어린이 125명에게 물었습니다!: 이럴 때 싸워요 – 여러분도 노래에 나오는 붕어처럼 가끔 친구들이 밉고, 싸우게 될 때가 있지요? – 그래서 오늘은 어떤 때 그런 생각을 하게 되는지, 나의 마음속을 살펴보는 시간을 가지려고 해요. – 지금부터 보여 주는 자료는 친구들과 가장 많이 다투는 것은 언제인지 대한민국 2~4학년 어린이 125명에게 물어본 조사 결과를 1위부터 8위까지 정리한 것입니다. (무작위로 2~3개 정도를 먼저 보여 준다.) – 그럼 지금부터 나머지 순위를 맞혀 보도록 하겠습니다. 정답을 말할 때는 나의 경험과 그때의 기분도 함께 이야기해 주면 좋겠습니다. 단, 이야기 속의 친구가 속상할 수도 있으니, 친구의 이름은 말하지 않기로 해요.	20′	▶이럴 때 싸워요 PPT 학지사(hakjisa.co.kr)-자료실-부록자료실 ▶활동자료 5-1(이럴 때 싸워요 앙케이트 결과) ※만약 발표한 학생의 이야기 속에 나오는 친구가 반론을 제기할 경우 그 학생의 말도 들어 본다.
	• 평화의 꽃밭 만들기 – 지금까지 살펴보니 우리는 여러 가지 이유로 서로 다투게 되네요. 그런데 이런 이유에는 하나의 공통점이 있습니다. 무엇일까요? – ☆바로 상대방의 기분이나 상황을 생각하지 않고, 나의 기분이나 욕심만 생각할 때랍니다.	10′	※저학년의 경우 질문이 추상적이므로 ☆표 부분처럼 교사가 정리해 말해 주어도 좋다.

전개	- 그럼 지금부터 이번 시간을 통해 생각해 본 친구들과 싸우지 않고 잘 지내기 위한 나의 다짐을 적어 우리 반 '평화의 꽃밭'을 만들어 보도록 하겠습니다. (학생들과 의논하여 꽃밭의 새 이름을 붙여 주어도 좋다.) 장애학생의 경우 보고 적을 수 있는 단어 예시를 줄 수 있다.	2′	▶전지, 꽃 · 나비 모양 포스트잇
정리	- 작은 연못의 붕어들이 싸운 후 끝이 아주 좋지 않았던 것처럼, 우리가 싸운 후 모두들 기분이 어땠지요? (마음이 아팠다, 상처가 났다 등등) - 따라서 우리 모두 서로 아프지 않고 잘 지내려면, 상대방의 입장에서 생각해 보려고 노력하는 자세가 필요합니다.		

활동자료 5-1

이럴 때 싸워요!

내가 친구랑 가장 많이 싸우게 되는 이유는 무엇인가요?

2~4학년 (125명)

순 위	친구와 싸우는 이유	결 과
1위	듣기 싫은 별명을 부르거나 나를 놀리기 때문에	62(49%)
2위	심한 장난을 치며 귀찮게 하니까	18(14%)
3위	이유 없이 때려서	12(10%)
4위	잘난 척해서	11(9%)
4위	무엇이든 자기가 하려고 욕심낼 때	11(9%)
6위	내가 잘못한 것을 선생님이나 다른 사람에게 고자질해서	5(4%)
7위	욕을 해서	4(3%)
8위	다른 친구들과 짜고 날 따돌려서	2(2%)
기타	• 축구 때문에 • 심심해서 • 괜히 시비 걸어서 • 자기 생각만 해서 • 시험 못 봐서 짜증 나니까 • 크게 소리 질러서 • 자기도 그러면서 나한테만 그럴 때 • 듣기 싫은 말을 해서 • 내 흉을 보고 웃어서 • 자기 마음대로만 하려고 해서 • 내가 하기 싫은 것을 억지로 시켜서 • 다른 아이랑 놀았다고 안 놀아 줘서	

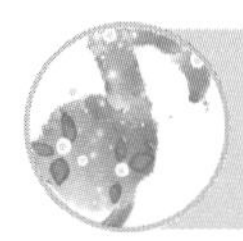

갈등 해결하기 I

활동 목표	• 갈등 상황을 이해하고 해결하는 방법을 모색한다.	학년	2~4학년
		차시	2/3차시
단계	**활 동 내 용**	**시간**	**자료(▶) 및 유의점(※)**
도입	• '여우와 두루미' 이야기 – 오늘도 먼저 이야기 한 편을 본 후 시작하겠어요. – 여우는 두루미를 초대했지요. 그래서 맛있는 저녁을 먹었나요? 그럼 두루미가 여우를 초대했을 때는요? – 여우와 두루미는 왜 즐겁게 음식을 먹지 못했나요? – 둘 다 자신의 입 모양에만 맞는 그릇을 준비했기 때문에 다른 친구는 음식을 먹을 수 없었어요.	5′	▶이솝우화 〈여우와 두루미〉
전개	• 여우와 두루미 마을의 저녁식사 – 하지만 우리 ○학년 ○반은 서로 양보하고 다른 사람을 생각해야 한다는 것을 기억하고 있지요? 그래서 모두 맛있게 음식을 먹을 수 있는 방법을 알 거예요. – 지금부터 1모둠은 여우 마을, 2모둠은 두루미 마을이 되세요. 그래서 옆 마을 친구를 초대하는 거예요. – 여우 마을 친구들은 두루미 마을 친구들에게 내놓을 그릇을 만들고, 두루미 마을 친구들은 여우 친구들이 먹을 그릇을 만들어 보세요.	30′	▶고무찰흙 또는 사인펜, 색연필 ※고무찰흙으로 만들기 또는 그림 그리기 활동으로 활용해도 좋다. ※그릇을 못 만드는 학생은 음식을 만들게 한다.
정리	• 전시 및 감상하기 – 여러분이 만든 그릇은 모두 친구를 생각하는 마음이 담겨 있군요. 참 잘 만들었어요. (한두 작품을 앞에서 보여 주어도 좋음) – 이제 교실 뒤편에 놓인 팻말을 보고 그릇을 전시해 놓고 친구들의 것도 감상해 보세요.	5′	※'여우와 두루미 마을의 저녁식사' 라는 팻말을 만들어 놓으면 전시효과가 더욱 좋다.

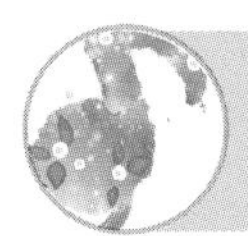

갈등 해결하기 2

활동 목표	• 그림책을 읽고 갈등을 해결하는 방법을 알아본다.	학년	2~4학년
		차시	3/3차시
단계	활 동 내 용	시간	자료(▶) 및 유의점(※)
도입	• 〈짝꿍 바꿔 주세요!〉 소개하기 – 오늘은 선생님이 그림책을 하나 읽어 주려고 해요. 책 제목을 먼저 읽어 볼까요? – 네, 제목은 '짝꿍 바꿔 주세요!' 예요. 어떤 내용일지 무척 궁금하죠? 표지 그림을 보고 무슨 일이 있었던 것인지 상상하여 이야기해 볼까요? – 또 우리 친구들은 언제 짝꿍을 바꿔 달라고 하고 싶은가요? – 이제 선생님이 〈짝꿍 바꿔 주세요!〉를 읽어 줄게요. 왜 짝꿍을 바꿔 달라는 것인지 잘 들어보세요.	2′	▶〈짝꿍 바꿔 주세요!〉 다케다 미호, 웅진주니어
전개	• 〈짝꿍 바꿔 주세요!〉 그림책 읽기 – (그림책을 읽어 준다.) 재미있게 들었나요? 내가 은지였다면 민준이와 어떻게 지냈을까요? 마음은 어떠했을까요? – 민준이는 은지를 정말 싫어했을까요? 민준이는 은지 연필을 부러뜨렸을 때 어떤 마음이었을까요? – 은지와 민준이는 앞으로 어떻게 지낼까요?	13′	▶〈짝꿍 바꿔 주세요!〉 다케다 미호, 웅진주니어 ▶실물화상기
	• 내 짝꿍의 마음을 읽어 보자. – 은지와 민준이는 짝꿍이에요. 여러분에게도 모두 짝꿍이 있지요? 지금부터는 나의 짝꿍을, 나의 짝꿍과 있었던 일을 생각해 보는 시간을 가지도록 해요. – 혹시 짝꿍과 지내면서 속상했던 적이 있나요? 기억나는 일을 한 가지만 쓴 후 짝꿍과 바꿔 읽어 보세요. 짝꿍의 속상했던 일을 읽었으면 짝꿍에게 하고 싶은 말을 써서 다시 돌려주는 거예요. – 짝꿍이 써 준 편지를 읽어 보세요. – 짝꿍이 써 준 편지를 읽고 마음이 좀 풀리고 이해하게 되었나요?	10′	▶활동자료 5-2 (그랬구나, 짝꿍아!)

전개	• 짝꿍과 함께 찰칵! - 내 짝꿍과 함께 사진을 찍어 보도록 해요. 서로의 마음을 나누는 둘만의 우정을 멋진 포즈로 표현해 주세요.	5′	▶디지털카메라
정리	• 짝꿍 사진 감상하기 - 어떤 커플들의 모습이 찍혔을지 함께 보도록 해요. - (사진을 바로 다운 받아 프로젝션 TV로 함께 본다.) - 다정한 짝꿍 사진들을 보니 선생님 기분도 좋아지네요. - 오늘은 친구들 사이에 일어날 수 있는 다툼을 풀어 가는 방법에 대해 생각해 보았어요. - 우리 친구들이 서로 같이 지내다 보면 서로 다투는 일도 생기고 기분을 상하게 하는 일도 생깁니다. 그럴 때 서로의 입장에서 생각해 보고 민준이처럼 자신의 마음을 표현할 수 있는 친구가 되기를 바랍니다.	10′	▶TV

서다우 TIP

- 짝꿍에게 속상한 일을 쓰거나 편지를 쓸 때 비난하는 말이나 장난스러운 말을 쓰지 않도록 미리 강조한다. 아이들이 학습지를 하는 동안 돌아보며 긍정적인 말을 쓸 수 있도록 조언한다.
- 장애학생이 속상한 일을 쓰거나 편지를 쓰는 것이 어렵다면 미리 써 오게 하거나 선생님이 대신 써 준다. 또는 그림으로 그리도록 한다.
- 짝꿍 사진은 수업이 끝난 후 인쇄하거나 현상해서 교실에 게시하거나, 사진을 그림으로 변환하는 프로그램(예: Kodak EasyShare - 편집 - 재미효과 - 색칠하기 그림책 효과) 등을 이용하여 미술활동으로 연계할 수 있다.

활동자료 5-2

그랬구나, 짝꿍아!

이름:

내가 속상했던 일을 써서 짝꿍에게 주세요.

그리고 쪽지를 바꿔 짝꿍의 마음을 읽고, 짝꿍에게 편지를 써 보세요.

"나는 내 짝꿍이 이럴 때 너무 속상했어요!"
짝꿍에게 속상했던 일을 이야기해 주세요.

"그랬구나, 짝꿍아!"
짝꿍에게 하고 싶은 말을 써 주세요.

______________에게

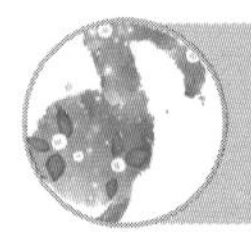

갈등 인식하기

활동 목표	• 일상적인 상황에서 경험하는 갈등 상황과 감정적 변화를 인식한다.	학년	5~6학년
		차시	1/4
단계	활 동 내 용	시간	자료(▶) 및 유의점(※)
도입	• 감정 날씨 – 오늘 여러분의 감정은 어떤 상태인가요? 오늘 선생님은 잠을 잘 자고 일어나 몸이 개운해서인지 선생님의 감정 날씨는 '맑음' 이네요. – 여러분의 지금 감정 상태를 날씨로 나타내 봅시다. 그리고 감정 날씨의 원인은 무엇인지 말해 봅시다. – 여러 친구들의 감정 날씨를 들어 보니 친구들마다 느끼는 감정 날씨는 조금씩 다르네요. – 오늘은 우리가 느끼는 감정 중에서 우리를 힘들게 하는 '화' 에 대해서 알아봅시다.	5′	
전개	• 나의 마음 그래프 – 이번에는 주어진 상황에서 나는 얼마나 화가 나는지를 그래프로 그려 보는 시간을 갖겠습니다. – 여러 가지 상황에서 나는 얼마나 화를 내는지 그래프로 나타내 보세요. – 빈칸에는 그 밖에 내가 화나는 상황을 직접 적고 표시해 보세요. – 화가 가장 많이 나는 때는 언제인가요? – 화가 가장 나지 않는 때는 언제인가요? – 사람에 따라 화가 나는 상황이 조금씩 다르네요. 그리고 내가 화를 내는 정도도 상황에 따라 조금씩 다르군요.	10′	▶활동자료 5-3(나의 마음 그래프)
	• 분노의 온도계 – 이번에 선생님이 보여 주는 온도계는 분노의 온도계입니다. 나의 마음을 알려 주는 온도계라고 할 수 있어요. – 우리가 아는 온도계는 오늘의 날씨가 얼마나 추운지 혹은 얼마나 더운지를 알려 줍니다. 분노의 온도계는 내가 화가 날 때 얼마나 화가 났는지를 알려 줍니다.	20′	▶활동자료 5-4(분노의 온도계)

전개	- 선생님이 분노의 온도계를 3단계로 나누어 봤어요. 기분 나빠요! 으, 화나요!! 우와~ 폭발한다!!! - 1단계는 '기분 나빠요', 2단계는 '화나요', 3단계는 '폭발한다' 입니다. - 우리들이 화가 날 때에도 화가 나는 정도가 때와 장소, 상황이나 상대방이 누구냐에 따라 조금씩 다르지요? - 천천히 내가 화가 났을 때를 생각하면서 나는 '언제(상황)' 어느 정도의 화가 났는지 적어 보세요. - 친구들과 함께 '언제' 얼마나 화가 나는지 알아봅시다. - (여러 학생들에게 발표의 기회를 준다.) - 여러 친구들의 분노 온도계를 살펴보았어요. 나와 친구들의 분노 온도계를 살펴보고 느낀 점을 발표해 보세요. - 다음 주에는 화가 났을 때 나의 '행동'에 대해 알아보는 시간을 가질 것입니다. 분노의 온도계 활동지는 다음 시간 활동을 위해 모아서 선생님께 내 주세요.		※활동지의 '언제' 부분만 작성하도록 한다. ※자신의 화의 정도, 화가 나는 상황 등이 다르다는 것과 사람에 따라 화를 내는 정도와 화가 나는 상황이 다르다는 것을 인식할 수 있도록 한다.
정리	- 나와 친구들의 마음 그래프와 분노 온도계를 살펴보면서 내가 언제 화가 나는지를 알 수 있었지요? 그리고 우리 반 친구들은 언제 화를 내게 되는지도 알게 되었을 거예요. - 서로 화가 나는 상황이 다르기 때문에 내가 화나는 상황과 친구들이 화나는 상황을 정확히 알게 되었으니까 서로 화를 내는 상황을 피할 수 있도록 노력합시다.	5′	

서다우 TIP

- 2차시 학습과의 연계를 위해 분노의 온도계 학습지는 교사가 모아서 보관한다.
- 화나는 상황이나 이유에 대해 스스로 인식할 수 있고 화나는 정도를 시각적으로 표현하여 자신의 화에 대해 객관적으로 이해할 수 있도록 한다.
- 본 차시와 연계하여 각 학생들이 분노 온도계를 만들어 자신의 감정의 변화를 온도계로 나타내 보면서 자신과 타인의 감정을 이해해 보는 연습을 하는 활동을 할 수도 있다.
- 장애학생이 자신의 감정을 이해하거나 표현하는 데 어려움이 있는 경우, 교사가 미리 장애학생과 이야기를 하면서 마음 그래프, 분노의 온도계를 미리 만들어 놓고 수업 시 발표하도록 할 수 있다.

활동자료 5-3

나의 마음 그래프

이름:

나의 마음을 그래프로 나타내 봅시다. 이런 상황에서 나는 얼마나 화가 나나요?

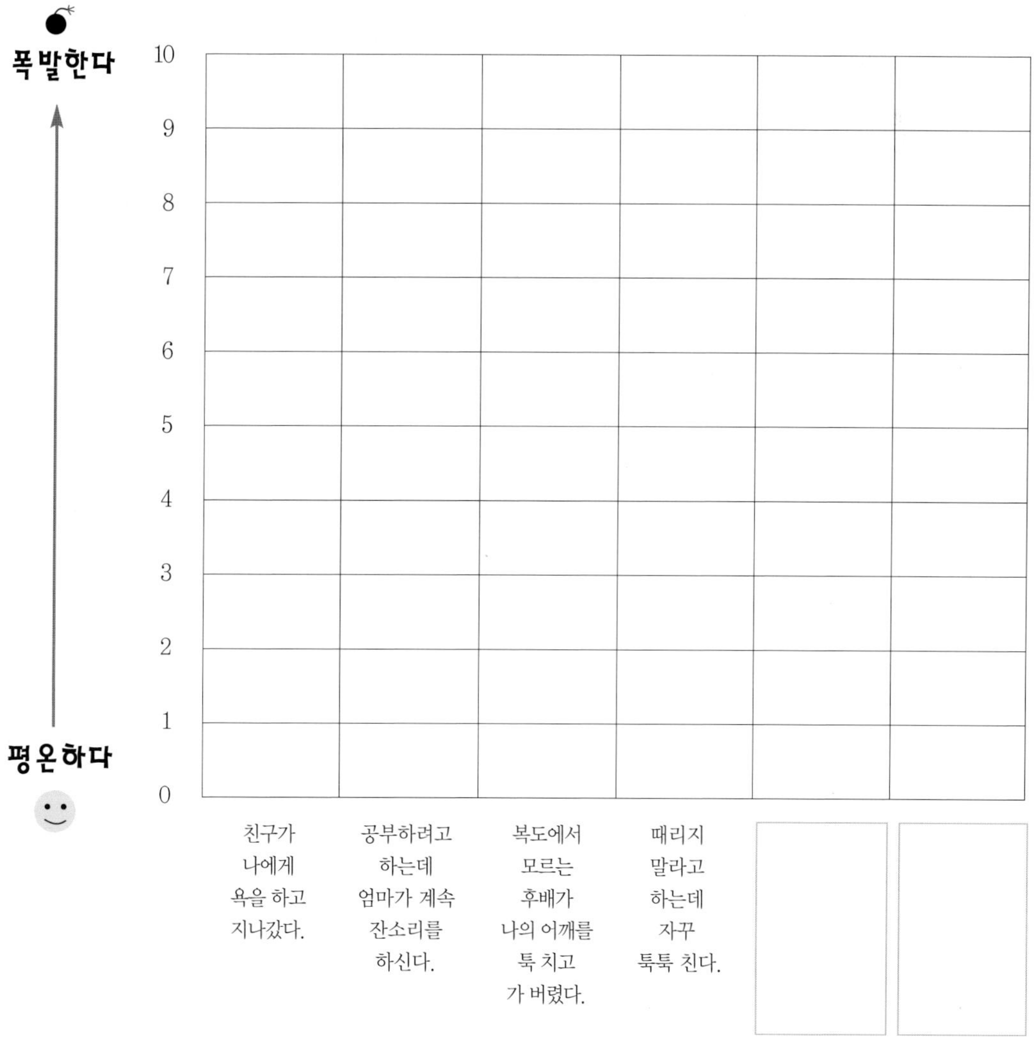

폭발한다 (10) ↑ 평온하다 (0)

10						
9						
8						
7						
6						
5						
4						
3						
2						
1						
0	친구가 나에게 욕을 하고 지나갔다.	공부하려고 하는데 엄마가 계속 잔소리를 하신다.	복도에서 모르는 후배가 나의 어깨를 툭 치고 가 버렸다.	때리지 말라고 하는데 자꾸 툭툭 친다.		

활동자료 5-4

분노의 온도계

이름:

나는 언제 화가 나나요? 나는 얼마나 화가 나나요?

내가 언제, 얼마나 화가 나는지 아는 것은 스스로 화를 조절할 수 있도록 도와줍니다.

아래 "분노의 온도계"를 보고 언제 이 정도로 화가 나는지, 이 정도로 화가 났을 때 나의 행동은 어떠한지 써 보세요.

수준	1단계: 기분 나빠요!	2단계: 으, 화나요!!	3단계: 우와~ 폭발한다!!!
언제			
나의 행동			

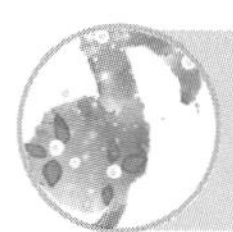

갈등 해결하기 I

활동 목표	• 화를 표현하는 다양한 방법을 알고 자신의 화를 다루는 긍정적인 방법을 찾을 수 있다.	학년	5~6학년
		차시	2/4
단계	활 동 내 용	시간	자료(▶) 및 유의점(※)
도입	• 〈쏘피가 화나면-정말, 정말 화나면〉 그림책 읽기 - 오늘은 〈쏘피가 화나면-정말, 정말 화나면〉이라는 그림책을 먼저 함께 읽어 봅시다. - (쏘피가 쾅 하고 문을 닫고 집을 나가는 장면(p.13)까지만 함께 읽는다.) - 쏘피가 화가 많이 났나 봐요. 쏘피는 화가 난 것을 어떻게 표현하였나요? - (학생들의 발표를 들어 본다.) - (발 구르기, 소리 지르기, 문을 쾅 닫기 등) - 쏘피는 여러 가지 방법으로 자신이 무척 화가 났음을 표현했지요? - 오늘은 여러분들이 어떻게 화를 내는지를 알아보고 나와 상대방에게 화를 나타내는 적절한 방법을 알아보도록 합시다. - 지난 시간에 여러분이 만들었던 '분노의 온도계' 활동지를 다시 나누어 주겠습니다.	5′	▶〈쏘피가 화나면-정말, 정말 화나면〉 몰리 뱅, 케이유니버스 ▶실물화상기
전개	• 분노의 온도계 - 지난 시간에 분노 수준에 따라 언제, 어느 정도로 화가 나는지를 썼지요? - 다시 한 번 화나는 상황을 보고 이런 상황일 때 나는 어떻게 화가 난 것을 표현하는지 자신의 행동을 생각해 보고 써 보세요. - 1단계 수준일 때 화를 내는 방법을 발표해 봅시다. - 2단계 수준일 때 화를 내는 방법을 발표해 봅시다. - 3단계 수준일 때 화를 내는 방법을 발표해 봅시다. - 각 단계별로 화를 내는 방법도 사람마다 모두 다르네요. - 화가 났을 때 내가 화가 났다는 것을 표현하는 방법도 참 다양하네요. 그렇다면 이런 방법들 중에서도 서로의 마음을 상하지 않게 하고 문제 해결도 쉽도록 화를 다루는 방법을 사용한다면 친구들끼리 화해하기도 쉽고 마음의 상처나 후회도 덜하겠죠?	10′	▶활동자료 5-4(분노의 온도계) ※전시에 작성한 분노의 온도계 활동지를 다시 나누어 준다.

전개	• 분노 다루기 – 그렇다면 화가 났을 때, 나의 화를 적절하게 다루는 방법에 대해 살펴봅시다. – 〈쏘피가 화나면–정말, 정말 화나면〉 동화의 뒷부분을 살펴봅시다. – (쏘피가 달리는 부분부터(p. 14) 함께 읽는다.) – 처음에 쏘피가 화가 났을 때와는 달리 어떻게 하였나요? – (학생들이 발표한다.) – (달리기, 울기, 바위나 나무 바라보기, 새소리 듣기, 밤나무에 올라가기, 산들바람 느끼기, 바다와 파도 바라보기 등) – 같은 상황에서 화가 났지만 쏘피가 화를 표현하는 방법에는 조금 차이가 있다는 것을 느낄 수 있나요? – 화가 났을 때, 지나치게 소리를 지르거나 상대방을 때리거나 물건을 부수는 방법으로 화를 냈을 때의 문제점은 무엇일까요? – (학생들이 발표한다.) – 그런 방법들은 상대방이나 나의 마음을 다치게 할 수도 있고 어쩌면 신체적으로 다칠 수도 있어요. 그리고 서로 화해하기 어려워질 수 있겠지요? – 그렇다면, 서로의 마음이 상하지 않고 화를 푸는 방법들을 찾아볼까요? (활동자료 5–5를 나눠 준다.) – 여러분이 화가 났을 때 직접 사용해 본 방법 중 나와 상대방의 마음이 상하지 않게 할 수 있다고 생각되는 방법을 친구들과 상의해서 최대한 많이 써 보세요. 만약 직접 자기가 사용하는 방법이라면 이렇게 화를 푸는 것의 장점과 단점까지도 서로 이야기해 보면 좋을 것 같아요. – 모둠별로 화를 푸는 좋은 방법을 발표해 보세요. – (학생들이 발표한다.)	20′	▶〈쏘피가 화나면 – 정말, 정말 화나면〉 몰리 뱅, 케이유니버스 ▶실물화상기 ▶활동자료 5–5(화를 푸는 방법) ※ 학생들이 발표하는 방법 중 적절하지 못한 것에 대해서는 그 방법의 문제점들을 다시 한 번 생각해 보고 이야기하는 기회를 준다.
정리	• 정리하기 – 우리는 생활하면서 화가 나는 일들을 많이 겪게 됩니다. 화가 났을 때 서로의 신체나 마음이 상하지 않게 화를 조절한다면 서로 오해를 풀거나 화해를 하기도 쉬워집니다. – 폭발할 정도로 화가 났을 때 자신의 감정을 조절하는 것은 어려운 일입니다. 하지만 그럴 때 오늘 여러분들이 선택한 화 조절 방법을 적절하게 사용해 보세요.	5′	

정리	- 마지막으로 선생님이 활동지 한 장을 나누어 줄 거예요. 먼저 자신이 화내는 방식을 반성해 보고 나의 성격이나 특성들을 찬찬히 생각해 보세요. 친구들의 발표를 들으면서 화가 났을 때 나도 저런 방법을 사용하면 좋을 것 같다고 생각한 방법이 있나요? 그중 내가 사용하면 좋을 것 같은 방법 한 가지를 정하고 이 방법을 선택한 이유를 생각해 보세요. - 집에서 가족들과 함께 상의해 보는 것도 좋을 것 같아요.		▶활동자료 5-6(나의 화 다스리기)

서다우 TIP

- 학생들이 화를 다루는 적절한 방법을 스스로 찾을 수 있는 기회를 갖도록 한다. 화를 표현하는 방법 중 자신이나 타인에게 상처가 될 수 있는 방법들을 인식하고 긍정적으로 화를 푸는 방법들을 익힐 수 있도록 한다.
- 화를 나타내는 다양한 방법 중 나와 상대방이 가장 덜 상처받고 갈등을 효과적으로 해결할 수 있는 방법을 학생들 스스로 찾을 수 있도록 한다. 〈활동자료 5-5〉를 활용하여 모둠 활동을 통해 다양한 의견을 나눌 수 있는 시간과 기회를 준다.
- 〈활동자료 5-6〉은 자신의 성격이나 특성을 충분히 생각하면서 바람직한 분노 조절 방법을 스스로 정할 수 있도록 나누어 주고 집에서 작성해 보도록 한다.

활동자료 5-5

화를 푸는 방법

이름:

화를 푸는 좋은 방법들을 생각해 보세요. 모든 사람들이 화나는 일을 경험합니다.

하지만 화를 잘 다룰 수 있다면 나와 내 주변의 많은 사람들이 더 평화롭게 지낼 수 있습니다.

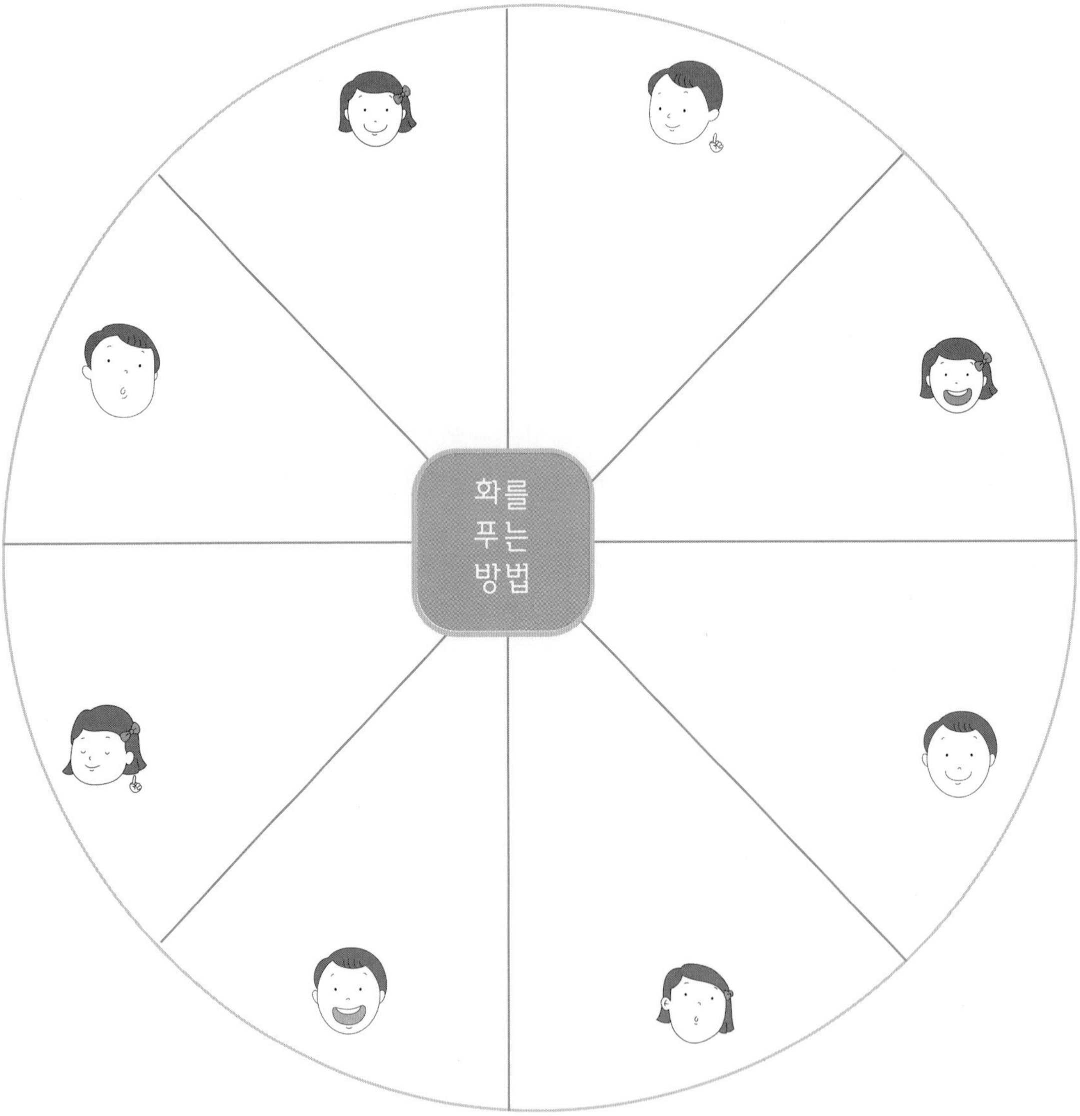

화를
푸는
방법

활동자료 5-6

나의 화 다스리기

이름:

내가 폭발할 정도로 화가 났을 때,

______________________________ 으로

화를 조절해 보고 싶습니다.

왜냐하면,

____

____

____

때문입니다.

나 ○○○은 앞으로 꼭 실천하겠습니다.

갈등 해결하기 2

활동 목표	• 자신의 성격 유형을 알고 갈등을 해결하는 방법을 익힌다.	학년	5~6학년
		차시	3/4
단계	활 동 내 용	시간	자료(▶) 및 유의점(※)
도입	• 숨 고르며 집중해요 – 다음 체조를 따라 해 봅시다. ※ 우리 몸을 깨우는 영양체조 중 '숨 고르며 집중해요' – 포털 사이트 검색 – 숨을 깊게 쉬며 천천히 몸을 움직이니 몸과 마음이 안정되는 것이 느껴지나요?	5′	▶영양체조 동영상 ▶참고도서 〈천천히 걷다 보면〉 게일 실버, 불광출판사
전개	• 나는 싸울 때 어떻게 행동하나요? – 가장 최근에 친구나 가족과 싸운 일을 떠올려 보세요. 무엇 때문에 싸움이 시작되었나요? 어떤 일이 있었는지 이야기해 보세요. – 내 마음속에 어떤 사람을 떠올릴 때 불편하거나 불쾌한 기분이 든다면, 그 사람과 갈등이 생긴 것입니다. – 여러분은 친구들과 싸울 때 어떻게 행동하나요? – 지금부터 선생님이 나누어 주는 질문지를 읽으며 평소 자신을 떠올리며 '예, 아니요'를 따라가 보세요. 끝까지 가면서 나는 싸울 때 어떤 행동과 마음을 갖게 되는지 자신을 한번 돌아보기 바랍니다. – 끝까지 가면 나의 성격을 알 수 있답니다. 성격 유형에 따른 해결 방법에 대한 조언도 적혀 있답니다. – 다 했나요? '가'가 나온 친구들은 손을 들어 보세요. – '가' 유형은 '대범보스'형 기질이 많은 친구들이네요. – (이후 나~바까지는 활동자료 5-8(나의 유형은?)을 읽어 주거나 학생들과 함께 읽는다.) – 유형은 한 가지만 있는 것은 아니고 여러 가지가 섞여 있을 수 있지요. 다른 친구들의 유형과 대처 방법들을 귀담아 들어 보세요.	15′	▶활동자료 5-7(나는 어떻게 갈등을 해결할까?) ▶활동자료 5-8(나의 유형은?)

전개	- 대처 방법들을 잘 들었나요? - 다시 활동자료 '나는 어떻게 갈등을 해결할까?' 에 돌아가 자신이 가장 최근에 싸운 일에서 어떤 방법을 선택했었는지 동그라미를 치거나 색연필로 색칠해 보세요. 필요시 장애학생용 활동자료 5-9를 사용한다. - 발표해 볼까요? - 다른 친구들이 싸울 때 어떻게 행동하는지 알면 해결 방법도 더욱 쉽게 찾을 수 있겠지요? 자신과 친구의 행동을 잘 관찰하는 것도 좋은 해결 방법의 실마리가 될 수 있습니다.		▶활동자료 5-9(장애학생용-나는 어떻게 갈등을 해결할까?)
	• 갈등 해결 마법, '휴~ 동무야, 풀자' - 친구와 싸울 때 지나치게 화가 나서 상처가 되는 말이나 행동을 하거나, 혼자 참고 넘기거나, 아무일도 없었던 듯 행동하는 방법은 바람직하지 않겠지요. - 갈등이 생겨서 싸움이 시작될 것 같은 그 순간에 스스로 해결하는 갈등 해결의 '마법' 을 알려 줄까 해요. - "휴~ 동무야, 풀자" 입니다. 한 단계씩 알아볼까요? - 휴~: 갈등이 생기고 화가 났다는 생각이 들 때 잠깐 멈춰 보세요. 그리고 휴~ 하고 깊게 심호흡해요. - 동무하고 무엇 때문에 이러지?: 왜 이런 일이 일어났는지, 어떤 결과가 날지 생각해 보세요. - 무지 화가 나네. 내가 왜 이 정도까지 화가 날까?: 내가 왜 화가 났는지 생각해 보세요. - 야, 넌 왜 그랬니?: 친구는 왜 그랬는지 생각해 보세요. - 풀려면 어떻게 해야 할까? : 해결할 수 있는 방법을 찾아봅니다. - 자, 이제 말해 보자.: 스스로 생각한 해결 방법을 실천해 봅니다. 부드러운 말로 해결하는 것이 좋겠지요? - (활동자료 5-10을 나누어 준다.) - 지금 가장 먼저 생각나는 싸움이 있나요? 그 싸움이 있었을 때를 떠올리며 갈등 해결 마법에 따라 해결 방법을 써 봅시다.	15′	▶활동자료 5-10(갈등 해결 마법)

전개	- 여기서 가장 중요한 것은 "휴~"입니다. 싸움이 시작되려고 할 때 잠시 멈추는 것입니다. 15초의 기적이라는 말이 있습니다. 5초간 숨을 천천히 들이마시고, 5초간 내쉬고, 5초간 들이마시는 15초만 있으면 대부분의 싸움이 일어나는 것을 막을 수 있다고 해요. 한번 해 볼까요? - 앞으로 갈등이 생기고 싸움이 일어날 때 위의 마법을 꼭 사용해 보기를 바랍니다.		
정리	• 정리하기 - 갈등 해결 마법을 다시 한 번 되새겨 볼까요? - 마술사도 연습을 많이 해야 손에 마법이 익듯이, 갈등 해결 마법도 자꾸 떠올리면서 마음을 훈련시켜야 합니다. 꼭 기억해서 실제로 써 보기 바랍니다.	5′	

서다우 TIP

- 도입에서 동화책 〈천천히 걷다 보면〉을 활용해도 좋다.
- '갈등 해결 마법' 은 지속적인 연습으로 몸에 체득되어야 하는 분노 및 감정 조절 방법이다. 교실에서 분쟁이 있을 때 선생님과 함께 해결해 나가는 훈련을 하면 좋다.
- '나의 갈등 유형' 부분을 진행할 때 아이들이 서로의 유형을 들으며 야유를 퍼붓는 분위기가 조성되지 않도록 유의한다. 사건이나 사람에 따라 조금씩 다른 성향을 보인다는 점을 꼭 강조해 준다.
- 장애학생은 활동자료 5-9(나는 어떻게 갈등을 해결할까?)의 그림에서 선택하여 색칠한 후, 발표해 보도록 할 수 있다.

활동자료 5-7

나는 어떻게 갈등을 해결할까?

이름:

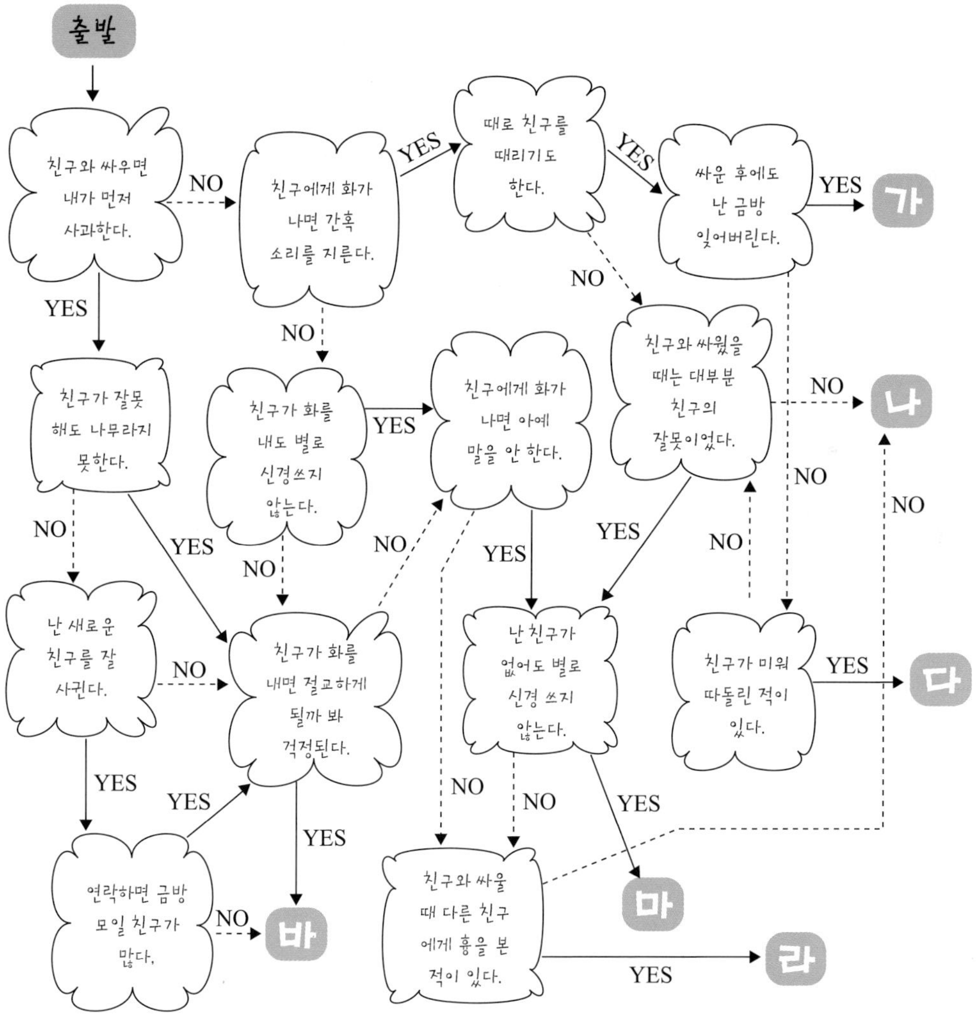

출발

- 친구와 싸우면 내가 먼저 사과한다. — YES → 친구가 잘못 해도 나무라지 못한다. / NO → 친구에게 화가 나면 간혹 소리를 지른다.
- 친구에게 화가 나면 간혹 소리를 지른다. — YES → 때로 친구를 때리기도 한다. / NO → 친구가 화를 내도 별로 신경쓰지 않는다.
- 때로 친구를 때리기도 한다. — YES → 싸운 후에도 난 금방 잊어버린다. / NO → 친구와 싸웠을 때는 대부분 친구의 잘못이었다.
- 싸운 후에도 난 금방 잊어버린다. — YES → 가 / NO → 친구가 미워 따돌린 적이 있다.
- 친구와 싸웠을 때는 대부분 친구의 잘못이었다. — YES → 난 친구가 없어도 별로 신경 쓰지 않는다. / NO → 나
- 친구가 미워 따돌린 적이 있다. — YES → 다 / NO → 친구와 싸웠을 때는 대부분 친구의 잘못이었다.
- 친구가 잘못 해도 나무라지 못한다. — YES → 친구가 화를 내면 절교하게 될까 봐 걱정된다. / NO → 난 새로운 친구를 잘 사귄다.
- 친구가 화를 내도 별로 신경쓰지 않는다. — YES → 친구에게 화가 나면 아예 말을 안 한다. / NO → 친구가 화를 내면 절교하게 될까 봐 걱정된다.
- 친구에게 화가 나면 아예 말을 안 한다. — YES → 난 친구가 없어도 별로 신경 쓰지 않는다. / NO → 친구와 싸울 때 다른 친구에게 흉을 본 적이 있다.
- 난 새로운 친구를 잘 사귄다. — YES → 연락하면 금방 모일 친구가 많다. / NO → 친구가 화를 내면 절교하게 될까 봐 걱정된다.
- 친구가 화를 내면 절교하게 될까 봐 걱정된다. — YES → 바 / NO → 친구에게 화가 나면 아예 말을 안 한다.
- 연락하면 금방 모일 친구가 많다. — YES → 친구가 화를 내면 절교하게 될까 봐 걱정된다. / NO → 바
- 난 친구가 없어도 별로 신경 쓰지 않는다. — YES → 마 / NO → 친구와 싸울 때 다른 친구에게 흉을 본 적이 있다.
- 친구와 싸울 때 다른 친구에게 흉을 본 적이 있다. — YES → 라 / NO → 나

활동자료 5-8

나의 유형은?

가 대범보스형

당신 주변에는 당신을 따르는 친구들이 아주 많군요. 당신은 화를 잘 내지만 싸움을 해도 금방 화해하고 잘 풉니다. 하지만 화가 날 때도 조금만 참고 다른 사람에게 좀 더 부드럽게 대해 보세요. 그럼 당신을 진심으로 좋아하는 친구들이 더욱 많아질 겁니다.

나 마당발형

당신은 무얼 해도 당신과 함께하고 싶어 하는 친구가 아주 많군요. 하지만 당신이 정말 힘들 때 도와 줄 수 있는 둘도 없는 소중한 친구를 만드는 것도 필요한 일이랍니다.

다 나만알아형

당신은 무엇이든 혼자서 잘할 수 있다고 믿고 있군요. 내가 잘하는 부분은 도와주고 부족한 부분은 친구의 도움을 받는 것도 필요하답니다. 그러면서 서로의 소중함을 느낄 수 있거든요.

라 공주형

당신은 자신을 너무 소중히 여기고 있군요. 자신을 소중히 아끼는 것은 참 좋은 일입니다. 그러나 다른 사람도 소중하다는 것을 알고 존중해 주어야 다른 사람들도 당신이 소중한 사람이라고 생각해 준답니다.

마 무시형

당신은 친구가 기분이 좋건 화를 내건 별로 신경을 쓰지 않는군요. 하지만 당신이 힘들 때 위로해 주고 도와줄 친구가 필요하답니다. 이런 소중한 친구를 만들기 위해서는 상대방의 느낌과 생각을 잘 살피고 그 사람의 입장에서 배려해 줄 수 있는 넓은 마음이 필요해요.

바 소심형

당신은 너무 착해서 자신보다는 다른 친구 생각을 먼저 하는군요. 그 친구가 당신만큼 잘해 주지 않으면 속이 상하죠? 때로 솔직하게 속상함을 표현해 보는 것이 어떨까요? 친구가 당신을 이해하는 데 도움이 될 수도 있답니다.

활동자료 5-9

나는 어떻게 하나요?

이름:

다음 중 내가 화날 때 어떤 행동을 하는지 상황 그림 세 개를 골라 동그라미해 보세요.

운다

노려본다

소리를 지른다

선생님께 이른다

가만히 있는다

먹는다

때린다

집어던지거나 발을 구른다

TV를 보거나 게임을 한다

활동자료 5-10

갈등 해결 마법

이름:

가장 먼저 생각나는 싸움! 그 시간으로 다시 돌아가 마법을 써 보세요.

단계	예 시	나도 해 보자!
어떤 일이었나요?	친구가 내 말을 자꾸 무시해서 화가 나서 싸웠다.	
휴~	휴~ (멈춘다!)	
동무하고 무엇 때문에 이러지?	친구가 내 말에 대답을 안 해서 폭발 직전!	
무지 화가 나는데 왜 이 정도까지 화가 날까?	내가 무시당한다고 생각돼서 화가 났다.	
야, 넌 왜 그랬니?	친구가 왜 내 질문에 대답을 안 했을까? (내 질문을 못 들었는데 내가 오해했나?)	
풀려면 어떻게 해야 할까?	친구 이름을 먼저 부르고 날 보면 말을 시작해야지./ 친구에게 내 말에 대답해 달라고 말해야지.	
자, 이제 말해 보자.	친구야~ 나 할 말이 있는데~/ 친구야, 내 얘기 잘 듣고 대답해 줘~	

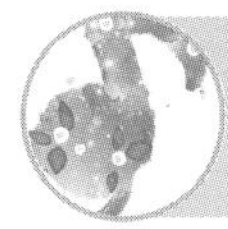

갈등 해결하기 3

활동 목표	• 다른 사람의 갈등 상황을 이해하고 함께 해결 방법을 모색한다.	학년	5~6학년
		차시	4/4
단계	활 동 내 용	시간	자료(▶) 및 유의점(※)
도입	• 마음을 울리는 말들 - 이 영상을 함께 볼까요? ※나는 치어리더(5:20)-EBS지식채널e(home.ebs.co.kr/jisike)에서 검색 - 어떤가요? 불가능하다고 생각할 때 '너의 장점을 생각해 보라'는 선생님의 깨우침이 이 사람에게 치어리더를 할 수 있는 용기의 말이 되었지요?	5′	▶동영상 자료
전개	• 아픔을 나눌 때 - 다른 사람의 어려움과 아픔을 함께 나눈다는 것은 위의 이야기들과 같이 참 소중하고 값진 일입니다. - 오늘 여러분이 친구의 고민을 들어 주고, 해결해 주는 상담사가 될 거예요. 그런데, 다른 사람의 이야기를 들어 줄 때, 그리고 위로해 주거나 상담의 말을 할 때 지킬 점이 있답니다. ① 네가 잘못했네. (×) → 그랬구나, 속상했겠다. (○) - 이야기를 털어놓은 사람에게 상처를 주지 않아야 한다는 점입니다. 친구를 믿고 털어놨는데 자신의 잘못을 지적받는다면, 다시는 누군가에게 내 마음을 솔직히 털어놓고 싶지 않겠지요? 있는 그대로 받아들이고 친구의 마음이 얼마나 불편한지를 헤아려 주세요. ② 하기 싫으면 하지 마. / 같이 싸워. (×) → 힘들지? 그렇지만... (○) - 해결방법을 제안할 때, 무조건 그 사람이 원하는 것을 하도록 하는 것보다 사람이 살면서 지켜야 할 도리나 사회 구성원으로서의 약속을 지키는 방법을 제시해 주어야겠습니다.	10′	▶활동자료 5-11 (친구의 이야기를 잘 들어 주는 방법 3가지) ※활동자료 5-11은 교실에 크게 게시해 두어 학생들이 수시로 보며 내면화할 수 있도록 하면 좋다.

	③ 누구누구는 엉덩이에 점 있대요~ 점 있대요~(×) → 절대 비밀 보장! (○) - 친구의 비밀을 지키고, 자신도 진실하게 상담에 임해야 합니다. 친구를 위로해 주고자 사실 자신은 그렇지 않은데 "나도 그래."라고 말한다면 나중에 사실을 알게 된 친구의 마음은 더욱 상처를 입겠죠? - 그 외에도 '말해 봐~ 말해 봐~' 하면서 독촉하거나 꼬치꼬치 깊은 이야기까지 캐묻기보다는 그 사람이 마음을 열고 먼저 이야기를 할 때까지 기다려 주는 것이 좋아요.		
전개	• 나의 고민은 - 자, 이제 잠시 눈을 감아 보세요. 내가 지금 가장 마음 아프거나 힘든 일이 무엇인지 생각해 보세요. 나의 몸이 아픈 일일 수도 있고, 다른 사람과의 관계가 잘 안 풀려서 화가 날 수도 있겠지요. 나를 힘들게 하는 것은 무엇일까요? 나를 힘들게 하는 사람은 누구인가요? 왜 그것 때문에 혹은 그 사람 때문에 힘든가요? 해결 방법은 무엇일까요? 잠시 생각해 보세요. - 이제 눈을 뜨세요. 해결 방법을 스스로 생각해 본 친구도 있고, 도저히 해결이 안 될 거라고 낙담하는 친구도 있었을 거예요. - 백짓장도 맞들면 낫다는 말이 있지요? 여러분의 고민을 다른 친구에게 알려 주고 함께 의논해서 더 좋은 해결책을 찾아볼까 합니다. - (활동자료 5-12을 나눠 준다.) - 지금 받은 상담지에 여러분의 고민을 적어 보세요. - 위에 이름을 쓰거나, 자기만 알아볼 수 있는 표시를 한 다음 반으로 접어서 앞으로 내세요.	5′	▶활동자료 5-12(너의 고민을 들어 줄게)
	• 너의 고민을 함께 나누자 - 이제 여러분은 상담을 받는 동시에 다른 사람의 고민을 상담해 주는 상담사가 될 것입니다. 자신이 받는 상담지를 읽고 좋은 해결책이나 조언을 연필로 써 주세요. 롤링페이퍼를 하는 것처럼 한 명의 상담지에 여러 명이 순서대로 돌려가며 써 주는 것입니다. - (활동자료 5-12을 섞어 다시 나눠 준다.) - 앞으로 내 주세요. (교사 자신의 상담지를 찾은 후) 자, 이제 선생님의 고민을 친구들이 어떻게 해결해 주었는지 읽어 보겠습니다. (읽으면서 좋은 상담 내용에 칭찬해 준다) - 여러분이 이렇게 함께 생각해 주니까 든든하고 힘이 되네요. - 여러분의 활동지에 선생님도 상담사가 되어 써 주려고 합니다. 다음 시간에 주겠습니다.	13′	※교사 자신의 고민도 써서 상담지 사이에 끼워 나눠 준다. ※필요하다면 올바른 상담 방법을 상기시켜 준다. ▶활동자료 5-13(친구야) 장애학생용 붙임 딱지

정리	• 상담을 받을 수 있는 곳 - 우리 반 친구들이 정말 서로를 잘 이해하고 깊은 우정을 나누어서 정말 힘든 일이 있을 때 서로에게 털어놓고 이야기를 들어 주는 상담자의 역할을 했으면 좋겠네요. - 친구에게 털어놓을 수 없을 때에는 선생님이나, 상담 선생님, 부모님께 털어놓을 수도 있겠지요. 선생님에게 고민을 털어놓고 싶은 사람은 선생님에게 이메일을 보내거나 쪽지를 주어서 미리 알려주면 선생님이 도와주겠습니다. - 상담을 해 줄 수 있는 청소년 전문 상담소가 있답니다. 이렇게 전문적인 곳을 찾아서 상담을 받는 것도 좋은 방법입니다. - (상담 사이트 쪽지를 나누어 준다.) ▶ 청소년전화 1388(www.1388.or.kr) ▶ 청소년사이버상담센터(www.cyber1388.kr) ▶ 학교폭력SOS지원단(www.jikim.net/sos) ▶ 청소년세계(www.youth.co.kr) - 마음이 아프지 않아야 몸도 건강해지고 남도, 자신도 더 사랑할 수 있습니다. 나의 마음을 잘 살피고 적극적으로 문제를 해결해 나가길 바랍니다.	2′	▶활동자료 5-14(상담 사이트 쪽지)

서다우 TIP

- 특정 학생의 고민이나 상담 내용을 읽어 주는 것보다 교사의 고민 상담지를 읽어 주면 학생들의 흥미를 돋울 수 있다.
- 상담활동을 할 때 공격적이거나 상처가 되는 말을 쓰는 경우가 있으므로, 교사가 학생들의 활동지를 잘 살펴보며 장난을 치지 않도록 주의를 주어야 한다.
- 상담지에 반드시 연필로 쓰도록 한다. 상담지를 걷은 후 부적절한 상담 내용은 지우고, 선생님의 한마디도 꼭 써서 나누어 주도록 한다.
- 장애학생의 경우 미리 학부모나 특수학급교사와 상의하여 고민을 적도록 한다. 글쓰기가 어려운 학생의 경우, "힘내" "파이팅" "넌 할 수 있어" 등의 간단한 조언 리스트를 제시해 주고 친구들의 상담지에 골라서 옮겨 쓰게 하거나 예쁜 스티커를 붙여 주도록 한다.

- 사이트 소개
  - 청소년전화1388(www.1388.or.kr): 청소년 심리상담 및 지원요청 사이트. 위기 해결과 고민을 전문적으로 24시간 상담(1388). 지역별 상담기관 소개
  - 청소년사이버상담센터(www.cyber1388.kr): 1388 여성가족부와 한국청소년상담복지개발원에서 지원하는 사이버상담실
  - 학교폭력SOS지원단(www.jikim.net/sos): 청소년폭력예방재단과 교육과학기술부의 MOU로 운영. 상담전화 1588-9128(구원의 팔)
  - 청소년세계(www.youth.co.kr): 청소년 성문제 상담

활동자료 5-11

친구의 이야기를 잘 들어 주는 방법 세 가지

하나,
"그랬구나,
속상했겠다."

"네가 잘못했네."

이야기를 털어놓은 사람에게 상처를 주지 않아야 해요.

친구를 믿고 털어놨는데 자신의 잘못을 지적받는다면, 다시는 누군가에게 내 마음을 솔직히 털어놓고 싶지 않겠지요? 있는 그대로 받아들이고 친구의 마음이 얼마나 불편한지를 헤아려 주세요.

"그랬구나, 속상했겠다." 하고 마음을 공감해 주는 것이 좋아요.

둘,
"힘들지?
그렇지만……"

"하기 싫으면 하지 마."

"같이 싸워."

해결 방법을 함께 생각해 줄 때, 무조건 그 사람이 원하는 것을 하도록 하는 것보다 사람이 살면서 지켜야 할 도리나 사회 구성원으로서의 약속을 지키는 방법을 제시해 주어야 합니다.

셋,
"절대
비밀 보장!"

"누구누구는 엉덩이에 점 있대요~ 점 있대요~"

친구는 나를 믿고 비밀을 털어놓습니다. 그런데 그 비밀을 다른 사람에게 말한다면? 또는, 친구를 위로해 주고자 사실 자신은 그렇지 않은데 "나도 그래."라고 말한다면 나중에 사실을 알게 된 친구의 마음은 더욱 상처를 입겠죠? 비밀 보장!

그 외에도
"말해 봐~ 말해 봐~" 하면서 독촉하거나,
꼬치꼬치 깊은 이야기까지
캐묻기보다는
그 사람이 마음을 열고
먼저 이야기를 할 때까지
기다려 주는 것이 좋아요.

활동자료 5-12

너의 고민을 들어 줄게!

나는…

나의 고민은…	

♥ 친구야, 이렇게 해 보면 어떨까?

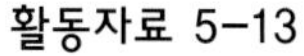

친구야!

다음 쪽지를 오려서 친구들의 상담지에 붙이거나 옮겨 써 주세요.

힘내!	너는 잘할 수 있을 거야.	네가 최고야.
넌 정말 좋은 친구야.	파이팅!	기운 내!
너무 걱정 마.	다 잘될 거야.	잘할 수 있어! 파이팅!

활동자료 5-14

상담 사이트 쪽지

말하기 힘든 고민이 있을 땐, 혼자 힘들어하지 말고 도움을 요청해 보세요! ▶청소년전화1388 www.1388.or.kr ☎1388 (24시간 상담 및 신고) ▶청소년사이버상담센터 www.cyber1388.kr ▶학교폭력SOS지원단 www.jikim.net/sos ☎1588-9128 (학교폭력예방교육 및 상담) ▶청소년세계 www.youth.co.kr (청소년 성문제 상담)	말하기 힘든 고민이 있을 땐, 혼자 힘들어하지 말고 도움을 요청해 보세요! ▶청소년전화1388 www.1388.or.kr ☎1388 (24시간 상담 및 신고) ▶청소년사이버상담센터 www.cyber1388.kr ▶학교폭력SOS지원단 www.jikim.net/sos ☎1588-9128 (학교폭력예방교육 및 상담) ▶청소년세계 www.youth.co.kr (청소년 성문제 상담)
말하기 힘든 고민이 있을 땐, 혼자 힘들어하지 말고 도움을 요청해 보세요! ▶청소년전화1388 www.1388.or.kr ☎1388 (24시간 상담 및 신고) ▶청소년사이버상담센터 www.cyber1388.kr ▶학교폭력SOS지원단 www.jikim.net/sos ☎1588-9128 (학교폭력예방교육 및 상담) ▶청소년세계 www.youth.co.kr (청소년 성문제 상담)	말하기 힘든 고민이 있을 땐, 혼자 힘들어하지 말고 도움을 요청해 보세요! ▶청소년전화1388 www.1388.or.kr ☎1388 (24시간 상담 및 신고) ▶청소년사이버상담센터 www.cyber1388.kr ▶학교폭력SOS지원단 www.jikim.net/sos ☎1588-9128 (학교폭력예방교육 및 상담) ▶청소년세계 www.youth.co.kr (청소년 성문제 상담)
말하기 힘든 고민이 있을 땐, 혼자 힘들어하지 말고 도움을 요청해 보세요! ▶청소년전화1388 www.1388.or.kr ☎1388 (24시간 상담 및 신고) ▶청소년사이버상담센터 www.cyber1388.kr ▶학교폭력SOS지원단 www.jikim.net/sos ☎1588-9128 (학교폭력예방교육 및 상담) ▶청소년세계 www.youth.co.kr (청소년 성문제 상담)	말하기 힘든 고민이 있을 땐, 혼자 힘들어하지 말고 도움을 요청해 보세요! ▶청소년전화1388 www.1388.or.kr ☎1388 (24시간 상담 및 신고) ▶청소년사이버상담센터 www.cyber1388.kr ▶학교폭력SOS지원단 www.jikim.net/sos ☎1588-9128 (학교폭력예방교육 및 상담) ▶청소년세계 www.youth.co.kr (청소년 성문제 상담)

감싸는 마음 나누는 기쁨

-옹호와 나눔-

알게 모르게 우정을 싹 틔워 온 우리 반 아이들, 처음에는 모두가 제각각인 아이들이었지만 이제는 서로를 잘 알고 믿어 줄 수 있는 친구가 되어 있겠지요?

〈감싸는 마음 나누는 기쁨: 옹호와 나눔〉은 서다우를 서서히 마무리하는 역할을 합니다. 그동안 우정 만들기를 위해 모아 온 많은 노력의 결정체라고 할 수 있습니다. 친구의 상황을 이해하고 직접 변호할 때의 진지한 눈빛은 감동으로 남습니다.

또한 시야를 넓혀 우리 사회에서 소외된 다양한 이웃을 위해 할 수 있는 일이 무엇인지 깊이 생각해 보고 내가 가진 것을 나누는 일이 얼마나 아름다운지를 알게 됩니다.

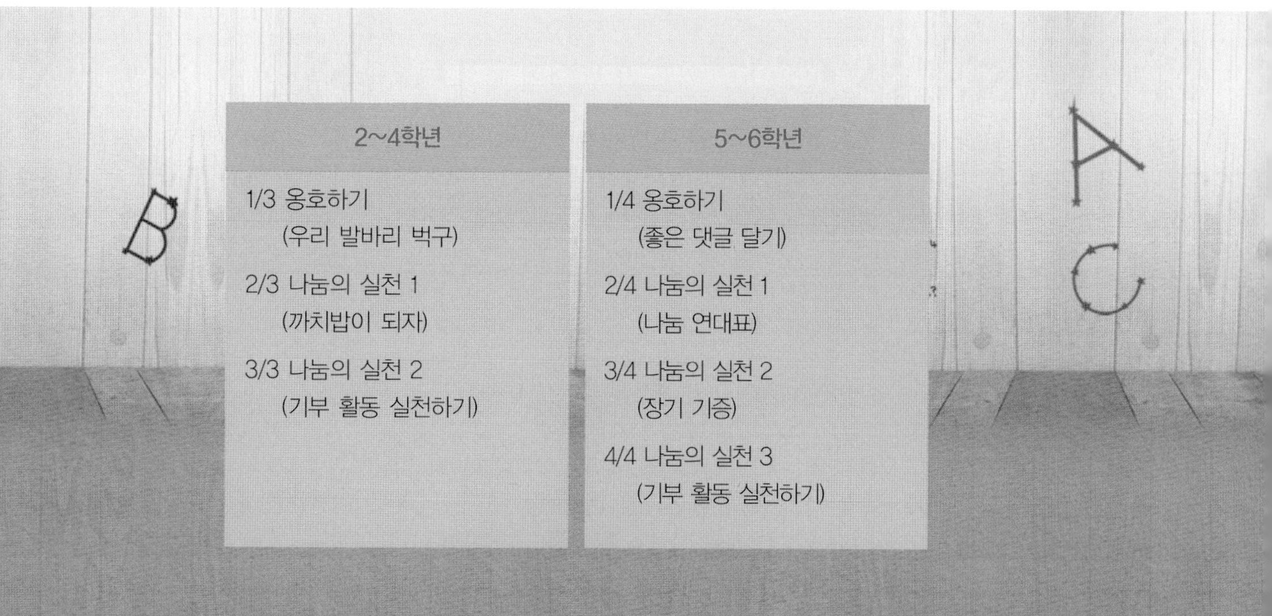

2~4학년	5~6학년
1/3 옹호하기 (우리 발바리 벅구)	1/4 옹호하기 (좋은 댓글 달기)
2/3 나눔의 실천 1 (까치밥이 되자)	2/4 나눔의 실천 1 (나눔 연대표)
3/3 나눔의 실천 2 (기부 활동 실천하기)	3/4 나눔의 실천 2 (장기 기증)
	4/4 나눔의 실천 3 (기부 활동 실천하기)

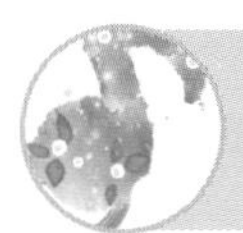

옹호하기

활동 목표	• 좋고 나쁨의 가치 판단이 주관적인 것임을 안다. • 나보다 약한 대상을 보살피는 마음을 갖는다.	학년	2~4학년
		차시	1/3
단계	활 동 내 용	시간	자료(▶) 및 유의점(※)
도입	• 노래 부르기 – 강아지에 관련된 노래 부르기 – 먼저 여러분이 잘 알고 있는 노래 한 곡을 부르겠어요. (빙고 노래 부르기) – 이 외에 또 알고 있는 노래가 있나요? (우리 집 강아지, 하얀 마음 백구 등)	5′	※분위기 전환을 위한 것이므로 가사에 너무 구애받지 않고 즐겁게 부른다.
전개	• '우리 발바리 벅구' 읽기 – 여러분 중에서 강아지나 고양이를 기르는 사람 있나요? 오늘은 먼저 애완견에 얽힌 동화 한 편을 함께 읽어 보겠어요(글을 대화 형식으로 짧게 요약하여 읽어 주고, 주요 내용을 간단히 질문한다). – 장면1: 할아버지로부터 벅구를 선물 받은 민성이는 동네 아이들을 모아 놓고 자랑한다. – 장면2: 해피라는 외국 개를 키우는 아주머니가 벅구를 똥개라 부르며 비하한다. 아이들도 덩달아 벅구를 놀린다. – 장면3: 민성 형제는 울면서 집에 와 아빠에게 이 사실을 말한다. ('여기서 잠깐' 부분에서 아빠의 반응을 예상해 보게 한다. 아이들의 의견을 들은 후 아빠의 답변을 알려 준다. 또 실제로 벅구를 훈련시켜 그 말을 증명해 보였음을 상기시킨다.) – 장면4: 해피가 잡종견을 낳게 되어 아주머니는 실망하여 새끼를 버리려 한다. – 장면5: 아이들이 잡종이 된 해피의 새끼를 얻어 오기로 한다.	10′	▶활동자료 6-1(우리 발바리 벅구 1) ▶활동자료 6-2(우리 발바리 벅구 2) ▶실물화상기 ※읽을 때 목소리를 바꾸어 재미있게 읽어 준다. ※학생들이 역할을 나누어 대본을 읽어도 좋다.
	• 강아지 광고 포스터 그리기 – 민성이 형제는 강아지를 데려와서 새로운 주인을 찾아주려 하고 있어요. – 지금부터 여러분도 민성이, 민철이와 함께 이 강아지들을 광고해 주세요. 동물병원 앞에 붙일 수 있는 포스터를 만들어 보세요. 민성이 아빠가 말씀하신 것처럼 강아지의 긍정적인 면을 찾아서 써 준다면 더 좋겠죠?	20′	▶도화지, 색칠도구 등 ▶활동자료 6-3(엄마가 되어 주세요)

	글쓰기나 그림 그리기가 어려운 아동은 활동자료 6-3을 이용하여 색칠하게 하고 간단한 문구를 따라 쓰게 한다.		
정리	• 포스터 전시 및 감상하기 – 몇몇 작품은 발표하고, 나머지는 게시한다. – 아빠의 말씀처럼 같은 것을 두고도 긍정적으로 보고 격려해 주는 사람이 있는가 하면, 해피 아주머니처럼 부정적으로 말하며 비하하는 사람이 있어요. 여러분이라면 어떤 말을 듣고 싶은가요? 여러분도 다른 사람을 감싸 줄 수 있는 마음을 갖고 따뜻한 말을 해 줄 수 있길 바랍니다.	5′	

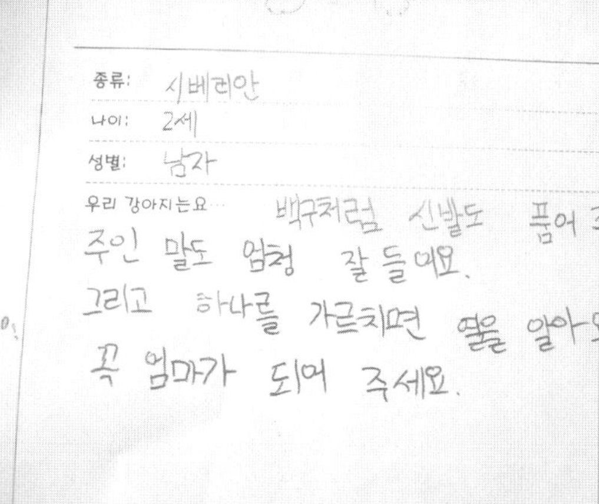

활동자료 6-1

우리 발바리 벅구 1

출연자: 엄마, 아빠, 민철, 민성, 준식, 훈기, 요한, 해피 아주머니

장면1

엄마 얘들아 얼른 나와 봐. 할아버지께서 강아지 보내 주셨다.

민철 야호 신난다! 이제 우리도 개 기른다!

민성 야 진짜 귀엽다. 엄마 근데 얘 이름이 뭐예요?

엄마 어디 보자. 여기 '벅구' 라고 써 있네.

민철 벅구? 벅구! 귀엽다. 형! 우리 애들한테 벅구 자랑하러 가자.

민성 그래. 애들이 되게 부러워하겠지? 엄마 나갔다 올게요.

엄마 그렇게 좋으니? 얼른 갔다 와라.

민성 민철 네.

민철 얘들아! 우리 강아지 생겼다. 봐라.

준식 와 정말 예쁘다. 나 한 번만 안아 보자.

훈기 나두 나두.

요한 어, 강아지잖아? 나도 좀 보자.

훈기 기다려. 넌 내 다음이야.

준식 근데 민성아. 이 강아지는 종류가 뭐야?

민성 어. 이건 말이지. 발바리라고 하는 거야.

훈기 뭐? 발바리? 그런 종류도 있냐?

요한 그러게. 요크셔테리어나 포메라니안은 들어 봤어도 발바리는 처음 듣는다.

준식 어디서 사 왔는데?

민철 우리 할아버지가 보내 주셨어. 아주 영리하고 좋은 개래.

아이들 그래?

장면2

준식 으……, 저기 해피 아주머니다.

해피 아주머니 너희들 뭐 하니? 어머, 강아지구나.

요한 네. 발바리래요.

훈기 아주 영리하고 좋은 개래요.

해피 아주머니 뭐? 발바리가 좋은 개라고? 호호호.

아유~ 발바리면 똥개지. 너희들은 어쩜 이런 똥개를 기르니?

원래 발바리는 중국 개였지만, 요즘은 똥개를 다 '발바리' 라고 하는 거야. 그나저나 한 동네에서 이런 똥개를 기르면 우리 해피 같은 순종개 혈통이 나빠지는데……. (민철을 째려보며) 정말 못 살아.

준식 어쩐지, 처음 들어보는 종이다 했다.

훈기 에잇. 똥개 만지고 괜히 좋아했네.

요한 민성이네 개는 똥개래요. 똥개래요.

민철 씨~ 우리 벅구 똥개라고 하지 마.

훈기 똥개 맞잖아. 똥개래요. 똥개래요.

민철 으앙.

민성 민철아 울지마. 집에 가자. 가서 아빠한테 여쭤 보자.

장면3

민철 아빠, 벅구가 똥개래요! 정말이에요?

아빠 똥개라고 누가 그래?

민성 해피 아주머니가 그랬단 말예요. 정말로 발바리는 똥개예요?

여기서 잠깐

아빠 얘들아, 벅구 같은 개도 훈련만 잘 시키면 얼마든지 훌륭한 애완견이 될 수 있단다. 품종 좋다는 개들, 그건 다 외국에서 비싼 돈 주고 사 온 거야.

벅구는 우리나라에서 오래도록 키워 온 건강한 잡종견이란다.

그러니 너희들 절대 기죽지 마라!

민성 정말이에요?

아빠 그럼! 이제부터 아빠가 벅구를 멋지게 훈련시키마.

민철 자, 벅구야. 발 내밀어 봐, 발.

민성 벅구야. 앉아. 일어서.

민철 아빠, 벅구가 이제 '앉아' '일어서'도 잘해요.

아빠 그것 봐라. 연습한지 한 달도 안 되었는데 잘 따라 하잖니. 벅구는 영리한 개야. 개를 순종, 잡종으로 나누어 좋고 나쁨을 결정하는 건 개가 아니라 바로 사람이란다. 하지만 우리 집에서 함께 살면서 나의 가장 좋은 친구가 되어 주는 개가 있다면 어떤 종이든 그게 바로 최고 좋은 개가 아닐까?

민성 아빠 말씀이 맞는 것 같아요. 아빠, 우리 벅구 데리고 놀러 갔다 올게요.

장면 4

민철 얘들아, 우리 벅구 좀 봐. 훈련시켜서 발도 내밀고 '앉아' '일어서' 도 할 수 있어.

훈기 어, 정말이네.

요한 나도 해 보자. 앉아. 일어서. 앉아. 일어서. 엇! 정말 잘하네.

준식 똥개는 이런 거 못하는 줄 알았는데……. 너네 개 똑똑한가 보다.

민성 그럼~ 그리고 우리 아빠가 그러시는데 똥개라고 하는 게 아니라 잡종견이라고 하는 거래. 품종이란 것은 사람이 정하는 거지 개가 정말 나쁘고 좋은 것과는 상관없는 거라고 하셨어.

훈기 그렇구나……. 저번엔 똥개라고 놀려서 미안해.

요한, 준식 나도…….

민철 괜찮아. 몰라서 그런 건데 뭐.

요한 어, 저기 해피 아주머니다.

민철 오늘도 우리 벅구 보고 똥개라고 하면 어쩌지? 나 저 아주머니 정말 싫어.

민성 근데 오늘은 해피 안 데리고 나오셨네. 표정도 우울해 보여.

준식 너희들 몰랐구나. 해피가 새끼를 낳았대.

민철 정말? 해피가 새끼 낳았으면 되게 예쁘겠다.

준식 그런데…….

아이들 그런데?

준식 아까 슈퍼에서 들은 얘긴데… 글쎄, 해피가 지나가던 똥개하고 눈이 맞아서 잡종 강아지를 세 마리나 낳았다지 뭐야.

아이들 뭐? 푸하하하.

민성 그럼 새끼들은 어떻게 한대?

준식 글쎄 새끼들은 내다 버릴 거래.

아이들 너무해.

장면 5

민성 아빠 들으셨어요? 해피 아주머니네 개가 새끼를 낳았대요.

민철 그런데 그 아주머니는 잡종개라고 다 갖다 버릴 거래요.

아빠, 우리가 해피 새끼들을 데려와서 키우면 안 될까요?

아빠 불쌍하긴 하다만, 우리 집에서 네 마리씩이나 키울 수는 없단다.

엄마 아빠 말이 맞아. 하지만 버릴 수는 없지.

얘들아, 이렇게 하면 어떻겠니? 엄마가 해피 새끼를 얻어올 테니까 너희들이 광고를 내는 거야.

민성 와~ 그거 좋은 생각이다. 그런데 광고지는 어디에 붙이죠?

엄마 엄마 생각엔 동물 병원이 좋을 것 같은데?

민철 형, 그럼 우린 빨리 광고지 만들자.

민성 그래 알았어. 좋은 주인 만나게 멋지게 만들어 주자.

활동자료 6-2

우리 발바리 벅구 2

*그림: 홍정민

*PPT는 학지사(hakjisa.co.kr)-자료실-부록자료실

활동자료 6-3

엄마가 되어 주세요

이름:

종 류 :	나 이 :	성 별 :
우리 강아지는요...		

강아지를 키워주실 분은 (　　　　)네 집 (☎　　　　)으로 연락해 주세요.

나눔의 실천 I

활동 목표	• 나눔의 여러 가지 형태를 안다. • 나눔을 실천하기 위한 마음을 갖고 내가 할 수 있는 나눔 활동을 생각해 본다.	학년	2~4학년
		차시	2/3
단계	활 동 내 용	시간	자료(▶) 및 유의점(※)
도입	• 우리 반 '품앗이 책' 확인하기 – 우리가 '서다우'를 시작한지 거의 1년이 되어 가네요. – 지난 3월 우리가 만들었던 '품앗이 책' 기억하나요? 오늘은 우리 반 친구들이 '품앗이 책'을 잘 활용하였는지 살펴보도록 하겠습니다. – 친구들에게 어떤 도움을 받았었나요? 발표해 줄 수 있는 친구가 있나요? – 누구에게 도움을 받았나요? 어떤 도움을 받았나요? 그때의 기분은 어떠했나요? – 그럼, 도움을 준 친구의 마음은 어떠했는지도 들어 봅시다. 도움을 줄 때의 마음은 어떠했나요? – 도움을 받는 사람의 마음도 기쁘지만, 도움을 주는 사람의 마음 역시 기쁘답니다. – 오늘은 '나눔'에 대해서 살펴보도록 하겠습니다.	10′	▶품앗이 책 ※품앗이 책이 잘 활용된 페이지를 미리 선정해 두고 이야기를 나누어 보아도 좋다.
전개	• 나눔의 개념 알기(나눔의 여러 가지 모습) – 자, 함께 TV를 봅시다. ① 까치밥 사진 ② 사랑의 밥차 ③ 사랑의 빵 ④ 봉사활동 사진 – 첫 번째 사진은 무엇일까요? 그래요, 감이에요. 그런데 감을 다 따지 않고 그냥 두었네요? 어른들은 이것을 '까치밥'이라고 했어요. 왜 그랬을까요? (몇 사람 발표하도록 한다.) – 감을 다 따지 않고 남겨 둔 이유는 겨우내 먹을 것이 없어서 새들이 혹시라도 굶게 될까 봐 남겨둔 것이에요. 사람이 다 먹어 버리면 동물들은 먹을 것이 없겠죠? 그래서 나누어 먹는 거예요. – 두 번째 사진은 무엇일까요? 한 끼 식사를 하기도 어려운 사람들을 위한 사랑의 밥차 사진이에요. 이분들이 자기가 일을 해서 돈을 벌고 밥을 먹을 수 있다면 더 좋겠지요.	10′	※인터넷에서 해당 사진들을 직접 검색하여 보여준다.

<table>
<tr><td rowspan="2">전개</td><td>- 세 번째 사진은 무엇일까요? 여러분도 이 저금통에 동전을 모아 본 적이 있지요? 월드비전에서 운영하는 '사랑의 빵' 사업입니다. 이렇게 모인 성금은 지구촌의 도움이 필요한 어린이들을 위하여 쓰인다고 합니다.
- 우리나라에서도 수해나 가뭄, 불치병에 걸린 사람 등 어려운 일을 당한 사람들이 많을 때, 또는 다른 나라에 지진이나 심한 태풍으로 도움이 필요할 때 우리는 이렇게 돈을 모아서 나누어 주기도 한답니다.
- 네 번째 사진은 무엇일까요? 아주머니, 아저씨께서 할머니, 할아버지들의 머리를 깎아드리는 봉사활동을 하시는군요. 봉사란 돈이나 대가를 받지 않고 남을 위해 하는 일을 말해요. 이처럼 돈을 내는 것이 아니라 내가 가진 것으로 도와줄 수 있는 것은 무엇이 있을까요?
(학생들의 발표를 들어 본다.)
- 여러분도 아침마다 학교 주변을 깨끗이 하기도 하지요? 그것도 봉사활동이에요. 우리는 이렇게 자신이 가진 능력을 나누기도 합니다.</td><td></td><td></td></tr>
<tr><td>• 까치밥 만들기
- 조금 전에 보았던 까치밥이 기억나나요?
- 내가 누군가의 까치밥이 되어 보는 건 어떨까요? 다른 사람을 배려하고 기쁘게 하는 일이라면 무엇이라도 나눌 수 있지요.
- 자, 선생님이 여러분에게 까치밥을 나누어 주겠으니 내가 나누고 싶은 것을 곰곰이 생각해 보고 적어 주세요.
- 우리 반 친구들을 위한 것도 좋고, 우리 가족을 위한 것이나, 작지만 우리 사회에서 내가 할 수 있는 일을 찾아보아도 좋겠습니다.
- 나누고 싶은 것을 쓴 후 내 이름과 나눔의 대상도 써 보세요. (○○가 △△에게)
- 나누고 싶은 것은 물건이 아니어도 좋아요. 엄마 어깨 주물러 드리기나 친구들을 향해 웃어 주는 것처럼 누군가를 기쁘게 할 수 있는 일이면 어떤 것이든 좋은 나눔이 되지요.
- (아이들이 쓰는 동안 교사는 칠판에 전지를 붙이고 가지가 많은 커다란 나무를 간단히 그린다.)

장애학생은 예시 단어들을 보고 쓰도록 할 수 있다.</td><td>15′</td><td>▶활동자료 6-4(친구의 까치밥이 되어 주자!)

▶전지, 가위, 크레파스 등

※까치밥을 쓸 때, 짝꿍이나 모둠원들에게 꼭 쓰도록 하고, 남는 것을 쓰고 싶은 사람에게 쓰도록 하여 소외되는 학생이 없도록 한다.

※색칠하기에 너무 많은 시간이 소요되지 않도록 주의한다.</td></tr>
</table>

정리	• 까치밥이 되자 – 다 되었으면 '까치밥'을 나무에 붙여 봅시다. (한 모둠씩 나와서 칠판 나무그림에 까치밥을 붙이게 한다.) – 어때요? 우리 반 까치밥 나무가 정말 굉장해 보이네요. (몇 가지 적힌 것을 읽어 준다.) – 이 나무 한가득 달려 있는 까치밥은 여러분이 누군가와 나누고 싶어 하는 예쁜 마음이에요. 여기 적힌 그대로 나눔을 실천해 보도록 합시다.	5′	▶풀 또는 테이프 등

활동자료 6-4

친구의 까치밥이 되어 주자!

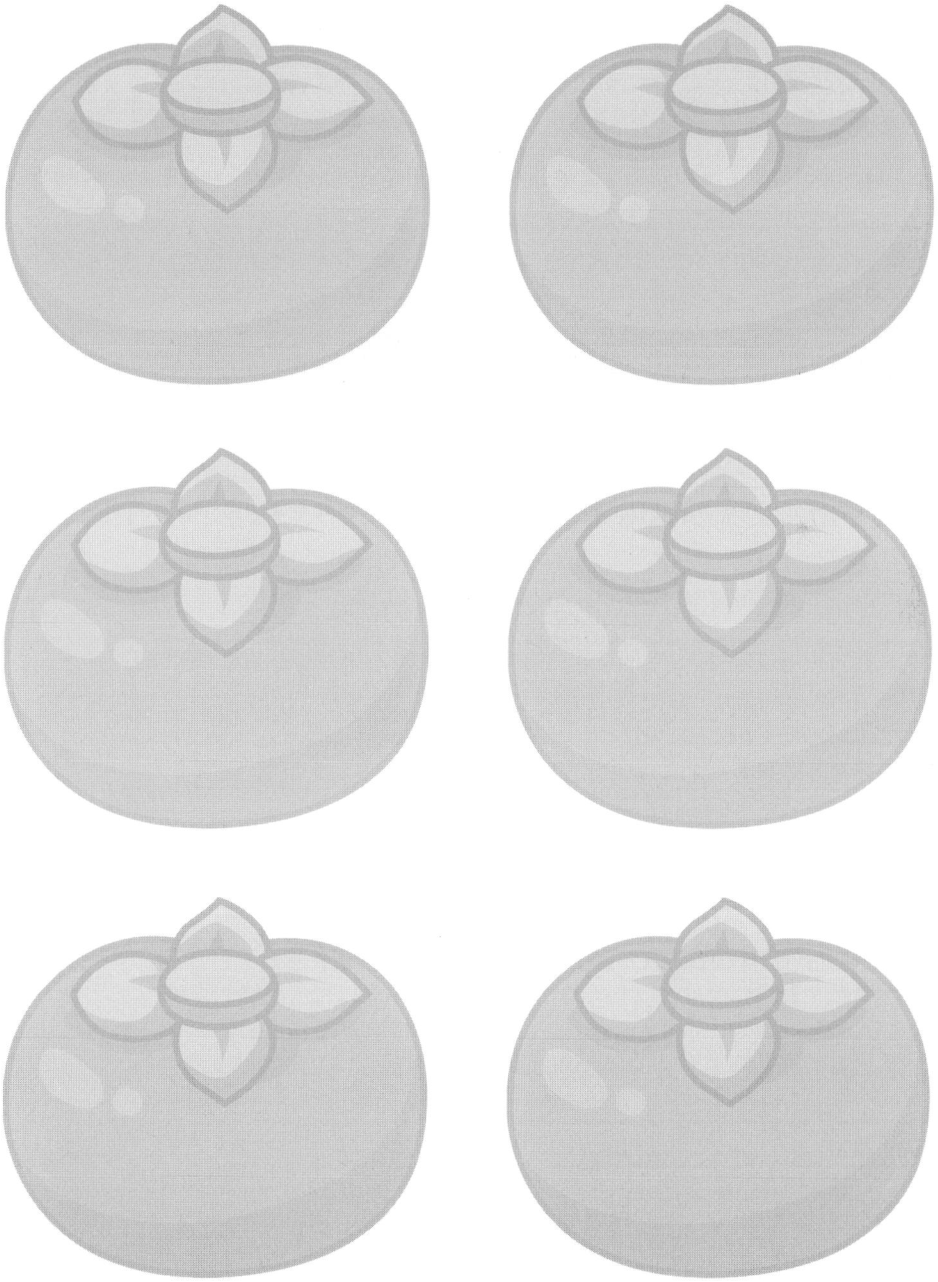

나눔의 실천 2

활동 목표	• 기부 활동을 계획하고 실천한다.	대상	2~4학년
		차시	3/3
활 동 내 용			

*이번 차시에는 나눔의 실천을 위해 학급 학생들과 할 수 있는 기부 활동을 소개한다. 다음에 소개하는 활동들은 1차시에 하는 것이 아니라 적당한 기간을 설정하고 학생들과 함께 계획하고 실행한다.

• 아름다운 가게 물건 기부하기
(www.beautifulstore.org)
- 아름다운 가게 소개하기
- 기증할 물건 모으기
- 기증할 물건에 대한 설명, 물건을 사는 사람에게 주는 메시지 등을 메모하기
- 상자에 모아 택배로 보내거나 수거 신청하기
- 아름다운 가게가 가까이 있다면 직접 가서 물건을 기증하고 아름다운 가게에서 필요한 물건 사기

• 유니세프 카드 쓰기
(www.unicef.or.kr/shop)
- 유니세프 카드는 카드 판매 수익금으로 지구촌 어린이들의 구호와 질병 예방을 위해 사용된다.
- 유니세프 카드의 의미 알아보기: 이벤트/캠페인〉카드와 상품의 의미 클릭
- 카드값 모아 유니세프에서 카드 구입하기
- 소중한 사람들에게 카드 써서 보내기

• 우리 반 벼룩시장
- 벼룩시장에서 사고팔 수 있는 물건 모으기
- 벼룩시장 열기
- 벼룩시장에서 생긴 수익금을 기부할 곳, 기부할 방법 찾기
- 기부하기

서다우 TIP

• 기부 관련 사이트
- 세이브 더 칠드런(sc.or.kr)
- 유니세프(unicef.or.kr)
- 굿네이버스(goodneighbors.kr)
- 아름다운 가게(beautifulstore.org)

• 부모님과 함께 할 수 있는 기부활동 소개
- 해피빈 '콩' 모아 기부하기(happybean.naver.com)
  기부아이템인 콩을 모아 직접 기부처를 선택하여 기부
- 생일기부(birthday.or.kr)
  유니세프에서 가족이나 지인들에게 생일 선물 대신 지구촌 아이들에게 선물을 할 수 있도록 하는 기부 캠페인
- 클릭으로 사랑 전하는 100원의 기적
  (http://shop.gmarket.co.kr/funation/FunationMiracle.aspx)
  지마켓에 로그인을 하여 진행되는 캠페인에 하루에 한 번 클릭으로 100원 기부하기
- one for one 탐스 슈즈(http://www.tomsshoes.co.kr/src/main/indexpage.php)
  탐스 슈즈 하나를 사면 신발이 없어 발을 다치거나 병에 걸리는 어린이에게 신발 하나를 기부하는 캠페인
- 영수증 기부
  이마트에서는 영수증을 모금함에 넣으면 그 영수 금액의 0.5%를 어린이재단에 기부

• 기부 활동과 관련된 Tip
- 기부 활동에 앞서 학생들과 함께 현명한 기부 방법에 대해 고민해 본다.
- 교사는 기부 활동을 하기 전에 관련 사이트 등을 통하여 기부와 관련된 정보를 수집한다.
- 가정에서 함께 할 수 있는 기부 활동들을 안내하여 가족과 함께 기부를 실천할 수 있도록 한다.

옹호하기

<table>
<tr><td rowspan="2">활동
목표</td><td rowspan="2">• 용기를 내어 친구를 옹호해 주는 말을 할 수 있다.</td><td>학년</td><td>5~6학년</td></tr>
<tr><td>차시</td><td>1/4</td></tr>
<tr><td>단계</td><td>활 동 내 용</td><td>시간</td><td>자료(▶) 및 유의점(※)</td></tr>
<tr><td>도입</td><td>• 선플 달기
– 어느 학급의 홈페이지에 올라온 글입니다. 한번 읽어 볼까요?

제목 : 우리 반 지질이 조은애 오늘 사고 치다!
여러분! 오늘 우리 반 지질이 조은애가 여신 오지희의 머리 위에 급식을 쏟았습니다. 만날 머리도 안 감고 주워 온 옷만 입더니 우리 반 짱 오지희의 머리 위에 감히 자기가 먹던 된장국을 쏟았습니다. 조은애를 혼내 줍시다!!!!

– 댓글도 읽어 봅시다.

경아 : 혼내 줍시다! 감히 오지희한테 그럴 수가 있나! 조은애 너무했다!!
상욱 : 조은애 옛날부터 폭력적이었음! 유치원 때부터 짝꿍 때리고 꼬집었음!

– 어떤 일이 벌어졌나요? 은애는 어떤 아이일까요?
– 앞으로 친구들은 은애를 어떻게 대할까요?</td><td>5′</td><td>▶어느 학급 홈페이지 PPT 학지사(hakjisa.co.kr)–자료실–부록자료실</td></tr>
<tr><td>전개</td><td>• 친구를 지켜 주는 좋은 댓글 달기
– 그럼, 이번에는 은애의 일기를 읽어 봅시다.
– 은애에 대해서 이해할 수 있었나요? 은애는 어떤 아이일까요? 은애가 왜 그런 행동을 했는지 알 수 있을 것 같나요?
– 어떤 방법으로 은애를 도와줄 수 있을까요?
– 만약 여러분이 은애네 반 친구들이라면, 홈페이지에 은애를 지켜 주는 말을 댓글로 달아 주는 것은 어떨까요? (활동자료 6–6을 나누어 준다.)</td><td>15′</td><td>▶활동자료 6–5(은애의 일기)

▶활동자료 6–6(은애에게 힘이 되는 댓글 달기)</td></tr>
</table>

전개	– 댓글을 달기 전 알아 두어야 할 점이 있습니다. 친구를 옹호하는 것, 즉 지켜 준다는 것은 친구가 어려운 일이나 오해가 생겼을 때, 그 친구의 편이 되어 친구를 감싸 주고, 입장을 대신 이야기해 주는 것입니다. 하지만 그 친구를 편든다는 것은 다른 친구를 비난하거나 공격하는 것이 아니라는 점을 유의해야 합니다. 예를 들어, '오지희가 나빴다' '오지희를 혼내 주자' 라고 한다면 어떻게 될까요? 또 다른 갈등이 일어나겠지요. – 비난이나 공격 없이 은애를 감싸 주는 말을 써 봅시다. – 발표해 볼까요? – 친구에 대해서 알게 되니 친구의 입장을 이해할 수도 있고, 감싸 줄 수도 있지요? 친구의 행동에는 모두 숨은 이유들이 있답니다. 행동으로 사람을 판단하지 말고 친구의 입장을 잘 살펴보고 헤아리는 노력이 필요합니다.		
	• 선미의 일기 – 선생님이 또 다른 이야기를 들려주겠습니다. <선미의 일기> 오늘 정말 난감한 일이 있었다. 점심시간 후에 현지랑 유정이랑 같이 운동장 벤치에서 미술 시간에 쓸 낙엽을 주웠다. 종 칠 때가 되어서 들어가려고 하는데 현지가 안 들어가겠다고 고집을 부리면서 현관 바닥에 앉아서 소리를 질렀다. 유정이랑 어떻게 할지 얘기하고 있었는데 2반 남자애들이 지나가면서 들으라는 식으로 현지 욕을 했다. 장애인이라고, 학예회 때 소리 질러서 우리 반 연극 다 망쳤다고, 우리 반 애들 불쌍하다고……. 아닌데, 현지가 이러는 건 다 이유가 있어서인데. 현지가 늘 이러지는 않는데. 현지가 말만 제때 못하는 거 빼곤 종이접기도 잘하고 노래도 좋아하고 청소도 도와주면 잘하는데. 우리 반 친구들도 안 불쌍한데. 우리 반 애들이 얼마나 괜찮은데……. 우리 반 애들은 현지 싫어하지 않는다고, 현지 그런 애 아니라고 얘기를 할까? 그리고 현지 기분 나쁘니까 현지 듣는데서 장애인이라는 말 하지 말라고 할까? 말하면 내가 놀림받을 것 같고, 가만있으면 현지만 더 나쁜 애가 되고……. 결국 아무 말도 못하고 점심시간이 끝나 버렸다.	15′	

전개	– 여러분도 내 친구 혹은 우리 반 친구를 다른 친구들이 놀릴 때 용기가 나지 않아 가만히 있었을 때가 있었나요? – 다른 반 친구들에게 무엇이라고 하면 좋은지, 현지를 어떻게 감싸 주면 좋을지 선생님이 되어 선미의 일기에 한마디 써 줄까요? – 발표해 봅시다.		▶활동자료 6-7 (선미의 일기)
정리	• 친구가 어려울 때 용기 내어 지켜 주세요. – 진짜 친구가 되기 위해서는 친구가 위기에 처했을 때 지켜 주는 용기가 필요합니다. 친구를 잘 이해하고, 용기를 내어 친구를 감싸 줄 수 있는 멋진 여러분이 되기를 바랍니다.	5′	

서다우 TIP

- 학생들이 편들어 주는 것을 다른 편에 대한 공격으로 생각하고 활동하지 않도록 주의한다.
- 학급에서 유사한 사례가 있는 경우 보다 조심스러운 접근이 필요하다.
- 장애학생의 경우 '은애야, 힘내' '은애야, 나는 네 편이야.' 와 같은 글씨를 보고 쓰도록 하는 방법을 사용할 수 있다.

활동자료 6-5

은애의 일기

2012년 5월 9일 날씨 맑았다 흐렸다 함

우리 엄마는 환경운동가다. 지구환경이 더러워질까 봐 샴푸나 세제도 되도록 안 쓴다. 또 물건도 늘 재활용한다. 그래서 나는 항상 비누로 머리를 감고, 엄마가 벼룩시장, 바자회에서 사온 헌 옷만 입는다.

그러던 어느 날, 일이 터졌다. 내가 엄마가 벼룩시장에서 사온 노란 원피스를 입고 학교에 갔더니 키도 크고 예뻐서 여신이라 불리는 우리 반 오지희가,

"어! 이거 내가 작년까지 입다 버린 옷인데! 넌 주운 옷만 입냐?"

하면서 놀려 대기 시작했다. 그 이후로 계속 나를 보면 놀려 대기 일쑤다.

하루는 엄마가 쓰레기매립반대운동으로 시위에 나가시고 아빠도 늦잠 자는 바람에 머리를 못 감고 나왔더니 오지희는 내 머리에 기름이 끼고 왕비듬이랑 이가 있다며 큰 소리로 말하며 다녔다. 내 짝꿍 하은이마저도 그 말을 믿곤 의자를 내 쪽에서 멀리 떨어뜨려 앉았다.

그뿐만 아니다. 너무 배가 아파 화장실에서 큰일을 보고 나왔는데 또 오지희가 시비를 걸었다. 나에게서 똥냄새가 난다나. 그러더니,

"쟤네 엄마가 죽어서 오늘 제삿날인가 봐. 그러니 저렇게 똥 씹은 얼굴이지."

하는 것이 아닌가.

우리 엄마는 살아 있는데, 우리 엄마는 더 나은 환경을 위해 오늘도 멋있게 세상과 싸우고 있는데, 감히 우리 엄마를 욕되게 하다니, 이건 참을 수 없다. 나는 먹다 남은 급식판을 들고 가서 오지희의 머리 위에 부어 버렸다.

*박정애(2008). 친구가 필요해. 웅진 주니어의 내용을 바탕으로 재구성.

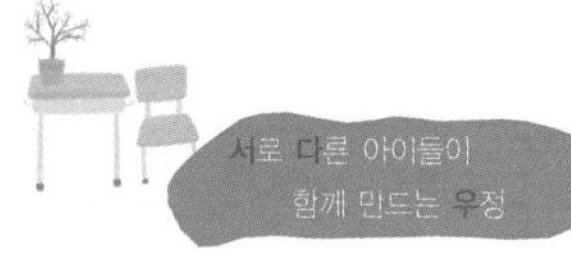

활동자료 6-6

은애에게 힘이 되는 댓글 달기

이름:

조은애 오지희 | 우리교실 2012.03.19 15:44 | 수정 | 삭제

키키(wona9698) http://cafe.naver.com/wonnabe77/27 주소복사

우리반 지질이 조은애가 드디어 사고치다!
조은애가 오늘 급식시간에 우리반 여신 오지희의 머리 위에
급식을 쏟았습니다!
맨날 머리도 안감고 주워온 옷만 입더니
우리반 짱 오지희의 머리에 먹다남긴 된장국을 쏟았습니다.
조은애를 혼내줍시다!!!!

아래에 은애를 지켜 주기 위한 댓글을 써 봅시다.

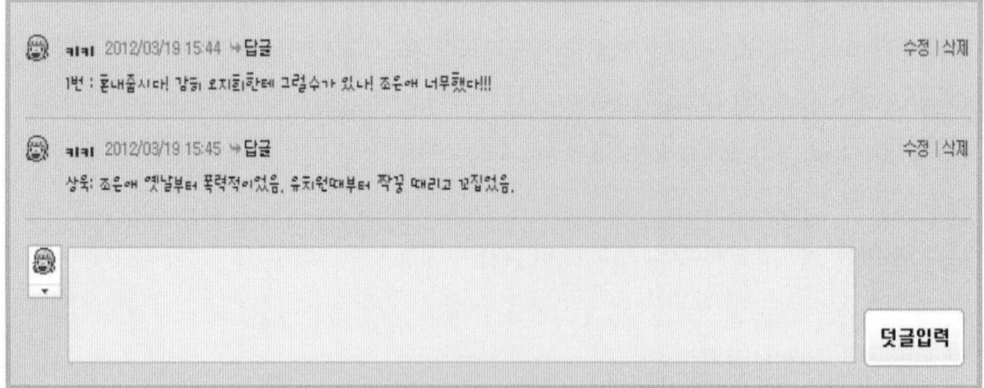

활동자료 6-7

선미의 일기

이름:

6월 15일 월요일 날씨 맑음

오늘 정말 난감한 일이 있었다. 점심시간 후에 현지랑 유정이랑 같이 운동장 벤치에서 미술 시간에 쓸 낙엽을 주웠다. 종 칠 때가 되어서 들어가려고 하는데 현지가 안 들어가겠다고 고집을 부리면서 현관 바닥에 앉아서 소리를 질렀다. 유정이랑 어떻게 할지 얘기하고 있었는데 2반 남자애들이 지나가면서 들으라는 식으로 현지 욕을 했다. 장애인이라고, 학예회 때 소리 질러서 우리 반 연극 다 망쳤다고, 우리 반 애들 불쌍하다고…….

아닌데, 현지가 이러는 건 다 이유가 있어서인데, 현지가 늘 이러지는 않는데, 현지가 말만 제때 못하는 거 빼곤 종이접기도 잘하고 노래도 좋아하고 청소도 도와주면 잘하는데, 우리 반 친구들도 안 불쌍한데, 우리 반 애들이 얼마나 괜찮은데……, 우리 반 애들은 현지 싫어하지 않는다고, 현지 그런 애 아니라고 얘기를 할까? 그리고 현지 기분 나쁘니까 현지 듣는 데서 장애인이라는 말 하지 말라고 할까? 말하면 내가 놀림받을 것 같고, 가만있으면 현지만 더 나쁜 애 되고……, 결국 아무 말도 못하고 점심시간이 끝나 버렸다.

정말 난감했었겠구나. 현지를 지켜 주려는 선미의 마음이 참 예쁘다. 그럴 땐 그 친구들에게 이렇게 말해 보면 어떨까?

____

____

____

____

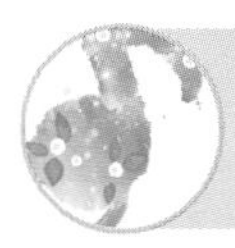

나눔의 실천 I

활동 목표	• 나눔의 여러 가지 형태를 안다. • 나눔 연대표를 만들며 내가 나눌 수 있는 것을 생각해 본다.	학년 차시	5~6학년 2/4
단계	활 동 내 용	시간	자료(▶) 및 유의점(※)
도입	• 알렉스의 레모네이드 - 먼저 알렉스라는 미국 소녀의 나눔 이야기를 함께 보도록 합시다. ※알렉스의 레모네이드(3:09) - 나눔교육 사이트(nanumedu.org)의 나눔교육동영상 게시판 이용 또는 알렉스의 레모네이드 검색 - 알렉스는 어떤 어린이였나요? 네, 암 환자였지요. 레모네이드 판매를 통해 자신과 같은 암 투병 어린이를 도울 수 있도록 암 연구기금을 모았습니다. 많은 사람들이 좋은 뜻에 공감하여 미국 전역으로 레모네이드 판매대가 퍼졌지요. - 나눈다는 것은 내가 부자라서, 혹은 시간이 많아서 하는 것이 아닙니다. 오늘은 우리가 나눌 수 있는 것에는 무엇이 있을지 생각해 보는 시간을 갖겠습니다.	5′	▶알렉스의 레모네이드 동영상 ▶교사용 자료6-1 (美 두 번 울린 암 투병 소녀) 참고 ※읽기자료를 게시판에 붙여 놓는 것도 좋다.
전개	• 이런 나눔, 저런 나눔 - 어떤 것을 나눌 수 있을까요? 사실 우리는 태어나면서부터 지금까지 이미 많은 것을 나누었을지도 몰라요. 나눔에는 어떤 것이 있는지 함께 살펴볼까요? - (나눔에 대한 동영상을 함께 본다.) ※이웃과 함께 그리는 꿈(1:31) - 유투브 검색 ※1분의 배려(0:30) - 공익광고협의회(2005년 방송공익광고)	10′	▶나눔에 대한 인터넷 동영상
	• 나눔 연대표 작성하기 - (포스트잇을 나누어 준다.) 여러분은 지금까지 어떤 나눔을 받아 보았나요? 태어났을 때부터 지금까지 나누어 내가 '받아 본 나눔'을 기록해 봅시다. 작은 것도 좋아요. '여섯 살, 유치원에서 짝꿍이 간식을 나누어 줌' 이런 식으로요.	15′	▶포스트잇

전개	- (아이들이 쓰는 동안 칠판에 연대표 수직선을 그린다.) - 다 적었으면 칠판에 붙여 보세요. - 어떤 나눔을 받았는지 한번 살펴봅시다. - (다양한 예를 읽어 주며 함께 살펴본다.) - 이제는 앞으로 죽을 때까지 내가 어떤 나눔을 실천할 수 있을지 생각해 봅시다. 아직은 어리기 때문에 나눔에도 제한이 있었을 거예요. 내가 어른이 되면 하고 싶은 나눔을 적어 보세요. 이 또한 나눔의 크고 작음은 상관없습니다. - 다 적었으면 칠판에 붙여 보세요. - 우리 반 친구들은 앞으로 무엇을 언제 나누고 싶은지 함께 볼까요? - (다양한 예를 읽어 주며 함께 살펴본다.)		※연대표1(출생부터 현재까지)과 연대표2(현재부터 죽을 때까지)를 칠판에 2단으로 나누어 그리거나 전지에 미리 그려서 준비해 둔다.(활동자료 6-8(나의 나눔 연대표 참고)
정리	• 정리하기 - 오늘은 나눔 연대표를 작성해 보았습니다. 여기 어렸을 때부터 어른이 될 때까지 나눔을 계획하여 실천한 사람이 있습니다. - (동영상을 시청한다.) ※ 작은 동전이 모여 이룬 기적(2:42) - 나눔교육사이트 나눔동영상 게시판 - 어때요? 나눔은 과연 언제 하는 걸까요? 나눔은 특별한 때만 하는 것이 아니라 항상 할 수 있는 것입니다. - 작은 나눔이 모여 큰일을 할 수도 있습니다. 중요한 것은 나누고자 하는 마음가짐일 것입니다. 오늘 연대표를 쓰면서 평생 나눔을 실천하려는 이 마음을 앞으로 잊지 말기를 바랍니다.	10′	▶작은 동전이 모여 이룬 기적 동영상

서다우 TIP

• 지도안에서 나눔 연대표 만들기는 서로의 경험과 생각을 비교하기 위해 전체 활동으로 구성하였는데, 때에 따라서 〈활동자료 6-10〉을 나누어 주고 각자 자신의 연대표를 작성해 보도록 할 수도 있다. 이때 실물화상기 등을 이용하여 서로의 생각을 함께 살펴보는 시간을 꼭 마련한다.

교사용 자료 6-1

美 두 번 울린 암 투병 소녀

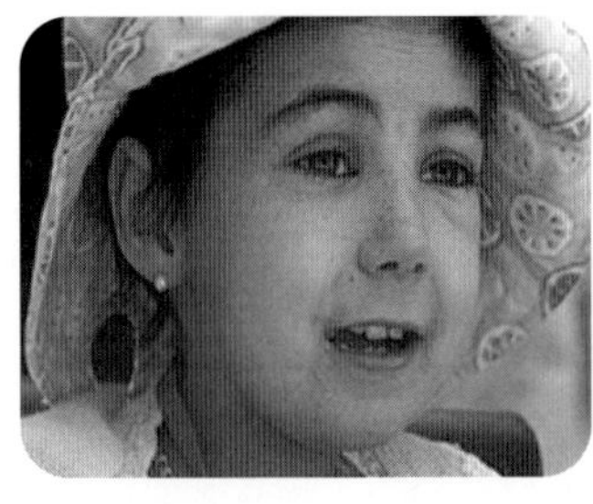

거리에서 레모네이드를 팔아 암 연구기금을 모으던 미국의 소녀 암 환자 알렉산드라 스콧이 지난 1일 조용히 세상을 떠났다.

꿋꿋하고 의연한 모습으로 암과 싸워 미국인들의 심금을 울렸던 8세 소녀는 자신의 집에서 평화롭게 숨을 거뒀다고 CBS 인터넷판은 아버지 제이 스콧의 말을 인용, 2일 보도했다.

스콧은 "딸 알렉산드라가 숨지기 직전 처음 눈을 떠 나무들을 쳐다봤다."면서 "딸이 이전에는 심한 고통을 겪었으나 죽기 전 우리 손을 잡은 알렉스는 잠자듯 평화로웠다."고 말했다.

알렉스는 첫 돌을 맞기 전 소아암의 하나인 신경아세포종양이라는 진단을 받았다. 알렉스는 그 후 7년 동안 방사선치료, 약물치료, 수혈 등 고통 속에서 병마와 싸워 왔다. 척수가 죽어버려 걸을 수도 없게 됐지만 알렉스는 4살이 되던 해 암 퇴치를 위한 기금을 모으기 위해 레모네이드 판매대를 만들기로 했다. 애초 병원 측이 제안, 레모네이드 판매 수익금으로 알렉스의 병원비를 댈 생각이었다. 그러나 알렉스는 "나는 괜찮다. 다른 일을 위해 쓰였으면 좋겠다."고 요구, 암 연구기금으로 적립키로 했다. 어린 알렉스의 투병 소식과 레모네이드 캠페인은 많은 사람들의 마음을 울렸고, 알렉스의 고향인 코네티컷 주와 새로 이사 온 필라델피아 교외에서 시작된 레모네이드 판매대는 미 전역으로 번지면서 암 연구기금 모금 돌풍을 불러일으켰다.

알렉스는 첫 해 2,000달러를 벌었고 그 후 여러 개의 판매대가 설치돼 4년간 모두 20만 달러를 모금했다.

지난 6월 현재 암 퇴치 기금을 조성하기 위한 레모네이드 판매대는 미국의 50개 주뿐 아니라 캐나다와 프랑스에도 설치됐으며 알렉스와 가족들은 오프라 윈프리의 쇼와 NBC의 '투데이'에 출연해 유명인사가 됐다.

알렉스는 생전에 '레모네이드 판매대' 캠페인을 통해 1백만 달러의 암 연구기금을 마련하기를 바랐다. 올해까지 약 75만 달러가 모금됐으며 자동차 그룹인 볼보를 포함한 몇몇 기업들이 1백만 달러 목표액을 달성하기 위해 기금 모금 행사를 열기로 했다. 알렉스는 생전에 "불행은 행복으로 만들 수 있다."고 말해 어른들을 놀라게 하기도 했다.

알렉스는 지난 6월 12일 기금 모금 행사에 모습을 나타낸 후 건강상태가 나빠지기 시작해 최근 며칠 새 더욱 악화됐다고 가족들은 전했다. 가족은 모금된 돈으로 알렉스가 주로 치료를 받았던 필라델피아 아동병원에 알렉스 이름으로 추모 기금을 만들 계획이다.

출처: 경향신문(2004. 8. 4.)

활동자료 6-8

______ 의 나눔 연대표

태어난 때부터 지금까지 '내가 받은 나눔' 을 기록해 봅시다. 대강 해당되는 지점에 선을 긋고 아래에 나눈 내용을 쓰세요.

탄생 입학

지금부터 죽을 때까지 '내가 사람들과, 세상과 나누고 싶은 것' 을 쓰세요.

현재 20살 안녕~

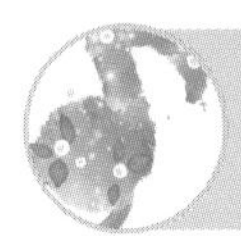

나눔의 실천 2

활동 목표	• 장기 기증과 같은 나눔에 대해 생각해 보는 시간을 갖는다.	학년	5~6학년
		차시	3/4
단계	활 동 내 용	시간	자료(▶) 및 유의점(※)
도입	• 나눔의 연대표 이야기 – 지난 시간에 우리는 나의 '나눔 연대표'를 만들어 보았습니다. 내가 지금까지 살면서 받아 온 나눔과 내가 앞으로 살아가면서 나눌 수 있는 것들에 대해 생각해 보았지요. – 오늘은 우리가 어떤 나눔을 실천할 수 있을지 좀 더 자세히 알아보도록 하겠습니다.	5′	
전개	• 어떤 것을 나눌 수 있을까? – 혹시 '아름다운 재단'에 대해 들어 본 적이 있나요? 아름다운 재단은 사람들이 무엇이든 자기가 가진 것 중에서 1%를 기증하면 그것을 이웃들에게 나눠 주는 일을 한다고 합니다. – 다른 사람들과 나눌 수 있는 것은 내가 가지고 있는 물건이나 돈처럼 눈에 보이는 것뿐 아니라 친구가 힘들어할 때 함께 시간을 나누며 위로해 주거나 힘든 일을 도와주는 것처럼 행동과 마음으로 나눌 수 있는 것도 있습니다. – 또 어떤 것들을 나눌 수 있을까요? – 혹시 '적십자'라는 단체를 알고 있나요? – 네, 적십자에서는 '헌혈 운동'을 하지요. 이렇게 모인 혈액은 위급한 상황에서 생명을 살린답니다. – 자신이 죽으면 신체의 일부를 기증하는 '장기 기증'의 경우도 죽어 가는 사람들에게 새 삶을 선물하는 아주 고귀한 나눔입니다. – 몇 년 전에 MBC에서 〈눈을 떠요!〉란 프로그램을 방영했었는데, 이 프로그램은 누군가가 기증한 각막을 통해 앞을 보지 못하는 사람이 볼 수 있게 되어 새 세상을 열게 되는 감동적인 프로그램이었습니다.	10′	※ 인터넷에서 해당 사진들을 직접 검색하여 보여준다. ※ 수업 분위기가 너무 무겁지 않도록 지도한다.

전개	• 감사의 편지 쓰기 – 이제부터는 우리 가족 중 누군가가 병이 났는데 다른 사람에게 장기 기증을 받아 건강을 되찾았다고 가정하고 감사의 편지를 써 보는 시간을 갖겠습니다. – 먼저 우리 가족 중 한 사람을 정하세요. – 그 사람은 백혈병에 걸려서 골수가 필요할 수도 있고, 각막에 이상이 생겨서 못 볼 수도 있고, 심장, 간, 신장 등 장기가 병이 들어 더 이상 치료할 수 없는 경우도 있을 수 있습니다(아이들에게 어떤 장기 기증에 대해 알고 있는지 발표시킬 수도 있다). – 더 이상 치료할 방법이 없는 아주 긴박한 상황에서 정말 다행히도 기증자가 나타났어요. 골수 기증은 살아 있는 사람이 할 수 있지만, 다른 장기 기증은 죽은 후에 할 수 있습니다. – 갑자기 교통사고를 당한 사람이 있는데 평소에 장기 기증을 희망하여 여러분의 가족은 건강을 되찾았습니다. 혹은 죽은 사람의 가족이 장기 기증에 동의할 수도 있지요. – 어느 정도 생각을 정리했으면 장기를 기증해 준 사람이나 혹은 장기 기증자의 가족에게 진심과 정성을 담아 감사의 편지를 써 보도록 합시다.	15′	▶활동자료 6-9 (감사합니다) ※조용한 음악을 틀어 주어도 좋다.
정리	• 감사의 편지 발표하기 – 편지를 써 보니 기분이 어떤가요? 몇 사람 발표해 봅시다. – (발표 후) 감동적인 편지였어요. 진심으로 감사하는 마음이 잘 나타나 있군요. – 이렇게 나와 우리 가족이 큰 병에 걸리는 일은 없어야겠지만 만일 장기 기증만이 건강을 되찾을 수 있는 길이라면 장기를 기증한다는 것은 새 생명을 선물하는 정말 귀한 나눔입니다. – 물론 장기 기증이라는 것은 혼자서 쉽게 결정할 수 있는 일이 아닙니다. 이렇게 나눔에는 여러 가지 방법이 있다는 것을 알고 앞으로 천천히 생각해 보는 기회가 되기를 바랍니다.	10′	※장기 기증도 소중한 나눔 중 하나임을 소개하는 정도로 지도한다.

활동자료 6-9

감사합니다

이름:

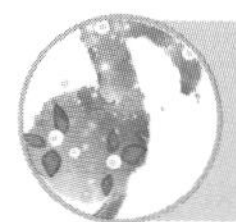

나눔의 실천 3

활동 목표	• 기부활동을 계획하고 실천한다.	학년	5~6학년
		차시	4/4
활 동 내 용			

*이번 차시에는 나눔의 실천을 위해 학급 학생들과 할 수 있는 기부활동을 소개한다. 다음에 소개하는 활동들은 1차시에 하는 것이 아니라 적당한 기간을 설정하고 학생들과 함께 계획하고 실행한다.

• 해피빈 '콩' 기부하기
(http://happybean.naver.com)
- 해피빈이라는 기부아이템인 콩을 모아 직접 기부처를 선택하여 기부할 수 있다.
- 콩을 기부하는 방법 알아보기
- 우리 반 해피빈 기부데이 정하기
- 일정 기간 동안 콩 모으기
- 기부처를 선정하여 '기부의 날' 기부하기

• 생활 속 기부하기
- 기부를 위해 내가 나의 일상생활에서 소비하지 않거나 아낄 수 있는 것을 정하기(예: 방과 후 먹는 컵떡볶이, PC방 요금, 지하철 1회용 교통카드 등)
- 내가 기부할 수 있는 금액 정하기
- 나의 기부 성향 알아보기
  세이브 더 칠드런 홈페이지 〉 캠페인 기부 성향 Test(www.sc.or.kr)
- 나에게 맞는 기부 방법과 기부처 알아보고 기부하기

• 세이브 더 칠드런 신생아 살리기 모자 뜨기
(http://moja.sc.or.kr)
- 신생아 살리기 모자 뜨기란, 아프리카는 일교차가 커서 신생아가 저체온증에 걸려 사망하는 경우가 많은데 신생아의 체온을 유지하기 위해 털모자를 떠 주는 캠페인이다.
- 모자 뜨기 키트를 구입하거나 실과 바늘 준비하기(학교단체 신청도 가능)
- 모자 뜨기(세이브 더 칠드런 홈페이지의 동영상 참고)
- 모자를 세탁하고 포장하여 세이브 더 칠드런으로 보내기

• 유니세프 아우인형 만들기
(http://www.unicef.or.kr/awoo)
- 아우인형이란, 인형을 만들어서 기부금을 받고 입양을 보내거나 인형키트를 판매한 수익금으로 질병과 가난으로 고통받는 세계 어린이들에게 예방접종을 할 수 있는 비용을 마련하기 위한 캠페인이다.
- 아우인형 키트를 구입하거나 준비물 구입하기
- 아우인형 키트 또는 도안을 이용하여 아우인형 만들기(아우인형 홈페이지에서 만드는 방법, 도안 등 자료 다운로드 가능)
- 아우인형 홈페이지에 등록하기
- 유니세프에 인형 보내기
- 누군가에게 입양

서다우 TIP

• 기부 관련 사이트
- 세이브 더 칠드런(sc.or.kr)
- 유니세프(unicef.or.kr)
- 굿네이버스(goodneighbors.kr)
- 아름다운 가게(beautifulstore.org)

• 기타 기부 활동 소개
- 100원의 기적(http://gni.givesart.org/campaign/onehundred/main.asp)
100원이라는 작은 돈이라도 꾸준히 기부하자는 굿네이버스의 캠페인
- 지하철 1회용 교통카드 기부
지하철역에 있는 지하철 1회용 교통카드 기부함에 카드를 넣어 보증금 500원을 기부할 수 있는 캠페인(사랑의 열매)
- 쿠폰 나눔
집에 있는 배달음식 쿠폰 등을 학급 학생들이 모두 모아 음식을 마련하여 인근 노인시설이나 고아원 등에 기부할 수 있다.
- 머리카락 기부, 어머나 캠페인(ekat.co.kr)
소아암 환자의 가발을 만들기 위한 머리카락을 기부하는 캠페인

• 기부 활동과 관련된 Tip
- 학생들이 직접 검색을 통하여 자신에게 적합한 기부 활동, 기부 방법, 기부처 등을 찾아보고 스스로 계획할 수 있는 활동을 하는 것도 의미 있다.
- 기부 활동에 앞서 학생들과 함께 현명한 기부 방법에 대해 고민해 본다.
- 교사는 기부 활동을 하기 전에 관련 사이트 등을 통하여 기부와 관련된 정보를 수집한다.

서다우 마무리

서로 다른 아이들이 함께 만드는 우정

'이젠 눈빛만 봐도 걔 생각을 알 거 같아.'

'내 마음을 알아주는 친구가 제법 있는걸.'

서다우 프로그램을 마칠 즈음, 새 학년이 되었을 때 기대 반, 걱정 반으로 친구와 우정에 대해 고민하던 아이들이 서로를 이해하는 마음을 쌓게 되었습니다.

〈서다우 마무리〉는 그동안 함께 생각하고 나누었던 시간을 돌아보며 나와 너, 우리의 성장을 확인하는 시간입니다. 세 가지 지도안 중 우리 반에 적절한 것을 골라 서로 다른 우리가 그동안 참여했던 서다우 활동을 되새겨 보며 즐거운 마음으로 마무리합니다.

전 학년
1/1 우리의 1년을 돌아보며 1: 마음으로 만드는 카드 트리
1/1 우리의 1년을 돌아보며 2: 마음으로 나누는 케이크
1/1 우리의 1년을 돌아보며 3: 서다우 퀴즈, 나에게 주는 상장

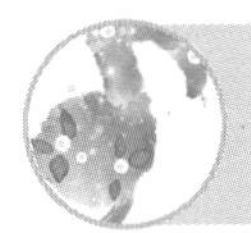

우리의 1년을 돌아보며 1

활동 목표	• 1년간의 활동을 돌아보며 자신의 성숙함과 반 친구들의 돈독해진 관계를 되새겨 본다. • 1년간의 활동을 즐거운 마음으로 마무리한다.	학년 차시	공통 1/1
단계	활 동 내 용	시간	자료(▶) 및 유의점(※)
도입	• 학습 내용 안내 – 오늘이 벌써 여러분과의 마지막 시간이네요. – 선생님은 참 아쉬운데 여러분은 어떤가요? – 1년 동안 힘든 일도 있었고 재미있는 일도 있었지요? 그 모든 시간을 우리가 함께 추억으로 간직할 수 있어서 정말 행복해요. – 1년 동안 자란 자신의 모습과 친구들과의 우정을 다시 한 번 생각하면서 즐겁게 마무리합시다.	5′	
전개	• 서다우 1년 돌아보기 – 먼저 우리가 1년 동안 서다우 프로그램을 하면서 찍었던 사진들을 보며 우리를 돌아보려고 해요. – (아이들과 함께 사진을 보며 간단하게 이야기를 나눈다.) – 1년 동안 활동하면서 어떤 점이 즐거웠나요? (아이들의 이야기를 들어 본다.) – 어렵거나 아쉬웠던 점들도 있었나요? (아이들의 이야기를 들어 본다.) – 즐거웠던 일과 힘들었던 일들을 나눈 우리 반은 아마 그 어느 반보다도 훨씬 행복한 시간을 함께한 것이라고 생각해요. 여러분도 그렇게 생각하지요?	10′	▶서다우 활동 사진 ※ 사진의 양에 따라 시간을 조정하여 운영한다. 특별히 PPT로 제작하지 않아도 그냥 사진들을 한 장씩 넘겨 가며 보기만 해도 좋다.
	• 마음을 전하는 카드 – 연말연시에 우리는 서로의 마음을 전하지요. 비록 우리나라의 명절은 아니지만 크리스마스가 다가오고 있으니 우리 서로에게 마음을 전하는 카드를 만들어 보도록 해요. – 선생님이 나누어 주는 초록색 카드의 겉장을 예쁘게 꾸미고 자신의 이름을 써 보도록 하겠어요.	15′	▶초록색 카드종이

전개	- 카드를 다 꾸몄으면 모둠 친구들끼리 서로 돌아가며 친구의 카드에 간단하게 1년 동안 지내면서 하고 싶었던 말들을 써 봅시다. - 진심으로 해 주고 싶었던 말을 써 준다면 그 친구도 기뻐하겠지요?		
	• 카드로 트리 만들기 - 모두 친구들의 카드에 하고 싶던 말을 써 주었나요? - 여러분의 카드를 모아서 여기 큰 종이에 벽면 트리를 만들 거예요. 친구들의 마음이 담긴 여러분 한 사람 한 사람의 카드가 하나의 잎이 되고 그 작은 잎들이 모여서 한 그루의 나무가 되는 거예요. - 우리 반이 이렇게 즐거운 시간을 함께하며 어느새 한 그루의 나무처럼 듬직해졌네요. 기분이 어떤가요? 여러분도 뿌듯한가요? - 자, 그럼 한 모둠씩 나와서 자신의 카드를 차례로 붙여 보도록 해요.	5′	※이때 교실에 부착할 곳을 미리 정하여 학생 인원수 만큼 카드를 붙일 수 있도록 미리 공간을 확보해 둔다.
정리	• 정리하기 - 다른 친구의 카드에는 어떤 이야기가 담겨 있는지 이 시간 이후에 살짝 보도록 하세요. - 그리고 앞으로 이제 학년이 바뀌고 다른 반이 되어도 여기 있는 친구들과는 물론 새로 사귄 친구들과도 즐거운 시간을 만들 수 있기를 바랍니다.	5′	

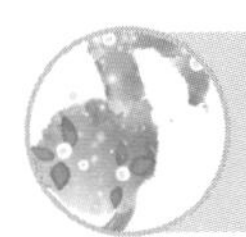

우리의 1년을 돌아보며 2

<table>
<tr><td>활동 목표</td><td>• 1년간의 활동을 돌아보며 자신이 속한 반 친구들의 돈독해진 관계를 되새겨 본다.
• 1년간의 활동을 즐거운 마음으로 마무리한다.</td><td>학년
차시</td><td>공통
1/1</td></tr>
<tr><td>단계</td><td>활 동 내 용</td><td>시간</td><td>자료(▶) 및 유의점(※)</td></tr>
<tr><td>도입</td><td>• 학습 내용 안내
– 오늘이 벌써 여러분과의 마지막 시간이네요.
– 선생님은 참 아쉬운데 여러분은 어떤가요?
– 1년 동안 힘든 일도 있었고 재미있는 일도 있었지요? 그 모든 시간을 우리가 함께 추억으로 간직할 수 있어서 정말 행복해요.
– 1년 동안 자란 자신의 모습과 친구들과의 우정을 다시 한 번 생각하면서 즐겁게 마무리합시다.</td><td>5′</td><td>※모둠 활동을 할 수 있도록 미리 자리를 정돈하고 손을 씻도록 한다.</td></tr>
<tr><td>전개</td><td>• 마음을 나누는 케이크 만들기
– 1년을 마무리하며 오늘 생크림 케이크를 만들어서 함께 나누어 먹도록 하겠어요.
– 준비물은 모두 준비되었나요? 모둠원들이 재료와 도구들을 준비하기로 했었지요? 골고루 준비해 왔나요? 함께 준비하고 함께 만들어서 나누어 먹는다는 것이 중요해요.
– 즐겁게 만들다 보면 혹시 너무 소란하거나 장난이 심해질 수도 있어요. 오늘이 마지막 날인 만큼 정성스럽게 만들고 나누도록 해요.
– 먼저 식빵 가장자리를 잘라 내세요. 그래야 나중에 칼로 예쁘게 잘 자를 수 있어요.
– 각자 식빵을 한 장씩 그림처럼 4등분으로 자르세요.</td><td>30′</td><td>※모둠원들이 각자 생크림 케이크 만들 재료를 준비하도록 한다.

▶식빵 1봉, 생크림, 과일, 잼, 치즈, 견과류, 빵칼 등

※즐거운 분위기를 해치지 않을 정도로만 너무 소란스러워지지 않도록 한다.</td></tr>
</table>

전개	- 이제 식빵 사이사이를 과일, 견과류 등으로 채워 주면서 빵을 쌓아 보세요. 각각 개성 있는 친구들이 모인 우리 반, 우리 모둠이 재미있는 것처럼 여러분이 준비한 다양한 재료들을 골고루 넣어야 맛있는 케이크가 될 거예요. - 서먹했던 여러분 한 사람 한 사람이 1년 동안 서로 익숙해지고 우정을 쌓으면서 가까워졌듯이 과일이나 견과류 등을 넣을 때에는 잼이나 생크림을 발라야 빵 사이에서 빠져나오지 않고 잘 붙을 거예요. - 이제 여러분이 모두 서로를 감싸 주듯이 식빵케이크의 겉을 생크림으로 감싸 주세요. - 그리고 그 위에는 그동안 즐겁기도 하고 힘들기도 했던 시간들을 함께한 우리의 추억처럼 예쁘게 장식해 보도록 해요.		
정리	• 케이크 나누어 먹기 - 케이크가 완성되었나요? - 케이크 위에 어떤 모둠은 모둠 이름을 쓰기도 했고, 어떤 모둠은 하트 모양으로 장식을 하기도 했네요. - 자, 이제 케이크에 초를 하나씩 꽂아 보겠어요. 우리가 1년 동안 함께했던 즐거운 시간을 상징하는 소중한 촛불 하나가 될 거예요. - 촛불을 켜고 함께 노래를 부른 후 맛있게 나눠 먹도록 해요. 케이크를 함께 먹으며 1년 동안의 추억들을 한 번 생각해 봅시다.	5′	▶빵칼, 생일초, 점화기 등 ※촛불 붙이기는 교사가 해 주어 안전에 유의하도록 한다.

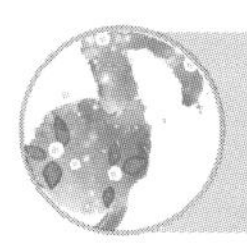

우리의 1년을 돌아보며 3

<table>
<tr><td>활동 목표</td><td>• 1년간의 활동을 돌아보며 자신의 성숙함과 반 친구들의 돈독해진 관계를 되새겨 본다.
• 1년간의 활동을 즐거운 마음으로 마무리한다.</td><td>학년
차시</td><td>공통
1/1</td></tr>
<tr><td>단계</td><td>활 동 내 용</td><td>시간</td><td>자료(▶) 및 유의점(※)</td></tr>
<tr><td>도입</td><td>• 학습 내용 안내
– 오늘이 벌써 여러분과의 마지막 시간이네요.
– 선생님은 참 아쉬운데 여러분은 어떤가요?
– 1년 동안 힘든 일도 있었고 재미있는 일도 있었지요? 그 모든 시간을 우리가 함께 추억으로 간직할 수 있어서 정말 행복해요.
– 1년 동안 자란 자신의 모습과 친구들과의 우정을 다시 한 번 생각하면서 즐겁게 마무리합시다.</td><td>5′</td><td></td></tr>
<tr><td>전개</td><td>• 서다우 퀴즈
– 서다우를 시작한지 벌써 1년이 지났습니다.
– 오늘은 우리들의 1년을 돌아보는 서다우 퀴즈를 해 볼까 합니다.
– 선생님이 여러분과 함께 한 활동들을 종이에 적어 왔습니다. 어떤 활동들이 있었나 이야기해 볼까요?
(아이들이 발표를 하면 그 활동에 해당하는 종이를 칠판에 붙여 준다. 예를 들어 ‘그래프로 나에 대해 알아보는 활동을 했어요.’ 라고 답한 어린이가 있다면 ‘오르락내리락 그래프로 보는 나’ 라고 쓰인 종이를 붙여 준다.)
– 칠판에 모두 붙이고 나니 여러분과 정말 많은 활동들을 하였네요.
(칠판에 붙여 놓은 활동들을 보면서 서다우 활동을 시간순으로 간단하게 이야기한다.)
(예: ‘오르락내리락 그래프로 보는 나’ ‘내 마음속 보물 찾기’ 등을 하면서 나에 대해 알아보는 시간도 가졌고, ‘이런 친구를 찾아라’ ‘순간포착’ 활동을 통해 친구에 대해 생각해 보는 시간도 가졌습니다.)</td><td>10′</td><td>▶서다우 활동 목록 카드</td></tr>
</table>

전개	• 어떻게 변했을까? – 우리 처음 서다우를 시작할 때 '친구관계에 대한 자기평가' 했던 것 기억나요? 1년 동안 나의 친구관계가 어떻게 달라졌는지 궁금하지 않나요? 1학기에 한 자기 평가지를 나누어 주겠습니다. 지금부터 선생님과 1년 동안 내가 어떤 부분은 바뀌었고 어떤 부분은 그대로인지 한번 알아봅시다. – 한 문제씩 함께 읽어 가며 빨간색 색연필로 표시해 봅시다. – 어때요? 많은 변화가 있었나요? – 어떤 변화가 있었는지 한번 이야기해 볼까요? (학생들이 자유롭게 발표하도록 한다.) – 여러분들의 이야기를 들어 보니 지난 1년 동안 서다우 활동을 하면서 친구들에 대해 더 많이 알게 되고 이해하게 된 것 같군요.	10′	▶친구관계에 대한 자기평가서, 빨간 색연필 ※ 고학년은 나와 친구 4차시에 활용한 〈나의 동그라미〉를 다른 색으로 다시 완성해 보는 활동으로 대체한다.
	• 나에게 주는 상장 – 1년 동안 변화된 자신의 모습을 생각하면서 나에게 주는 상장을 만들어 봅시다. – 어떤 상이 좋을지 생각해 볼까요? – 친절상, 성실상, 유머상, 발표상, 참여상, 초롱초롱 눈빛상, 경청상 등 자신의 모습을 떠올리면서 상 이름도 한번 생각해 봅시다. 1년 동안 변화가 없었다고 생각되는 친구들도 자기가 받고 싶은 상을 생각해 보아도 좋겠습니다. – 그럼 자기 자신에게 어떤 상을 주었는지 발표해 볼까요? (학생들이 자기 자신에게 준 상을 발표하는 시간을 갖도록 한다.)	10′	▶활동자료 1(나에게 주는 상장)
정리	• 우리의 1년을 돌아보며 – 오늘은 서다우 마지막 시간으로 우리의 1년을 되돌아보았습니다. – 선생님이 1년 동안 여러분의 모습을 담은 사진을 동영상으로 만들어 보았습니다. 해맑게 웃는 여러분의 모습이 담긴 동영상을 만들면서 선생님도 행복한 시간이었습니다. 다 함께 큐! – (아이들의 모습을 담은 사진을 동영상으로 만들어서 보여 준다.)	5′	▶활동사진으로 만든 동영상

서다우 활동 목록 카드의 예

오르락내리락 그래프로 보는 나	이런 친구를 찾아라
다양한 의사소통 (그림에 나타난 감정)	다양한 의사소통 (수화와 지화)

활동자료 1

나에게 주는 상장

이름:

_______________ 상

이름:

위 학생은 _______________

____

_______________ 으므로

이에 상장을 주어 칭찬합니다.

년 월 일

나를 사랑하는 ○○○

찾아보기

서울 경인 특수학급 교사연구회(cafe.naver.com/tesis1992)

20여 년 전, 편견이 가득한 통합교육 환경에 던져지자 막막한 현실을 스스로 헤쳐 나가기 위해 1992년부터 자발적으로 모인 특수교사연구회다. 변변한 교재가 드물던 당시 풀과 가위로 무장하고 우리 반 학생을 위해 학습지를 한 아름 만들어 돌아가는 뿌듯함으로 시작해서, 혼자서 감당하기 어려운 크고 작은 문제를 함께 고민하며 모임을 이어 가는 중이다. 다양한 연구 활동은 교재로, 연수로, 책으로 정리하여 다른 교사들과 나누고 있다.

연구회 발자취

교사연수

새내기교사연수(1998~2000)
일반학급교사와 특수학급교사를 위한 통합교육지원 서울 연수(2007~2008)
통합교사 원격연수 "통합교육으로 행복한 학교 만들기: 한국교원연수원"(2011~)

교육과정연구

교과부지원연구 "생활중심 진로 교육과정의 일반교육과정 삽입"(1998)
1, 2학년 교육과정 수정작업(2000)
3, 4학년 과학과 교육과정 수정작업(2005)
특수교사를 위한 주제중심 교육과정(2006)

학습자료 제작

선생님이 만든 읽기공부(1992)
선생님이 만든 쓰기공부(1999)
연간 계기교육 지도자료(2002)
선생님이 만든 생활수학 "돈 계산 척척" 5권(2008)
특수학급 학생을 위한 독해자료집 "좔좔 글읽기" 5권(2012)

통합교육 지원 프로그램 개발

통합교육 애니메이션 "우리 친구 민수" 자료 제작(1999)
서로 다른 아이들이 함께 만드는 교실: 파라다이스복지재단(1999)
일반교사를 위한 통합교육 지원 프로그램: 학지사(2003)
특수교육보조원 제도 실행을 위한 운영자료집 "통합교육을 위한 징검다리"(2004)
인형극을 통한 장애인식개선 프로그램 개발: 파라다이스복지재단(2007)
장애인식개선 영상자료 "열린 마음 함께하는 우리: KBS & 즐거운학교"(2007)

기초작업
김보영 김기영 김미정 김소현 김주은 김효진 김희란 김희연 박미애
박혜성 승지영 신소니아 안현희 오선영 이종필 이주율 이지순 장유영
장효주 정인혜 진승은 최원아 최진의 한성덕 홍영주 홍정 황숙경

2판 집필진
권 다 미　서울 진관초등학교
박 혜 성　서울 신원초등학교
신소니아　서울 세검정초등학교
오 선 영　남양주 덕소초등학교
이 종 필　서울 신당초등학교
최 원 아　서울 봉천초등학교
홍 정 아　서울 신원초등학교

통합교육 지원 프로그램(2판)
-서로 다른 아이들이 함께 만드는 우정-

2006년 1월 5일 1판 1쇄 발행
2011년 8월 25일 1판 6쇄 발행
2013년 9월 10일 2판 1쇄 발행
2021년 2월 25일 2판 5쇄 발행

편저자 • 서울 경인 특수학급 교사연구회
펴낸이 • 김 진 환
펴낸곳 • (주) 학지사
04031 서울특별시 마포구 양화로 15길 20 마인드월드빌딩 5층
대표전화 • 02) 330-5114　팩스 • 02) 324-2345
등록번호 • 제313-2006-000265호
홈페이지 • http://www.hakjisa.co.kr
페이스북 • https://www.facebook.com/hakjisabook

ISBN 978-89-997-0216-7 93370

정가 17,000원

저자와의 협약으로 인지는 생략합니다.
파본은 구입처에서 교환하여 드립니다.

이 도서의 국립중앙도서관 출판시도서목록(CIP)은 서지정보유통지원시스템 홈페이지(http://seoji.nl.go.kr)와 국가자료공동목록시스템(http://www.nl.go.kr/kolisnet)에서 이용하실 수 있습니다.
(CIP제어번호: CIP2013016772)